本书系2016年国家语委科研重点项目"乌克兰语言政策与语言问题研究"(ZDI135-27)成果。

乌克兰语言政策与
语言问题研究

李发元　李莉◎著

中国社会科学出版社

图书在版编目（CIP）数据

乌克兰语言政策与语言问题研究 / 李发元，李莉著 . —北京：中国社会科学出版社，2019.10

ISBN 978-7-5203-4725-9

Ⅰ.①乌⋯ Ⅱ.①李⋯②李⋯ Ⅲ.①语言政策—研究—乌克兰 Ⅳ.①H741

中国版本图书馆 CIP 数据核字（2019）第 146814 号

出 版 人	赵剑英
责任编辑	王 茵 马 明
责任校对	王福仓
责任印制	王 超
出　　版	中国社会科学出版社
社　　址	北京鼓楼西大街甲 158 号
邮　　编	100720
网　　址	http://www.csspw.cn
发 行 部	010-84083685
门 市 部	010-84029450
经　　销	新华书店及其他书店
印　　刷	北京明恒达印务有限公司
装　　订	廊坊市广阳区广增装订厂
版　　次	2019 年 10 月第 1 版
印　　次	2019 年 10 月第 1 次印刷
开　　本	710×1000　1/16
印　　张	16
插　　页	2
字　　数	256 千字
定　　价	78.00 元

凡购买中国社会科学出版社图书，如有质量问题请与本社营销中心联系调换
电话：010-84083683
版权所有　侵权必究

前　言

语言是人类特有的交际工具，是人们进行沟通的主要方式，是人们进行沟通交流的表达符号，它随着人类社会而产生和发展，也是民族的重要特征之一。一般来说，每个民族都有自己独特的适合本民族的语言，这可能是各个民族有意为之的结果，因为独特而唯一的语言是他们民族的象征、民族身份的标志。一个人从小通过和同一语言集团其他成员（如父母、亲属、周围的人）的接触，自然学到并熟悉应用于交际和思维过程中的语言，叫第一语言，本族语言或母语一般说都是个人的第一语言，也是主要语言。在一个国家内居民掌握的非本族语为第二语言。在苏·赖特的《语言政策与语言规划——从民族主义到全球化》中有这样一段关于语言与人之关系的精辟论述，"因为有了语言，人类可以合作做事、谋划未来、铭记过去。语言既是促成人们构建社团的主要因素，又是横在社团之间的一个主要壁垒"[1]。通常人们借助语言保存和传递人类文明的成果。由于语言是人们交流思想的媒介，因此，它必然会对政治、经济、社会、科技，乃至文化本身产生影响。

由于语言与社会的方方面面有联系，并对其产生各种不同的影响，因此一个社会集团的执政者会对语言施加一定的干预和影响，制定社

---

[1] ［英］苏·赖特：《语言政策与语言规划——从民族主义到全球化》，陈新仁译，商务印书馆2012年版。

会集团和个人必须遵守的语言法律、语言政策，并为其政治服务。尽管人们对语言政策的理解不尽相同，对其内涵和外延概念的定义多种多样，但不管对其定义如何界定，都离不开特定国家和特定历史背景的存在基础，一个国家语言政策的制定都是为其本国某种利益服务的。目前，理论界对于语言政策概念的界定较为认可的说法是，"语言政策是指人类社会群体在言语交际过程中根据对某种或者某些语言所采取的立场、观点而制定的相关法律、条例、规定、措施等"。通常语言政策是语言冲突和矛盾的产物，是表明政府对国内多元化语言种类存在的态度和规划，所以语言规划和语言政策是一种人为干预语言变化发展的措施。构建和谐的语言生态有利于促进和谐社会的建构。语言可以在政治、经济、文化、民族认同感、宗教等社会力量的驱使下进行自我调节和发展，然而，更多的情况是国家和人民对现存的语言状况不满时，由政府来执行对语言问题的管理规划以协调或解决所存在的语言矛盾和问题，以促使国家和社会的和谐发展。因此，语言规划和语言政策研究对构建和谐语言生活、维护国家安全、提升文化软实力有重要意义。

　　语言规划和语言政策作为学术领域的研究大体是从20世纪60年代开始的。它主要是随着第二次世界大战之后许多新独立的国家为解决本国的语言问题而出现的。在过去的40多年里，对语言政策和语言规划的研究发展非常迅速，以至于这个领域可以被看作人文社会科学中的一门独立学科。中国的语言规划和语言政策研究是随着20世纪70年代末以来应用语言学与社会语言学的发展而发展起来的。进入21世纪后，中国的语言规划与语言政策研究呈现井喷之势，研究的深度和高度不断拓展。这标志着，中国的语言规划和语言政策研究已进入了深入发展时期。

　　本书梳理国内外学者关于语言政策研究的成果，分析乌克兰的语言政策和语言规划的得失，以及给世人的经验教训和启示。乌克兰的语言问题具有典型性和独特性，这是由乌克兰的独特历史决定的。乌克兰历史的独特性在于乌克兰在数百年的发展历程中，长期经历外族的奴役、侵略，没有形成其独立的民族文化、民族特征，甚至没有形成独立的国家意识。乌克兰语长期被视为农村人的语言和不入流的语言，数百年间没有成为通用的官方语言，即国语。在1991年乌克兰第一次实现了历史上真正的独立，乌克兰族人第一次成为真正的国家主人后，乌克兰政府和人民缺乏管理国家的经验，急于摆脱异族特别是俄罗斯人的影响，把"去俄语化"和"去俄罗斯文化"作为首要任务，这种过激的行为引发了乌克兰国内的民族矛盾，其中语言问题成了矛盾的焦点。以美国为首的西方势力和俄罗斯把乌克兰作为博弈的对象，趁机插手乌克兰问题，乌克兰国内的所谓政治精英和民族主义者把语言问题政治化，这一切导致乌克兰国内民族矛盾不断激化，进而引发国内战争，使国家安全、领土完整受到严重威胁。

本书第一章主要梳理、总结了前人的研究成果，目的是让本书的读者对乌克兰民族的形成、发展，外族对乌克兰民族的奴役、入侵、统治的历史有一个比较系统的了解，对当今乌克兰的行政区划、民族构成、语言情况及乌克兰的政体与宗教状况等有一个比较清晰的认知。

第二章从乌克兰的历史发展进程探求乌克兰语言问题的历史成因。笔者认为，乌克兰历史的特殊性、文化的复杂性，导致今天乌克兰语言问题的敏感性，乌克兰独立后把打压俄语视为矫正历史上语言强权的主要方式，由此引发了乌克兰民族矛盾和国内危机。

第三章分析了乌克兰的民族分布状况、语言状况、语言政策以及其语言政策留给世人的启示。从乌克兰国内屡次发生动荡的情势看，无论是哪个派别的政治精英掌权，都打着语言的旗号到处招摇撞骗，都善于利用语言问题捞取政治资本，从而诱发民族矛盾，引发无休止的民族冲突，也为外部势力介入乌克兰内政创造了条件，最终导致国内爆发战争。这些血的教训是深刻的、惨痛的。因此，乌克兰要彻底解决语言问题，必须做到去政治化、去意识形态化。

第四章主要分析了乌克兰公民的母语认同观和俄语在乌克兰社会的地位问题。在当今的乌克兰，语言的基本面貌是乌克兰语和俄语并用，在不同地区、不同行业、不同族群、不同年龄的人群中使用乌克兰语和俄语的情况迥然不同。还有一种情形是，乌克兰语和俄语混合使用，以及与英语和欧洲某些语言的混合使用，使乌克兰语言的纯洁性遭受巨大破坏。

第五章探讨了乌克兰的教育体制、教育面临的问题、政府在教育的改革与创新、政府在教育领域实施的语言政策、不当语言政策对学生和社会造成的不良影响及其引发的社会矛盾等。

第六章从语言生态学角度分析了乌克兰的语言生态状况和乌克兰公民的语言价值观，以及乌克兰语言政策对构建和谐社会的影响。笔者认为，一个国家的语言政策的制定应符合语言生态的实际状况，良好的语言政策有利于良好的语言生态的构建，同时在制定语言政策时应充分考虑不同语言的不同特点。作为语言国策之一的语言推广，既要充分考虑国民的语言价值认同和语言态度，同时还要考虑语言政策给语言生态带来的影响，制定语言政策的出发点和落脚点均取决于语言生态的真实状况，什么样的语言生态决定应该制定什么样的语言政策，而语言政策的实施又对构建良好的语言生态起着至关重要的作用。乌克兰政府偏激的语言政策使民族矛盾激化，诱发了国内的不稳定因素，甚至引发国内战争。

第七章从文化、多元文化和多元语言文化的视角出发，分析多元语言文化环境下乌克兰的语言现状与公民的语言认同，以及多元语言文化对乌克兰民族团结、社会稳定的影响及启示。

第八章探讨了乌克兰的民族认同、文化认同与国家认同缺失的历史原因。笔者认为，乌克兰政府应尽快唤醒国民的民族意识和国家意识，形成共同的民族认同和文化认同，摒弃狭隘的地区主义和小集团利益，共同维护民族团结和国家统一，共同建设和谐的家园。只有这样，乌克兰才能消除地区之间、集团之间的矛盾，构建起民族意识、文化认同和国家认同；唯有这样，乌克兰才能消除民族矛盾，走向民族团结和谐，一个长治久安的、和谐安宁的乌克兰才会屹立于世界民族之林。

本书在分析乌克兰的语言现状和语言问题、国民的语言价值观和语言价值取向等问题时，使我们的分析和论述有一定的理据性，为了使我们的研究更具可信性和真实性，引用了国外学者的研究数据；在分析相同或相近的问题时，由于有些数据来自不同研究机构或个人，可能有微小出入，但这并不影响我们研究得出的一些结论的可靠性。

中国是一个多民族、多语言、多方言、多文字的国家，拥有丰富的语言文字资源，但也存在不同程度的多种语言矛盾。如果对这些问题和矛盾处理不当，语言财富就会变成社会问题；因为民族问题和语言问题关系到社会的和谐稳定、国家的长治久安。"规划语言就是规划社会。"因此，对语言规划和语言政策的研究既具有理论意义，也有现实意义。中国政府历来十分重视语言规划和语言政策的制定，并且取得了很好的成效。我们希望本书能够引起读者的兴趣，期望本书能对中国政府部门的语言规划和语言政策的制定具有一定参考价值。

本书主要采用的研究方法是：第一，文献分析法，利用国内外研究乌克兰语言问题和语言政策的相关文献资料进行整理、分析，以便更好地了解并掌握所要研究的问题，并针对其中发现的问题，加以深入研究；第二，描述性研究法，阐释乌克兰的语言政策变化以及发展，通过实际研究和自己的理解，对其进行整理并给予详细解释与说明；第三，定量分析法，对收集的数据资料进行统计分析，并对结论进行验证。同时还采用专家访谈、专题组讨论、案例分析、调查研究等方法。这样的研究方法符合语言政策和规划研究的规律，是行之有效的、可行的研究方法。

由于著者水平有限，书中不足之处，请读者批评指正。

目　　录

第一章　乌克兰的前世今生简述 …………………………（1）
　　第一节　基辅罗斯的形成与分化 …………………………（2）
　　第二节　乌克兰民族的形成与外来民族的入侵 …………（4）
　　第三节　俄罗斯帝国统治下的乌克兰 ……………………（9）
　　第四节　乌克兰加盟苏联 …………………………………（15）
　　第五节　乌克兰的行政区划、民族与语言 ………………（19）
　　第六节　乌克兰的政体与宗教状况 ………………………（24）

第二章　乌克兰语言问题的历史成因 ……………………（30）
　　第一节　乌克兰的历史进程决定其语言问题的
　　　　　　复杂性（18世纪之前） ………………………（30）
　　第二节　沙皇俄国对乌克兰语言问题的影响
　　　　　　（19世纪至20世纪初） ………………………（38）
　　第三节　苏联时期乌克兰的语言状况 ……………………（46）
　　第四节　余论 ………………………………………………（58）

第三章　乌克兰的民族和语言状况、语言政策及启示 …（62）
　　第一节　乌克兰的民族分布状况 …………………………（63）
　　第二节　乌克兰语言状况分析 ……………………………（67）
　　第三节　乌克兰偏激的语言政策是民族冲突的诱因 …（81）

第四节　乌克兰语言政策留给世人的启示 ……………… (86)

第四章　俄语在乌克兰的地位及公民对俄语的态度 ……… (91)
　　第一节　乌俄语社会功能转化 ………………………… (91)
　　第二节　乌克兰公民的母语认同观及使用情况 ………… (94)
　　第三节　俄语在乌克兰的社会地位 ……………………… (100)
　　第四节　分析与余论 ……………………………………… (117)

第五章　乌克兰的教育体制及语言使用情况 ……………… (125)
　　第一节　乌克兰学前教育及其语言状况 ………………… (125)
　　第二节　乌克兰普通中等教育及其语言状况 …………… (127)
　　第三节　乌克兰高等教育及其语言状况 ………………… (139)
　　第四节　乌克兰职业技术教育及其语言状况 …………… (147)

第六章　乌克兰的语言生态与国民的语言价值取向 ……… (153)
　　第一节　关于语言生态学的基本概念 …………………… (153)
　　第二节　乌克兰的语言生态状况 ………………………… (154)
　　第三节　乌克兰国民的语言价值取向 …………………… (159)
　　第四节　从语言生态学角度看乌克兰语言政策
　　　　　　对构建和谐社会的影响 ………………………… (163)

第七章　乌克兰多元文化环境下的语言认同问题 ………… (170)
　　第一节　文化、多元文化和多元语言文化 ……………… (170)
　　第二节　多元语言文化环境下乌克兰的语言现状与认同 … (174)
　　第三节　多元语言文化对乌克兰民族团结、社会稳定的
　　　　　　影响及启示 ……………………………………… (183)

第八章　乌克兰的民族认同、文化认同、国家认同 ……… (188)
　　第一节　乌克兰的历史进程导致其民族、文化认同缺失 … (189)

第二节　乌克兰的历史进程导致其国家价值观认同缺失 …… (203)
　　第三节　乌克兰未来走向展望 ……………………………… (217)

附件一　乌克兰历史发展过程中一些重要的时间节点 ………… (223)

附件二　附表 ……………………………………………………… (227)

附件三　附图 ……………………………………………………… (232)

参考文献 …………………………………………………………… (234)

后　记 ……………………………………………………………… (241)

第一章

乌克兰的前世今生简述

"乌克兰"一词最早见于《罗斯史记》(1187年),这个称谓最早既不是民族的称谓,也不是国家的名号,它是对古罗斯西南部的"边陲之地"的称呼。在古罗斯语中,乌克兰就是"濒临边界的地方""国家交界之处"之意。这个来自于地理概念的名称有着多重含义:一是民族的,它是个众多的斯拉夫民族与其他民族居住和杂处的地区;二是宗教信仰的,它是个各种宗教集结、具有影响并相互对抗的地区,其中尤以东正教和天主教的抗衡为最;三是国家的,它在东西南北四个方向上都面对大国强权,都曾不得不在密室运筹、幕后纵横中求生存和发展。① 乌克兰的首都基辅是古老的"基辅罗斯"公国发源地,有着悠久的历史与文明。第一个基辅公国出现于8、9世纪之交,至9世纪中叶②,终于形成了古罗斯国家——基辅罗斯。13世纪蒙古帝国拔都率西征军占领基辅,此后该地区大部分被蒙古鞑靼人占领,只有加利西亚和沃伦公国保住了独立,这两个公国位于古罗斯的西南部地区,故被称为"乌克兰"(意为边界之地),这是乌克兰民族和国家名称的起源。

现在的乌克兰从什么时候开始有人类居住,历史学家的回答可谓五花八门、莫衷一是。有学者认为是在15万年前,有学者认为是在

---

① 京雨:《访中国社会科学院世界历史研究所研究员闻一》,2018年2月10日,百度文库(https://wenku.baidu.com/view/1dce268c03d8ce2f006623d0.html)。

② 有的学者认为,古罗斯国家——基辅罗斯形成于公元9世纪下半叶。

20万年前，还有人说应该在30万年前，更有人认为大约在100万年前。[1] 中国乌克兰史学专家赵云中则认为，"把乌克兰境内出现人类踪迹的时间保守一点认定为公元前30万年前至前15万年前之间，似乎更为可靠些"[2]。那么，乌克兰境内远古时期的居民是土著人还是外来人，这也是学界长期争论不休的一个问题。关于乌克兰人的祖先更是一个长期争议的话题，有人说是维京人，有人认为是特里波里人，还有人说是基麦里人，大多数乌克兰历史学者和考古学家则认为，乌克兰人的祖先是安特人。凡此种种，仁者见仁，智者见智，不一而足。我们认为，乌克兰学者的观点可能更具说服力。由于此类问题不属于本书的主要研究范畴，限于篇幅，不对此进行深入探讨。

第一节　基辅罗斯的形成与分化

早期斯拉夫人的历史十分模糊。一般认为，斯拉夫人早先定居于今天波兰和西乌克兰境内的喀尔巴阡山附近，后来逐渐向南往巴尔干，向东往今天的东乌克兰与俄罗斯地区迁徙。根据《罗斯古编年史》记载，斯拉夫人在482年建立基辅城，其名称来源于当时的一个王公。

基辅罗斯大约建立于9世纪中叶，罗斯历史上有两位对后世有重大影响的领袖：弗拉基米尔大公及其子雅罗斯拉夫大公。980年，弗拉基米尔在王室的权力争夺战中获胜，他将罗斯国的疆界向西扩至喀尔巴阡山，向北部和东部扩至今天的圣彼得堡和莫斯科。这是由"东斯拉夫"各部落形成的基辅罗斯公国，12世纪30年代基辅罗斯分裂。11世纪左右，匈牙利王国攻占外喀尔巴阡，后该地一直归属匈牙利—奥匈，一战后被捷克窃占。二战前夕捷克被瓜分后重归匈牙利，二战后割让给苏联—乌克兰联盟。

基辅罗斯的发展历程大致可分为三个阶段，"第一阶段，迅速成

---

[1] Г. Я. Сергієнко, В. А. Смолій, Історія України, Київ, 1993.
[2] 赵云中：《乌克兰：沉重的历史脚步》，华东师范大学出版社2005年版，第28页。

长时期,从882年奥列格在基辅即位开始至972年斯维亚托斯拉夫死为止,共90年。第二阶段,鼎盛时期,主要是弗拉基米尔大公和智者雅罗斯拉夫两个朝代,自978年至1054年,为76年。第三阶段,衰落时期,11世纪中期至12世纪中期,约90余年。1240年蒙古鞑靼人将基辅城彻底摧毁,基辅罗斯时代遂告终结"[1]。980年,弗拉基米尔在王室的权力争夺战中获胜,他将罗斯国的疆界向西部、北部和东部扩展。弗拉基米尔对后世的最大影响是在988年接受了基督教正教(后来的东正教)。罗斯受洗对位于东西方十字路口上的乌克兰意义极大。美国奥克兰大学教授保罗·库比塞克在《乌克兰史》一书中指出:"由于选择了基督教而非伊斯兰教,罗斯和它的后继者与欧洲而非中东联结起来。由于它选择了东正教而非天主教(两者于1054年正式分裂),东斯拉夫人与其西部的天主教邻居(如波兰人)分隔开来。""东正教帮助罗斯建构了一种共同的身份认同,为大部分斯拉夫文化奠定了基础。"[2] 弗拉基米尔死后,继任的雅罗斯拉夫进一步巩固了父亲的版图和宗教决策。在他任下,罗斯北达波罗的海,南至黑海。他在基辅修建了400多所东正教教堂,其中包括今天最著名的圣索菲亚大教堂和洞窟修道院。他任命了首位非希腊人罗斯大主教,把希腊文著作翻译成斯拉夫文,后来发展成为罗斯的宗教和文学语言。雅罗斯拉夫死后,他以分封制构成的国家陷入了新的政治权力争夺,一些地方已经取得了实际意义上的独立。今天乌克兰的东西分化至此现出雏形:在古罗斯的地域内兴起了两个中心,一个是罗斯西南的加利西亚—沃伦公国,它包括今天西乌克兰捷尔诺波尔州、利沃夫州、沃伦州一带;另一个则是罗斯东北的弗拉基米尔—苏兹达利公国,位于今天的莫斯科附近。由此产生了新的政治、经济和文化中心。这为在东北、西北和西南各罗斯公国同时形成俄罗斯族、白俄罗斯族和乌克兰族打下了基础。

---

[1] 赵云中:《乌克兰:沉重的历史脚步》,华东师范大学出版社2005年版,第36页。
[2] [美]保罗·库比塞克:《乌克兰史》,颜震译,中国大百科全书出版社2009年版,第55页。

13世纪蒙古人入侵基辅罗斯，并建立"金帐汗国"，但"加利西亚"和"沃伦"公国却没有被蒙古人统治，这两个公国位于"古罗斯"的西南边境地区，此为乌克兰最西部。现在的乌克兰就是在这两个公国的基础上建立起来的。在1240年蒙古人攻陷基辅后，加利西亚—沃伦王公丹尼洛向波兰和匈牙利等欧洲国家寻求支援，保持了公国的独立，直到1349年被波兰—立陶宛王国兼并。

14世纪初立陶宛已成为东欧最大的国家。金帐汗国统治下的一些王公开始投靠立陶宛公国，最终使乌克兰的大部分地区被纳入立陶宛的统治之下。立陶宛辖基辅大公国、沃伦公国大部，波兰王国辖加利西亚公国和沃伦公国西部。由于封建王公割据势力的扩大，罗斯部族出现分裂，在东北、西北和西南地区分别形成了俄罗斯人（大罗斯）、乌克兰人（小罗斯）和白俄罗斯人三个支系。14世纪中叶，乌克兰受到三个外来强国——金帐汗国、立陶宛大公国和波兰王国的统治，并分别吞并乌克兰的领土。可见，乌克兰从诞生的那一天起，就遭受外族的入侵、掠夺和奴役，这为乌克兰的多民族性、多文化性、多宗教性、语言的多样性埋下了伏笔，也为今天乌克兰的民族矛盾、文化认同、语言认同埋下了隐患。

第二节　乌克兰民族的形成与外来民族的入侵

乌克兰民族是在基辅公国、佩利亚斯拉夫公国、切尔尼戈夫北方公国、沃伦公国及加利西亚公国的领土上形成的。以基辅为中心的第聂伯河中游地区在经济、政治、文化和宗教方面对乌克兰民族的形成发挥了最重要的作用。

在14—15世纪，乌克兰民族的形成继续进行，这期间，乌克兰民族逐步形成了单独的民族共性——自己的语言、领土，并形成自己的文化和经济生活特征。12—13世纪在南罗斯公国使用的"乌克兰"称号最初的含义是"边区"，指的是南罗斯加利西亚—沃伦地区，接下来开始具有民族意义，这一称谓逐渐扩及现今乌克兰的大部分地区，并逐渐演变成民族概念、地理概念和语言概念。

1569年波兰和立陶宛签订《卢布林合并协定》，根据协定波兰和立陶宛两个王朝合并为一个国家，即波兰—立陶宛联邦，与此同时，乌克兰的更大一部分领土脱离了立陶宛，直接并入波兰，此举加速了乌克兰人和白俄罗斯人（仍留在立陶宛内）的分化，但通过取消他们之间的政治边界，促进了加利西亚和乌克兰东部领土更紧密的结合。基辅罗斯时代的王公贵族的家族大部分融入并成为立陶宛和波兰享有特权的贵族阶层的一部分，长期信仰东正教和使用罗塞尼亚语言与风俗的罗塞尼亚贵族，他们在16世纪后期越来越倾向于波兰化，这一过程开始时是由于耶稣会办的学校以及人们改信天主教。在此之前一个世纪，克里米亚脱离金帐汗国成为奥斯曼帝国的附属国。

据史料记载，大约从16世纪起，乌克兰人在基辅、切尔尼戈夫、加利西亚、沃伦尼亚、外喀尔巴阡山、波多利亚、布科维纳等形成具有独特语言、文化和生活习俗的单一的、独立民族，而乌克兰现代民族的形成大约始于17世纪。

16世纪波兰的贵族、僧侣等大地主纷纷赴乌克兰圈地，大批乌克兰人被贩卖到波兰庄园充当农奴，这无疑引发了乌克兰人的激烈反抗。面对这些，波兰—立陶宛王国的王公贵族、僧侣、牧师们理所当然地想到的应对方案，就是强行同化乌克兰。他们关闭了乌克兰人的学校，禁止使用乌克兰语。以天主教为信仰的波兰统治者意识到，东正教的存在可能会成为不稳定因素，所以他们关闭了所有东正教高等教育机构，迫使土生土长的贵族皈依天主教，进行波兰化改造。他们还采取了一个折中办法：建立一个新教会，在保持东正教仪式的同时向罗马教皇效忠。这就是新的希腊天主教会。在基辅，波兰人对圣索菲亚大教堂进行了历史上最严重的破坏，教堂几乎沦为废墟。1595年，圣索菲亚教堂一度被划归乌克兰希腊礼天主教会所有。更重要的是，波兰政府不顾乌克兰人的意愿，于1596年强行命令乌克兰的东正教会与罗马天主教会合并，成为乌克兰境内唯一合法的教会，并宣布其信奉天主教教义，服从罗马教皇。史书把这次合并称为"布列斯特合并"。所以，直至今日，人们仍把乌克兰西部的天主教称为"合并派"。对于生活在西乌克兰土地上的人们来说，他们的农民和东正教信仰身份意味着双重灾难，他们基本没有任何权利，处处受到歧视，其生活状况的艰辛可想而知。由于贵族的权力巨大，他们分割土地，限制农民离开村庄，农民实际上变成了农奴。

14世纪之后，随着外族的不断侵入，乌克兰的封建农奴制度加重了对农民的压榨，乌克兰各部族和农民进行了多次反对本国和外国占领者的斗争，乌克兰东正教徒也反对波兰天主教的扩张。1648年，在民族矛盾、阶级矛盾和宗教矛盾交合的情况下，乌克兰哥萨克[①]首领鲍格丹·赫梅利尼茨基率众起义，在遭到波兰军队残酷镇压的情况下，他被迫向强邻莫斯科公国求援。于是1654年，乌克兰与俄罗斯在乌克兰的佩列亚斯拉夫达成了《佩列亚斯拉夫协议》。根据这一协议，俄罗斯可在乌克兰与波兰的边境地区驻军，以保障乌克兰的安全，哥萨克人受沙俄的保护。从此开始了乌克兰和俄罗斯的第一次结盟。此次结盟是乌俄的双赢，俄罗斯获得了梦寐以求的黑海出海口，并在经济和文化等领域加强了与欧洲的联系，乌克兰的部分地区摆脱了波兰的统治[②]。之后，俄罗斯与波兰—立陶宛联邦为争夺乌克兰和白俄罗斯这片土地进行了长达13年的战争，于1667年签署《安德鲁索夫休战和约》。合约规定，波兰—立陶宛联邦将斯摩棱斯克、第聂伯河左岸

[①] 哥萨克（源于突厥语 kazak），在不同语言中有不同含义。对于突厥人而言，这个词语的含义是"自由武士"；对于波兰人而言则是"叛徒"和"强盗"。乌克兰哥萨克是在波兰—立陶宛共和国的统治没有触及的第聂伯河下游荒原，一些逃亡的农奴、宗教难民、不满的贵族和普通罪犯组成的自由民组织。今天，乌克兰将哥萨克看作民族精神的象征之一，但哥萨克人不是现代意义上的乌克兰人。他们并不只定居在乌克兰，还有一部分生活在俄罗斯顿河地区。他们也不是一个种族，除了斯拉夫人，还包括叛变的波兰人、摩尔多瓦人、希腊人，甚至还有少数犹太人和鞑靼人。它是一个新的军人阶层，15世纪开始在乌克兰南部干草原一带边境逐渐形成，哥萨克们联合在一起互相保护，到了16世纪中叶，已发展成为一个具有独特民族性质的军事组织，该组织有一个称作大会（拉达〔rada〕）的最高权力机关，以及选举出来的各级军官，包括总司令。16世纪末，波兰册编哥萨克，最高首领称盖特曼。

[②] 何卫：《乌克兰危机的历史因素》，《光明日报》2014年3月26日第4版。

乌克兰和其他一些土地割让给俄国；第聂伯河右岸乌克兰和白俄罗斯仍处于波兰—立陶宛联邦控制之下。从此拉开了乌克兰东西两部分信奉不同宗教、相互分离的序幕。1686年，波俄签订永久和约，扎波罗热完全划归沙俄。

今天，赫梅利尼茨基的行为依然充满争议：一些人认为，他领导的哥萨克是乌克兰民族主义的先声，而批评者则指责他令整个东乌克兰落入沙皇之手，促成了东西乌克兰的分裂。从历史的维度看，赫梅利尼茨基的选择使乌克兰渐已形成宿命：作为文明交汇之地，乌克兰成为帝国之间的战场，而与任何帝国的结盟都不会给它带来独立。而乌克兰哥萨克追求独立和自由的取向成为乌克兰民族精神形成过程中的重要素材。

19世纪的诗人塔拉斯·舍甫琴科在今天的乌克兰备受推崇。他的充满民族主义理念的乌克兰语长诗《伊万皮德科娃》和《加玛利亚》等都取材于哥萨克故事。18世纪，俄罗斯又相继把乌克兰和黑海北岸大片地区并入自己的版图。1764年，叶卡捷琳娜二世废左岸乌克兰盖特曼制，分拆为各行省。

18世纪末，波兰—立陶宛联邦被沙皇俄国和普鲁士瓜分。1772年、1793年和1795年，波兰—立陶宛联邦被三度瓜分并就此不复存在。俄罗斯吞并右岸乌克兰（基辅、沃伦、波多利亚、布拉茨拉夫）。沙俄政府兼并乌克兰大部分地区之后，就开始限制乌克兰的自治权，并逐步关闭乌克兰学校，禁止使用乌克兰语，甚至于各类俄国文件中都禁止使用"乌克兰"一词，而代之以"小俄罗斯"。从此乌克兰的民族语言文化被压制，俄罗斯化加剧。

1791年，奥斯曼帝国将克里米亚割让给俄国。到1795年，除加利西亚（1772—1918年由奥地利控制）以外，乌克兰其余地区均在沙皇俄国统治之下，相当于控制了今天乌克兰土地的80%。但在最西部，现今乌克兰的利沃夫、捷尔诺波尔、伊万诺—弗兰科夫斯克、外喀尔巴阡、布科维纳五个州仍然在俄国的疆土之外。在俄罗斯人看来，乌克兰的土地从第聂伯河右岸到克里米亚历史上都是属于俄罗斯的，因为俄罗斯才是基辅罗斯的继承者。但实际上,这块土地上的许多人操着与俄语不同的语言,也并非都是东正教徒。在第聂伯河西岸,由于长期受到波兰—立陶宛的统治,很多人转而信奉天主教或者希腊天主教了。沙皇时期对乌克兰的基本政策是实行"俄罗斯化"。1839年,沙皇查封了领土上的所有希腊天主教会,并将其教区转交给了俄罗斯东正教会。现代乌克兰的首所大学于1805年成立于哈尔科夫,另一所大学于1834年成立于基辅,即现在的基辅大学,学校都以俄语教学,初级教育也使用俄语。在第聂伯河右岸,过去采用波兰语教学的学校都被关闭。教育俄罗斯化的短板很明显:绝大多数乌克兰人是赤贫的农民,并没有能力进入教育系统学习,只有那些精英阶层能够融入俄罗斯文化中。库比塞克说:"俄罗斯并没有制定一个计划,使乌克兰农民大众俄罗斯化,它并没有明晰的政策来界定现代乌克兰人的俄罗斯身份认同。"[①]

自1654年乌克兰与莫斯科公国结盟后,直到1917年俄国十月社会主义革命前263年间,乌克兰一直受沙皇俄国的统治,其政治、经济和社会的发展与俄国密不可分,发展速度也与俄国基本同步。

在奥匈帝国的统治之下的部分西乌克兰人基本被排除在政治和经济权力之外,形成了以希腊天主教会为核心的当地社会结构。后来,奥匈帝国当局鼓动乌克兰人,并在希腊天主教高层的参与下,成立了自己的民族组织以对抗波兰。该组织在宣言里明确提出,乌克兰人是和波兰人、俄罗斯人都不同的独立民族。维也纳为了笼络乌克兰人,不但同意让他们在加利西亚划出自己的自治省,还允许他们创办报纸,在利沃夫大学成立乌克兰语言文学系,鼓励乌克兰语教育和出版业,成立民族议会。到1914年第一次世界大战前,加利西亚已经有超过2500所乌克兰语小学和16所国立及私立高校。当地的乌克兰人甚至已经开始了公开合法的民族政治实践。1907年奥地利开始实行男性普

[①] [美]保罗·库比塞克:《乌克兰史》,颜震译,中国大百科全书出版社2009年版,第71页。

选，乌克兰政党在加利西亚获得了22个议席。

18世纪下半叶，尽管封建农奴制度仍占统治地位，但已开始瓦解，资本主义制度开始在乌克兰确立，手工业和资产阶级性质的私人对土地的占有关系得到发展，商品生产和贸易日渐兴旺。1861年在俄国和乌克兰进行的俄国农奴制改革，使乌克兰的资本主义制度得到进一步确立，但仍保留了土地的地主所有制（由农民赎买土地）。为了反对沙皇的土地政策，乌克兰农民仅在19世纪60年代就进行了大约3100次波及4160个村庄、卷入200万农民的起义。19世纪末，乌克兰的农产品出口已经成为俄罗斯帝国经济现代化的重要支柱。乌克兰的首条铁路于1865年铺设，把主要粮食产区和敖德萨港口连接起来。

19世纪中期以后，乌克兰工业无产阶级开始走上政治斗争舞台。1880—1894年，乌克兰工人罢工和起义发生100多次。1875年，以扎斯拉斯基为领袖的敖德萨工人成立了"南俄工人协会"。1897年，巴布什金建立了基辅和叶卡捷琳诺斯拉夫"工人阶级解放斗争协会"。这一时期的人民革命运动，主要是反对沙皇专制制度和争取社会与民族的解放。

第三节 俄罗斯帝国统治下的乌克兰

18世纪末至19世纪初，沙皇俄国逐步侵占了几乎全部乌克兰的领土，沙皇为了达到全面控制乌克兰的目的，不但掌握乌克兰的经济命脉，而且在文化、教育、语言等领域推行俄罗斯化，在政治、文化、教育各个领域推广俄语，禁止或缩小乌克兰语的使用范围，废除了盖特曼统治区和斯洛博达乌克兰的自治，为补偿哥萨克高级军官失去其在盖特曼统治区内作为一个统治集团的种种权力，允许他们与俄罗斯贵族有相同的地位，许多人在俄罗斯帝国供职，有些军官还获得了高级别的政府要职。

1783年，在凯萨琳统治下，第聂伯河左岸农民逐渐变成农奴的进程达到了高潮，但左岸农奴承担的义务没有右岸的繁重，在1861年农奴解放以前，农民中的大多数仍然是农奴，甚至在农奴解放之后，由于拨给的土地较少及巨额的赎金，农民的负担仍很沉重，致使许多农民陷入了穷困，不过，改革把劳动力从土地上解放了出来，促进了工业的发展，乌克兰东部的工业发展尤其引人注目，著名的顿巴斯煤田吸引了许多来自俄罗斯帝国各地的工人，其结果是，出现了工人阶级和一些日益发展的城市中心，后者成为乌克兰农村海洋中高度俄罗斯化的岛屿。

在俄罗斯帝国统治下，乌克兰逐步失去自己民族特色的所有痕迹。俄罗斯对占据的乌克兰领土重新加以划分，把乌克兰设置为俄罗斯的省，由圣彼得堡委派的总督管辖，右岸和一些毗邻地区划为限定给俄罗斯帝国内的犹太人居住，由于乌克兰南部地区居民稀少，俄政府把乌克兰其他地区的居民，以及俄罗斯人、巴尔干半岛的少数民族和德国人移居到此地。这次移民大大地扩张了乌克兰民族的区域，这也为后来乌克兰的多民族、多文化、多语言、多宗教的状况进一步奠定了基础。通过教育、通婚和在政府供职等形式，乌克兰贵族渐渐俄罗斯化，尽管许多人在感情上仍深深地爱着他们的故国及其风俗民情。第聂伯河右岸的波兰贵族保留了他们的社会地位，仍是主要的地主阶级，而大部分犹太人则受到许多法律条款的约束。

正如在政治领域和社会领域里的情形一样，沙皇政权在宗教政策方面也加速消除乌克兰的特色，凯萨琳二世虽然允许主要为波兰人的天主教会继续存在，但却推行一项采用行政手段使乌克兰人从东仪天主教的改宗计划，从此天主教逐渐在乌克兰大地上日落西山，而东正教则如日中天。

1839年，东仪天主教大主教教区被取消，布列斯特教会合并被宣布无效，东仪天主教教徒最后被吸收进俄罗斯正教会，顽抗不从的神职人员受到严厉惩罚，俄罗斯东正教会成了沙皇政权在乌克兰实行俄罗斯政策的重要工具。

19世纪中叶，乌克兰发生的一些文化和文学事件，引起了沙皇统治阶层的关注,官方认为,乌克兰人是被蒙古—鞑靼人从罗斯整体中分裂出去的俄罗斯人的一个分支或"支族",即"小俄罗斯人",由于受到波兰的恶劣影响而偏离了他们自身的历史进程,因此,认为重新把乌克兰和俄罗斯统一成一个整体国家是十分必要的。[1]

在乌克兰知识阶层中,乌克兰民族的概念逐渐清晰起来。19世纪30年代,历史学家米哈伊洛·马克西莫维奇对乌克兰和俄罗斯民歌进行考察后指出,俄罗斯和乌克兰两个民族尽管联系紧密,但却是相互独立的。1840年,出身农奴的诗人塔拉斯·舍甫琴科开始用民歌、农民土话和更为复杂的乌克兰语方言发表诗歌。在他的诗歌里,乌克兰是被波兰人和俄罗斯人压迫的独立民族。他歌颂哥萨克的传奇,把波兰和俄罗斯描绘成为劫掠天地的乌鸦。为此,舍甫琴科被流放西伯利亚,永远不得回到乌克兰。

尽管沙皇对乌克兰的文化、语言极力打压,但许多城市里出现了主要由大学生领导的名为"格罗马达社"(意为村社)的秘密团体,他们鼓吹乌克兰文化、教育,并出版地下读物。该社团公开参加各项政治活动,哈尔科夫的一个团体发展成为革命乌克兰党,该党在1900年出版的一个小册子中第一次提出的政治目标是"一个单一的、不可分割的、自由的、独立的乌克兰"。

虽然乌克兰处于沙俄的统治之下,但工业化并没有波及以农业为基础的第聂伯河西岸。两种经济形态促成了乌克兰东、西不同的族群结构、语言习惯和文化心理。库比塞克在《乌克兰史》中指出,"在俄罗斯帝国境内,生活在农村里的大多数乌克兰人知道自己并非俄罗斯人、波兰人或犹太人,但他们却没有一个清晰的概念,认为自己属于更广大的乌克兰民族。如果被问到身份,一个典型农民的回答是,他是一个农夫,或者一个东正教徒,或者更简单地称自己是个本地人"[2]。具有民族意识、政治上活跃的乌克兰人通常提出的

---

[1] 此种观点长期以来主宰着俄罗斯史学界。
[2] [美]保罗·库比塞克:《乌克兰史》,颜震译,中国大百科全书出版社2009年版,第46页。

要求，大多都是关于享有语言和文化的权利，以及某种形式的地方自治。

需要指出的是，1772年，哈布斯堡王朝从波兰手中夺取了乌克兰西部的加利西亚，两年后，又从摩达维亚手中夺得部分乌克兰西部领土。在奥地利统治时期乌克兰民族居住的加利西亚地区同其西边纯粹是波兰人的地区在行政上合并为一个单独的省，省会为利沃夫，在那里波兰人构成了占压倒性多数的地主阶级并控制了主要城市，使得波兰人同乌克兰人之间的对抗在加利西亚的生活中带有生死攸关的性质。1848年的匈牙利革命带有强烈的民族主义色彩，疏远了该国斯拉夫少数民族中的许多人。1849年，这次革命被俄罗斯军队镇压下去，因而激发了亲俄的思想感情，导致亲俄主义成为外喀尔巴阡知识分子中在文化和政治方面的主要倾向。但是，1867年的政治安排产生了奥匈二元君主国，把对内政策的控制权交给了匈牙利寡头政治集团，对在学校和出版物中使用罗塞尼亚语的限制日益增加，匈牙利化的趋向越来越强。直到20世纪初，亲乌克兰的民粹主义运动才发展成与亲俄主义和匈牙利化的对立面，到第一次世界大战爆发时，外喀尔巴阡的乌克兰人的民族意识仍处于低度的发展水准。

这些地区在哈布斯堡王朝的统治下，形成了独特的民族和文化特征，它既不同于波兰统治下的西乌克兰，也不同于沙皇俄国统治下的乌克兰东部、中部和南部。截至目前，这些地区的文化、语言等尚未完全融入乌克兰的民族文化之中。

第一次世界大战的爆发和1914年8月1日俄国与奥匈帝国之间敌对状态的开始，对交战国双方的乌克兰居民产生了直接的影响。俄罗斯限制或禁止乌克兰的文化机构和出版物，乌克兰重要人物被捕或被流放，9月，当俄军进入加利西亚时，后退的奥军处决了成千上万被怀疑为亲俄的人，沙皇当局占领加利西亚后，立即采取措施使之完全并入俄罗斯帝国，禁止当地居民使用乌克兰语，关闭了学校和文化机构，并准备取缔希腊公教会。1915年春，奥军重新攻占加利西亚后，俄罗斯化运动遂被中止，但西乌克兰仍是军事行动的战场，并遭到极大的破坏。①

1917年2月，俄国革命取得胜利，临时政府立即实行言论自由和集会自由，取消沙皇对少数民族的种种限制，随之乌克兰出版机构恢复，成立了各种文化和专业协会，乌克兰的民族生活变得生机勃勃。3月，根据这些组织的倡议，基辅建立了中央拉达，作为乌克兰的代议机构；4月，有更广泛成员出席的全乌克兰人民代表大会宣布中央拉达为乌克兰的最高国家权力机关，并选出历史学家赫鲁雪夫斯基为其主席，中央拉达公开宣布的目标是乌克兰领土的自治和使俄罗斯转变为一个民主的联邦共和国。

11月7日布尔什维克在彼得格勒发动起义之后，乌俄关系随之恶化，中央拉达拒绝接受新政权对乌克兰行使权力，并于11月20日宣布成立乌克兰民族共和国，布尔什维克接着也于12月在哈尔科夫举行的第1次全乌克兰苏维埃代表大会上宣布乌克兰为一个苏维埃共和国，并成立了一个对立的政府。十月革命后没几个月，乌克兰中央拉达又宣布乌克兰独立，成立新的"乌克兰人民共和国"。根据1918年全俄人民委员会与同盟国签订的《布列斯特和约》，乌克兰获得"独立"，其之前与同盟国签订的和约得到了苏俄的全部承认。

1918年1月，布尔什维克在第聂伯河左岸发动了一次进攻并向基辅逼近，中央拉达当时已开始和希望从其得到军援的同盟国进行和平谈判，并于1月22日宣布乌克兰完全独立，但几乎同时，政府不得不立即撤退到第聂伯河右岸，因为苏维埃军队占领了基辅。2月9日，乌克兰和同盟国签订了《布列斯特—立陶夫斯克和约》。3月初，德奥联军的一次进攻把布尔什维克逐出基辅，拉达政府于是返回首都。4月，红军撤离乌克兰。

乌克兰政府的各项社会主义政策，尤其是土地国有化政策，与为进行战争而最大限度地取得粮食供应的德国最高指挥部的利益相抵触，

---

① ［美］保罗·库比塞克：《乌克兰史》，颜震译，中国大百科全书出版社2009年版，第66页。

4月29日，拉达政府在一次德国人支持的政变中被斯科罗帕茨基将军推翻。

在奥匈帝国垮台之前，西乌克兰的一些政治领袖在1918年10月的一次集会上就宣布建立一个简称为西乌克兰民族共和国的国家，包括加利西亚、北布科维纳和外喀尔巴阡。11月1日，乌克兰军队占领利沃夫，此举引发了一场与波兰人的战争，波兰人决心将加利西亚并入重新建立的波兰国家。11月21日，波兰军队夺取了利沃夫，但加利西亚的大部分仍在乌克兰控制之下，以彼得鲁雪维奇为首的政府迁往斯坦尼斯拉沃夫。第一次世界大战末期，除波兰占领东加利西亚和西沃伦外，1918年，罗马尼亚也趁机收回了被沙皇兼并的比萨拉比亚，捷克斯洛伐克占领了外喀尔巴阡乌克兰。1938年11月至1939年3月，外喀尔巴阡乌克兰又被匈牙利霍尔蒂政权占领。由此可见，乌克兰民族的历史是一部屈辱史，多个外族掠夺、入侵、统治构成了乌克兰独有的多灾多难史。

1919年1月22日，两个乌克兰国在基辅宣布联合，到7月末，波兰完全控制了加利西亚，彼得鲁雪维奇及其政府撤到乌克兰右岸，并于秋季流亡到维也纳，他们继续进行外交努力，反对波兰对其领土的占领。

1918年12月，布尔什维克在乌克兰东部发动了一场新攻势，1919年2月，他们重新夺回了基辅。执政内阁迁移到右岸并继续战斗，5月，邓尼金在左岸发动了反对布尔什维克的战役，由于布尔什维克再一次撤退，彼特留拉的乌克兰部队和邓尼金的几个白军团在8月31日双双进入基辅，从9月到12月，乌克兰部队一直同邓尼金部队作战，但由于失利，遂向西北方向撤退，进入沃利尼亚。

乌克兰部队三面受敌：西有波兰人，北有返回的红军，南有白军，只好停止正规的军事行动而转入游击战，与此同时，布尔什维克开始击退邓尼金部队，并于12月16日重新占领了基辅，到1920年2月，白军已被逐出乌克兰领土。

乌克兰与毕苏斯基的波兰政府的谈判，以1920年4月签订的《华沙和约》而告终，根据该和约的条款，彼特留拉放弃了对加利西亚和沃利尼亚西部的领土要求，作为对波兰军援的回报，两天后，波兰—乌克兰联军发动的战役开始，5月6日，联军占领了基辅。10月，波兰和苏俄军队签订了停战协定，1921年3月，波兰和苏俄双方签订了《里加条约》，两国共同瓜分乌克兰，波兰进一步承认了苏维埃乌克兰，但获得了西乌克兰地区。

在第一次世界大战和俄国革命的混乱时期，乌克兰曾在1917—1921年短暂独立，但随后，很快又加入了俄罗斯，成为苏联的15个加盟共和国之一，直到1991年宣布独立，第一次实现真正意义上的独立。

第四节 乌克兰加盟苏联

1920年，乌克兰与俄罗斯签订联盟条约，1922年12月，第7次全乌克兰苏维埃代表大会倡议成立苏联。1922年12月30日，乌克兰与俄罗斯、白俄罗斯和南高加索联邦等国共同成立了苏联，成为了苏维埃社会主义共和国联盟的创始国。1922年加入苏联时，乌克兰有自己的政府，有权控制经济生活，并且建立文化科技机构来促进乌克兰语言和文化的发展。政府积极推广在教育、媒体和艺术领域使用乌克兰语，只要不超越意识形态的界限，在任何场合可以用乌克兰语表达任何事情。到1927年，乌克兰苏维埃社会主义共和国的事务中70%使用乌克兰语。到了1929年，83%的小学和66%的中学使用乌克兰语教学，而且大部分出版的书籍和报纸也使用乌克兰语。[1] 在列宁的民族政策指导下，乌克兰充分获得了1924年联盟宪法赋予的权利，其苏维埃和政府机关基本由乌克兰人任职。随着苏联对乌克兰文教事业的大力投入，乌克兰语获得了前所未有的繁荣，文盲率更是降至不到

---

[1] 李海瑞：《乌克兰：身份危机的历史解读》，2014年5月11日，腾讯网（http://new.qq.com/cmsn/）。

50%，甚至连东正教会也被允许存在。但这种状况好景不长，因为乌克兰文化、语言的蓬勃发展引起苏联政府的高度重视，到了后期，苏联政府采取了打压乌克兰文化的策略，关闭了乌克兰语学校，禁止乌克兰语出版物，清洗了几乎所有的乌克兰国家机关和苏维埃。

1939年11月，西乌克兰正式成为乌克兰加盟共和国的组成部分。1939年，苏联将东加利西亚划入乌克兰苏维埃社会主义共和国；1940年，北布科维纳和南比萨拉比亚并入乌克兰苏维埃社会主义共和国；1945年，曾属于捷克斯洛伐克的喀尔巴阡省被划归乌克兰苏维埃社会主义共和国；1954年，克里米亚被从俄罗斯苏维埃联邦社会主义共和国划入乌克兰苏维埃社会主义共和国。

在第二次世界大战后期，1945年6月29日，苏联政府同捷克斯洛伐克共和国签订了《外喀尔巴阡乌克兰条约》，将外喀尔巴阡乌克兰划归乌克兰。至此，统一乌克兰全部领土的历史进程得以完成。

1945年8月16日，苏联又与波兰签订了关于波兰—乌克兰边界的条约。这样，战后，乌克兰与波兰及捷克斯洛伐克的边界划分问题得以重新界定。

1954年2月19日，在庆祝乌克兰与俄罗斯重新统一300周年时，由赫鲁晓夫提议，苏联把克里米亚地区从俄罗斯手中划赠给乌克兰。这一匆忙决定为独立后的俄罗斯和乌克兰的领土问题埋下了祸根，演变成今天的民族斗争，以及俄乌两国间不可调和的矛盾。

俄乌第二次结盟后，经历了短暂的蜜月期，随之进入了全面"去乌克兰化"，实施"俄罗斯化"政策，乌克兰的文化、语言受到排挤和打压，在政治、经济、教育诸领域发生了巨大变化。根据美国哈佛大学历史系教授罗曼·施波尔卢克的研究成果显示，1959年至1970年，苏联向乌克兰东部迁入大量俄罗斯人口，其结果是，东部俄罗斯人数增长超过了40%，南部稍低于40%，而西部则在10%以下。以顿巴斯（顿涅茨克）为例，11年间，视乌克兰语为母语的人口从44.42%下降至31.89%。在1959年，25.09%生活在该地区城市的乌克兰人以俄语为母语，而到了1970年，这一比例为34.54%，增长将近 10%。①

历史进入 20 世纪 80 年代后期，苏联国内的政治形势失去了表面的平静，重大事件接二连三地发生，乌克兰这个二号加盟共和国的政坛也风起云涌。1989 年 9 月成立的拥有百万之众的乌克兰人民争取改革运动（简称"鲁赫"）对推动乌克兰独立发挥了极重要的作用。1990 年，苏共中央二月全会和 3 月 14 日苏联人民代表大会否定了苏联宪法中对共产党执政地位的规定，苏联迅速形成多党制。在这一背景下，乌克兰各种政党纷纷成立，公开活动。这些政党和组织大都主张乌克兰独立，实行新的政治制度。

1990 年 7 月 16 日，乌克兰议会通过了乌克兰国家主权宣言。尽管宣言仅仅涉及苏维埃联盟内部的国家主权，但这已成为乌克兰走向彻底独立的明确信号。1991 年 8 月 19 日莫斯科发生未遂政变，史称苏联"8·19"事件。这之后，乌克兰最高苏维埃主席克拉夫丘克率先退出苏共中央和乌共中央，接着，乌克兰最高苏维埃宣布乌克兰正式独立。1991 年 8 月 24 日，乌克兰议会通过独立法案，宣布乌克兰为独立的民主国家，确定了新的国旗、国徽和国歌。8 月 24 日被正式确定为乌克兰独立日（国庆节）。8 月 30 日，乌克兰最高苏维埃决定停止乌共的活动，12 月 1 日，乌克兰举行全民公决，在 3700 多万选民中，83% 的人参加投票，其中 90% 以上的人赞成乌克兰脱离苏联，成立独立的国家——乌克兰。12 月 8 日，乌克兰、俄罗斯和白俄罗斯的领导人在明斯克签署《别洛韦日协定》，宣布苏联不再存在，乌克兰的独立最终完成了。关于苏联的解体，许多政治家表达了不同的观点。虽然以叶利钦为首的俄罗斯在苏联解体的过程中扮演了主要角色，起到了推波助澜的作用，但俄罗斯学者和政治家对此仍耿耿于怀，表达了对以俄罗斯主导的苏联的怀念。"正如普京所说，对于许多俄罗斯人而言，苏联解体是二十世纪最大的地缘政治灾难。俄国在中亚和高加索地区

---

① 李海瑞：《乌克兰：身份危机的历史解读》，2014 年 5 月 11 日，腾讯网（http://new.qq.com/cmsn/）。

的实际控制线一下子就退回到了19世纪中叶,西部边界更是退到了十七世纪初伊凡四世时期。高加索地区的丢失唤起了俄罗斯对土耳其卷土重来的担心,中亚的丢失使其直接受到伊斯兰世界的威胁。然而对俄国而言,最难以接受的莫过于乌克兰的离去,这无疑是泛斯拉夫情结浓厚的俄罗斯民族至为痛楚之事。迄今为止,大多数俄罗斯人仍倾向于把乌克兰视为自己的一部分,甚至认为乌克兰语不过就是有浓厚波兰味的俄语。"[1]

1991年12月1日,乌克兰举行了关于独立和选举第一届总统的投票,以确认独立的合法性和支持度。独立在各个州都获得了支持。乌克兰西部的支持率是97%,东部和南部是88%和87%,克里米亚只有54%,但也超过了半数。可见,乌克兰独立,这不仅是乌克兰族人的意愿,生活在乌克兰的俄罗斯族人同样希望乌克兰成为一个自主、独立的国家。应该说,现在乌克兰的民族矛盾是其独立后,乌克兰政坛的所谓精英们为了各自的政治利益人为造成的。

克里米亚是俄罗斯族人占多数的地区,由于各种原因,该地区民众一直希望回归俄罗斯。2014年是乌克兰政局混乱,民族矛盾升级的一年,3月16日,克里米亚举行全民公投。最终结果显示,97%的克里米亚选民支持该地区脱离乌克兰加入俄罗斯。俄罗斯趁机占领了该地区。俄罗斯与乌克兰的矛盾由此进一步加深,甚至到了对立、对抗的程度。

独立之后的20多年里,乌克兰一直缺乏一个强有力的政权推进国家建构,直至今天乌克兰的国家认同、民族认同、文化认同尚未完全形成。自独立以来,乌克兰总统和议会间就进行着超乎寻常的斗争。仅1992—1997年,政府便发生7次更迭,对新国家有关键意义的新宪法直到1996年才最终颁布。在脆弱的选票下,乌克兰对历史的认识差异、语言差异都成为政治家建立票仓、争夺选票的工具。目前的乌克

---

[1] 傅正:《乌克兰问题的历史根源和"民主化"的罪与罚》,2014年3月5日,豆瓣网(https://www.douban.com/group/topic/49771924/)。

兰经济继续下滑，民族矛盾被进一步激化，人民生活水平不断下降，各种矛盾凸显，内战持续。

第五节　乌克兰的行政区划、民族与语言

关于对民族概念的理解，一般认为，民族是由一些人组成的共同体，具有自己独有的民族文化特征和语言。通常有广义和狭义之分。广义的民族指多民族区域内所有民族的总称（如中华民族、非洲土著民族、美洲民族等）；狭义的民族可参考斯大林于1913年给民族下的定义，"民族是人们在历史上形成的一个有共同语言、共同地域、共同经济生活以及表现于共同文化特点上的共同心理素质这四个基本的稳定的共同体。"[①] 我国学术界一直沿用斯大林给民族概念所下的这个定义。此处在分析乌克兰的民族时，也以此定义为准，即狭义的民族概念。

乌克兰位于欧洲东部，黑海、亚速海北岸，东西长1316千米，南北长893千米，东接俄罗斯，南濒黑海，北与白俄罗斯毗邻，西与波兰、斯洛伐克、匈牙利接壤，南同罗马尼亚、摩尔多瓦毗邻。乌克兰陆地边界线长5631千米，海岸线长1959千米，境内95%国土属东欧平原，最大山系为西部的喀尔巴阡山，最高峰戈尔维拉峰海拔2061米，大部分地区为温带大陆性气候。

乌克兰官方语言为乌克兰语，通用俄语，主要宗教为东正教和天主教。

乌克兰共分为27个行政区，其中包括1个自治共和国，2个直辖市，24个行政州。具体为：克里米亚自治共和国[②]；基辅直辖市、

[①]　《斯大林全集》第11卷，人民出版社1955年版，第286页。
[②]　克里米亚共和国位于俄罗斯西南部，乌克兰以南的克里米亚半岛，其面积2.55万平方千米，人口约250万，其中俄罗斯人占60%，乌克兰人占24%。此外，这里还生活着少数克里米亚鞑靼人和白俄斯人等，克里米亚首府为辛菲罗波尔。1783年，克里米亚被俄罗斯帝国吞并，1918年归属俄罗斯苏维埃联邦社会主义共和国（即苏俄）。1954年5月，为纪念乌克兰与俄罗斯合并300周年，苏联最高苏维埃主席团下令将克里米亚州划归乌克兰。2014年克里米亚又回归俄罗斯，乌克兰一直不予承认，暂将克里米亚列入分析。

塞瓦斯托波尔直辖市；基辅州、文尼察州、沃伦州、第聂伯罗彼得罗夫斯克州、顿涅茨克州、日托米尔州、外喀尔巴阡州、扎波罗热州、伊万诺—弗兰科夫斯克州、基洛沃格勒州、卢甘斯克州、利沃夫州、尼古拉耶夫州、敖德萨州、波尔塔瓦州、罗夫诺州、苏梅州、捷尔诺波尔州、哈尔科夫州、赫尔松州、赫梅利尼茨基州、切尔卡瑟州、切尔诺夫策州、切尔尼戈夫州。此外，乌克兰共约有446个市、490个区、907个镇和10196个村。①

乌克兰地理位置重要，是欧洲联盟与独联体特别是与俄罗斯地缘政治的交叉点，总面积大约60.37万平方千米。根据2001年人口普查数据显示，乌克兰人口为4795万人②，乌克兰是一个由多民族构成的国家，主体民族乌克兰族人口为3740万，占乌总人口的77%以上，其次是俄罗斯族，人口为1130万，占17.3%，其他少数民族约占乌克兰总人口的5.7%，主要有白俄罗斯族（人口为44万）、犹太族（人口为48.6万）、摩尔多瓦族（人口为32.5万）、波兰族（人口为21.9万）、匈牙利族（人口为16.3万）、罗马尼亚族（人口为13.5万）、保加利亚族（人口为23.3万）③，其余的民族人数较少，如加告兹人（86%在敖德萨州）、希腊人（85%在顿涅茨克州）、罗马尼亚人（74%在切尔诺夫策州，22%在外喀尔巴阡州）、摩尔达维亚人（45%在敖德萨州，26%在切尔诺夫策州）。④ 除希腊人外，这些少数民族大部分居住在农村。乌克兰全国平均人口密度为77.7人/平方千米（2016年）。人口最密集地区是顿涅茨克州，该州人口达到了470万

---

① 关于乌克兰市、区、镇、村的统计，还有材料显示，目前有459个市，490个区，886个镇和10278个村。

② 据2004年统计，乌克兰人口为4746万人，其中城市人口3210万人，农村人口1540万人，全国平均人口密度为每平方千米85人。据2005年统计，乌克兰人口为4710万；据2006年统计人口为4688.64万；据2013年统计，乌克兰人口为4555万。据此，可以看出，乌克兰的人口是一个经常变化的系统，一个社会是否稳定，对人口的影响十分明显，乌克兰的人口频繁变动说明，乌克兰社会处在一个极不稳定的状态中。

③ 参见乌克兰国家统计委员会网站（http://2001.ukrcensus.gov.ua/rus/results/general/）。

④ ［加拿大］彼·波提契尼：《乌克兰人口的民族组成》，赵云中译，《俄罗斯研究》1991年第3期。

人，第聂伯罗彼得罗夫斯克州为350万人，哈尔科夫州为286万，利沃夫州为260万人，卢甘斯克州为245万人，基辅人口为270万人。敖德萨州人口为242万人，扎波罗热州为189万人，文尼察州为173万人，波尔塔瓦州158万人。赫梅利尼茨基州和伊万诺—弗兰科夫斯克州各有140万人左右，切尔卡瑟州有137万人，日托米尔州为135万人，苏梅州和扎波罗热州为125万，尼古拉耶夫州为124万人，切尔尼戈夫州为120万人，罗夫诺州为116万人，赫尔松州为115万人，捷尔诺波尔州为112万人，基洛沃格勒州为110万人，沃伦州为104万人。人口较为稀疏的地区是切尔诺夫策州，仅有91.3万人。乌克兰的人口多年来一直是负增长，男人平均寿命为61.6岁，女人平均寿命为72.8岁。退休人口占总人口的28%—35%。男女比例多年一直保持不变，即46%∶54%。乌克兰城市人口占绝大多数，大约为3144万，占68.7%，农村人口大约有1434万，占31.3%。

20世纪90年代，加拿大学者彼·波提契尼对乌克兰的人口和语言问题进行了深入细致的调查研究，其研究成果表明：乌克兰总人口中88%的人把自己民族的语言视为母语，96%的匈牙利人、93%的克里米亚鞑靼人、80%的加告兹人、78%的摩尔达维亚人、72%的阿塞拜疆人、70%的保加利亚人、62%的罗马尼亚人和59%的茨冈人把本民族的语言视为母语。把本民族的语言认作母语的人数比例较小的是犹太人（7.1%）、波兰人（12.5%）、希腊人（18.5%）、德国人（23%）、爱沙尼亚人（31%）、拉脱维亚人（34%）和白俄罗斯人（36%）。这些民族的人一般把俄语或者乌克兰语视为母语。有趣的是，在1400万非乌克兰族人当中，只有44.65万人（为其总数的3.2%）把乌克兰语视为自己的母语。这其中，67%为波兰人、33%为斯洛伐克人、31%为捷克人、12%为茨冈人、10%为罗马尼亚人。这些人数较少的民族的大部分人把俄语称作母语，他们只有在自己民族的族群内用本民族语言交流，其民族特征基本丧失。

另据统计，乌克兰国内的非俄罗斯族居民中（包括乌克兰族人在内）约有570万人（即其总数的14.3%）把俄语视为母语。犹太人居首（其中的91%），其次是希腊人（79%）、德国人（67%）、楚瓦什人（56%）、白俄罗斯人（55%）、鞑靼人（49%）、亚美尼亚人（48%）和格鲁吉亚人（43%）。把俄语认作母语的乌克兰人的数量，在最近10年内增加了60万人，或者说增长了15%。尤其乌克兰东部地区居民中很大部分在语言上都俄罗斯化了。在克里米亚47%的乌克兰人称俄语为母语，在顿涅茨克州为40%，在卢甘斯克州为34%，在敖德萨州为26%，在扎波罗热州为23%，在基辅市和哈尔科夫州均为21%，在尼古拉耶夫州为16%，在第聂伯罗彼得罗夫斯克州为15%，在赫尔松州为12%，在其余州把俄语视为母语的指数均不高，从捷尔诺波尔州的0.2%到苏梅州的9%之间。统计还表明，有690万人的母语是非乌克兰语，他们流利地掌握本地居民的语言。这些人当中最大数量要算那些把俄语当作自己母语的乌克兰人。如果把乌克兰语认为母语的人和把乌克兰语作为第二语言流利掌握的人加在一起，那么他们的人数便是4010万人（相当于78%）。在农村地区大约全部人口中的90%操乌克兰语，而在城市中操乌克兰语的人只占72%。乌克兰有四分之三的居民流利掌握俄语，其中1700万人把俄语视为其母语，2300万人流利使用俄语。①

表1—1　　　　乌克兰各州人口中乌克兰族人的比重（%）

东北部地区	乌克兰族人的比重	西南部地区	乌克兰族人的比重	南部地区	乌克兰族人的比重
第聂伯罗彼得罗夫斯克州	72	文尼察州	92	克里米亚州	26
顿涅茨克州	51	伏林斯克州	95	尼古拉耶夫州	77
哈尔科夫州	63	日托米尔州	85	敖德萨州	55
基洛沃格勒州	85	外喀尔巴阡州	78	赫尔松州	76

---

①　[加拿大] 彼·波提契尼：《乌克兰人口的民族组成》，赵云中译，《俄罗斯研究》1991年第3期。

续表

东北部地区	乌克兰族人的比重	西南部地区	乌克兰族人的比重	南部地区	乌克兰族人的比重
卢甘斯克州	52	伊万诺—弗兰克夫斯克州	95		
波尔塔瓦州	88	基辅州	89		
切尔卡瑟州	91	利沃夫州	90		
扎波罗热州	63	罗夫诺州	93		
		捷尔诺波尔州	97		
		赫梅利尼茨基州	90		
		切尔卡瑟州	92		
		切尔尼戈夫州	91		
		切尔诺夫策州	71		

乌克兰人口的突出问题是，自1991年乌克兰独立以来人口一直是负增长，近几年人口大约减少约110万。从表1—1中可以看出乌克兰族人口在各州的分布情况。[①]

在苏联时期，政府分别于1926年、1939年、1959年和1970年就民族和人口做过几次调查，结果显示从1926年到1959年，各加盟共和国的主体民族占总人口的比率出现大幅度下降的趋势。而东斯拉夫各族人口自然增长率一直偏低，俄罗斯人为6.5%，乌克兰人为3.9%。这种现象在1970年以前也很明显，在乌克兰，占其总人口的73%—75%的乌克兰人在9年间大约只增长了121万人，即3.4%，可占加盟共和国总人口20%左右的俄罗斯人约增长了135万，超过了乌克兰人口的增长。俄罗斯人流入乌克兰共和国约75万，乌克兰人外流到其他共和国的约有17万。从1970到1990年，在乌克兰认为乌克兰语是母语者为85.7%，俄语同化率是14.3%，可是以居住在乌克

---

① [美]苏姗·斯图尔特：《乌克兰对待少数民族的政策》，郭思勉译，《民族译丛》1994年第1期。

兰共和国的乌克兰人和居住在该共和国之外的乌克兰人相比，前者认为乌克兰语是母语的占有率为91.4%，俄语同化率只有8.6%；而后者的母语持有率只有48.5%，俄语的同化率竟高达51.5%。关于苏联各民族双语并用，或多语并用的现象之一，就是指俄语的使用。①

如果从经济地理角度看，乌克兰可分为四个地区。东部以哈尔科夫为中心，人口占全国的25%；中部以基辅为中心，人口占30%；南部以敖德萨为中心，人口占19%；西部以利沃夫为中心，人口约占25%。

乌克兰独立后，历届政府都十分注重乌克兰语的推广和普及，特别是在学校教育中（乌克兰语以及乌克兰语少数民族语混合学校的学生占76%，俄语学校的学生占24%），媒体和政府公文上，以及就业方面，不断强化乌克兰语的国语地位，以此来保证乌克兰的国家和民族认同，维护国家独立和安全，融合俄罗斯族及其他少数民族。在1991年独立前，乌克兰的俄语学校大约占九成，乌克兰学校占一成，如今却倒过来了，在出版物和媒体上乌克兰语占有明显的优势。

第六节　乌克兰的政体与宗教状况

乌克兰独立以后由于各方对于政体分歧很大，面临制宪危机，政体实行的是不成熟的总统制。1996年6月28日，乌议会通过独立后的第一部宪法，确定乌为主权独立、民主的法制国家，实行共和制；总统为代表国家的最高元首；最高拉达（议会）为立法机关；政府为行政机关，对总统负责。2004年12月8日，乌议会通过宪法修正案，2006年新宪法生效，规定自2006年1月1日起，乌政体由总统议会制

---

① ［日］西村文夫：《苏联各民族人口动态和语言问题》，东园译，《国际政治》1982年第4期。

过渡为议会总统制。根据这项宪法修正案,总统权力被削弱,议会权力得到实质性扩大。2010年10月1日,乌宪法法院裁决2004年宪法修正案违宪,国家政体重回总统议会制。2013年11月发生的"广场革命"(也称"尊严革命")导致乌克兰政治再次洗牌,政治制度和政治格局发生颠覆性变化。2014年2月21日,乌克兰议会投票赞成恢复2004年宪法,乌克兰政体回归议会总统制。[①] 这意味着议会和政府的权力将扩大,总统权力将被削弱,总理由议会从总统提名候选人中选举产生;议会根据总统提名任命国防部长、外交部长和安全局局长;政府其他成员由总理提名候选人。从总体看,广场革命以后,乌克兰政治呈现出以下基本特征:"政治制度回归议会总统制;政治力量西升东落;政治极化;政治寡头化;内政同质化,外交亲西抗俄;政治的独立性减弱,对外依附性增强。政治发展所处阶段、政党制度、政治精英、政治文化、经济因素和外部力量,是乌克兰目前政治曲折发展的重要原因。"[②]

乌克兰实行多党制,截至2012年2月,共有198个政党在乌司法部注册登记,其中影响较大的政党为:

(1)地区党:中左派,乌克兰第一大党。1997年10月成立,最初称地区复兴党,2001年3月更名为地区党。主张建设繁荣昌盛的民主法治国家,通过诚实劳动建立以中产阶级为主的公平、稳定社会。保护公民利益,主张俄语为第二官方语言。

(2)季莫申科集团:右派,系在全乌克兰祖国联盟基础上组建的政党联盟,主张建立民主国家和公民社会,推行市场经济,扩大社会福利,加速私有化进程。

(3)打击党:乌克兰争取改革民主同盟的俄文简称,系乌政坛

[①] 学术界对于乌克兰的政体存在一定争议,不同时期根据不同标准冠以总统制、半总统制、总统议会制、议会总统制、总理议会制、混合选举制、有缺陷的民主、半威权政体、竞争性威权政治、新极权制度、选举政治、寡头政治等不同称谓,这反映出乌克兰政治转型尚未结束,政治发展具有不确定性。

[②] 赵会荣:《当前乌克兰政治基本特征与影响因素》,《俄罗斯学刊》2016年第2期。

新崛起的政党，前身为2005年3月成立的"新国家党"，主张建立民主国家，发展社会市场经济，保证法律至上和公民权利、自由，向欧洲标准看齐，使乌克兰成为成功的欧洲国家，强调政治和经济变革，呼吁建立平衡的权力体系，强化公民社会作用，巩固宪政制度。

（4）乌克兰自由运动：激进民族主义政党，前身是1991年9月29日成立的乌克兰"社会—民族党"，主张作共产主义意识形态不妥协的对抗者，支持总统制和经济民族主义政策，要求通过《乌克兰语保护法》，不再参加任何以俄罗斯为核心的欧亚地区超国家组织，包括独联体。

（5）乌克兰共产党：左派，1993年6月在苏联乌克兰共产党基础上重建，宣布代表工人、农民、知识分子和军人的利益，主张彻底改变国家现行方针，恢复社会主义体制，确立人道的、民主的、集体的原则，法律至上，各民族一律平等，支持发展乌俄关系和推动独联体一体化进程，主张在原来苏联范围内建立各独立国家的兄弟联盟，恢复"苏联"。

此外还有变革阵线党、人民党、乌克兰前进党、"我们的乌克兰"人民联盟、乌克兰社会党、乌克兰进步社会党、乌克兰人民党、改革与秩序党、乌克兰统一社会民主党、乌克兰工业家和企业家党及乌克兰人民鲁赫党等。这些党派的人数少，力量都比较弱小，在乌克兰国内和国际上没有话语权，他们没有明确的目标和发展规划，也没有明确的政治主张，对乌克兰政治、社会发展、经济发展只产生微小的影响力。

2014年5月29日波罗申科赢得乌克兰总统选举胜利，成为乌克兰第六任总统。2014年10月26日议会选举结束后，共有10个政党的代表通过政党比例制（6个政党）和单一选区制（自由党、右区、乌克兰社会劳动前景党和意志党）进入第八届议会。在现有423个议席（议会共450个议席，目前27个虚席）中，波罗申科联盟占150个议席，人民阵线占82个议席，反对派联盟（地区党的继承党）占40个议席，自助党占31个议席，激进党占21个议席，祖国党占19个议席，自由党占6个议席，右区、意志党和乌克兰社会劳动前景党各占1个议席，独立候选人占96个议席。①

乌克兰是一个由130多个民族构成的国家，民族问题一直是乌克兰最为棘手的问题之一，虽然政府一直很重视国内的民族问题，但该问题始终没有得到妥善解决。在独立前夕和独立后，乌克兰通过、颁布了一系列关于民族问题的法律法规：1989年10月通过《语言法》；1990年7月乌克兰最高苏维埃通过了《乌克兰主权宣言》，该宣言规定在乌克兰领土上的所有民族有权发展本民族的文化、语言；1991年10月颁布了《国籍法》；1991年11月颁布了《乌克兰各民族权力宣言》，保证在乌克兰的各民族的权利受到保护；1992年6月通过《乌克兰少数民族法》，等等。从整体上看，这些法律基本上能保障乌克兰各个民族的政治、经济、文化、语言、教育诸方面的利益和权利，但问题是乌克兰历届政府在对这些法律的执行过程中，没有将其全面地贯彻落实，或选择性地执行其中某些条款，这就引发了一系列民族矛盾、民族冲突，甚至导致国内战争持续不断，经济下滑，人民生活水平下降。

另外，需要指出的是，苏联时期的大批德意志人和克里米亚鞑靼人被放逐②，乌克兰独立后，这两个民族的人从独联体的其他地区返回乌克兰，前者坚持使用自己的语言，而后者大部分使用俄语，或者使用俄语和乌克兰语双语。而与此相反的是，大批犹太人则离开乌克兰，仅1990年就有58528人离开乌克兰，那些仍然留在乌克兰的犹太人则积极发展本民族的文化和宗教，他们的学校、剧院、图书馆、出版物的数量都有不同程度的增加。③ 截至目前，犹太人是乌

---

① Работяжев Н. Парламентские выборы на Украине, поворот на запад//*Россия и новые государства Евразии*, No.2, 2015.

② 在苏联时期，1941年35万德意志人被放逐，1944年19.5万克里米亚鞑靼人被放逐。

③ ［美］苏姗·斯图尔特：《乌克兰对待少数民族的政策》，郭思勉译，《民族译丛》1994年第1期。

克兰的第三大民族，犹太人的都市化倾向十分明显，他们中大约三分之二居住在基辅市，以及敖德萨州、切尔诺夫策州、哈尔科夫州、日托米尔州、文尼察州与第聂伯罗彼得罗夫斯克州。居住在外喀尔巴阡的匈牙利人大约有 16 万多，这个民族的人口迄今没有发生明显变化。波兰人曾对西乌克兰统治了近四百年，但在乌克兰独立后，这个民族保持了沉默，没有过分张扬，只是在宗教、文化、语言等方面极力保持自己民族的特色。大约 65% 以上的波兰人居住在日托米尔州、赫梅利尼茨基州与利沃夫州，以及基辅市，而且大部分都是城市居民。

乌克兰的宗教主要是东正教和天主教，两者的历史皆以千年计算。因为历史原因，伊斯兰教和犹太教也曾在乌克兰土地上留下痕迹，但现在的影响力不大。经过苏联 70 多年非宗教化的生活后，乌克兰人信仰宗教不再动辄受国家左右。

据统计，"乌克兰 88% 以上的居民信奉基督教，其中大部分又都是基督教的东正教信徒，还有少数人信仰基督教新教、伊斯兰教和犹太教等。西乌克兰的大部分居民信奉天主教。不过，乌克兰的东正教会是不统一的，分为三支：莫斯科大牧首的乌克兰东正教会，是俄罗斯东正教会乌克兰分会的继承者，得到了其他东正教团体承认的民族教会。教会活动使用俄语，因此在俄裔居民众多的东部较为流行，大约 70% 的东正教信徒和教区都属于这一支。另一支是基辅大牧首的乌克兰东正教会，它成立于 1992 年，绝大多数教区居民居住在西乌克兰。该支没有被东正教团体承认为合法的民族教会，不到 30% 的信徒和教区属于这一支。第三支是成立于 1919 年的西乌克兰自主东正教会，苏联时期被取缔，1989 年开始在乌克兰西部地区重建，其主要教区居民集中在西乌克兰，尽管它得到了一部分具有民族主义情绪的乌克兰知识分子的支持，但在西乌克兰之外仍没有明显的影响，该支也没有得到东正教团体承认。"[①] 虽然乌克兰国

---

① 刘显忠：《乌克兰危机的历史文化因素》，《当代世界社会主义问题》2015 年第 1 期。

内东正教徒不少，伊斯兰教在克里米亚还具影响力，但世俗生活受宗教的影响不多，另外乌克兰国内还有基督教新教等。乌克兰民族、宗教的复杂性是由其历史因素造成的，这给当今乌克兰国内的民族团结和谐及国家稳定带来了很多隐患，这也是当今乌克兰难以形成国家认同的重要因素，因为宗教信仰差别对人的分化作用要比民族属性的分化作用大得多。

可见，今天的乌克兰没有一个统一的东正教会，而是存在着三个主要的教会：乌克兰东正教会（莫斯科大牧首）是俄罗斯东正教会乌克兰分会的继承者，并且是苏联时期唯一被允许保留的基督教会。乌克兰东正教会（基辅大牧首）是在1992年成立的，目的在于建成一个独立于莫斯科的乌克兰民族教会，但它一直饱受争议，许多人并不认同"民族"教会的概念，它和莫斯科大牧首的乌克兰东正教会一直存在很多产权之争。另外还有1919年成立于西乌克兰的乌克兰独立东正教会。此外，1596年建立的乌克兰希腊天主教会在西乌克兰也很有影响力。

综上所述，乌克兰是一个典型的多民族国家，这就构成了民族文化的多元性、语言的多样性，加之民族宗教问题的复杂性，这一切为独立后的乌克兰国内的民族团结和谐、国家稳定、国家安全埋下了危险的隐患。现在乌克兰国内凸显的民族矛盾、各党派的斗争、国内战争充分证明了这个隐患对乌克兰国家构建的威胁。

第二章

乌克兰语言问题的历史成因

乌克兰自1991年独立以来，其政局一直不稳定、人民生活水平日益下降，民族矛盾凸显，国家面临分裂的危险。乌克兰之所以走到今天这个地步，学者普遍认为，是由国内和国外矛盾造成的；其实问题并非那么简单。乌克兰每一次国内爆发激烈的矛盾和政治冲突，每一次总统或议会选举，总会重提一个尖锐的问题，即语言问题。这个貌似并不复杂的问题，在乌克兰可不那么简单，它在一定程度上决定总统选举的成败，也会引发民族矛盾、地区冲突，进而爆发内战。

在人类历史上，由语言引发的民族矛盾并不鲜见，但像乌克兰这样，由于语言问题在国内引起这么大反响，矛盾如此之尖锐，且长期僵持不下，并给国家安全造成如此之大影响的却不多见。在乌克兰，语言问题似乎像一个十分敏感的政治神经，不能轻易触及，一旦触碰，就会引发不堪设想的矛盾和后果。为什么语言问题在乌克兰如此敏感，甚至发展到无法调和的地步，这引起学者广泛关注，仁者见仁，智者见智。其实，乌克兰的语言问题与其独特的历史进程有着千丝万缕的联系，是乌克兰的独特历史决定了乌克兰语言问题的特殊性和复杂性以及不可调和性。

第一节 乌克兰的历史进程决定其语言问题的复杂性（18世纪之前）

一 乌克兰特殊的历史进程决定了多语言的状况

乌克兰的历史如果从10世纪基辅罗斯形成算起，已走过了一千多年的历程。11 世纪左右，匈牙利王国攻占西乌克兰的外喀尔巴阡，后该地长期归属匈牙利—奥匈帝国，其文化、语言在该地区长期占据主导地位。13 世纪 30 年代，蒙古入侵乌克兰并建立金帐汗国。为抵挡蒙古人的侵略，罗斯公国与其西邻各国（匈牙利、波兰、立陶宛等）加强了联系，并建立了友好关系，甚至与西欧国家之间也建立了一些政治、经济交往，这就使得基辅罗斯文化开始接受西方文化的影响，最为明显的是拉丁字母的传入，最先是外交上使用拉丁语，后来拉丁语成了官方使用的语言。14 世纪各基辅罗斯公国脱离金帐汗国，之后基辅罗斯逐步分割为俄罗斯、乌克兰、白俄罗斯三个支系。

1569 年波兰与立陶宛组成一个联盟国家，入侵乌克兰，并共同统治乌克兰第聂伯河右岸地区（即西乌克兰），从此立陶宛和波兰的文化、语言、宗教传入乌克兰。可见，乌克兰这个民族从诞生的那一天起，就饱受异族的统治和奴役，异族文化和语言随之也向其渗透。

16—17 世纪初，波兰兼并乌克兰沃伦和巴多利亚。波兰政府不仅大力鼓励波兰人迁徙至该地区，还把其他不同民族和宗教信仰的族群，如德国人、希腊人等也移入本地区，这些民族后来不断迁徙到乌克兰的各个地区，这就是乌克兰现在民族种类繁多、语言复杂的原因之一，也为后来的乌克兰的民族冲突和宗教矛盾埋下了隐患。

17—18 世纪中叶，西乌克兰在书面语交际领域使用波兰语、俄语、拉丁语、教会斯拉夫语、乌克兰语等，但在日常口头交际中使用波兰语和乌克兰语，在中上层社会及官方交际中主要使用波兰语，在下层社会主要使用乌克兰语，此时俄语主要在乌克兰东部、南部使用，在西部很少用。

上述几种语言在使用中彼此竞争，相互排斥。语言间的竞争其实是文化和政治实力的竞争，哪种语言能成为主流语言，取决于交际空间的大小，在各个领域发挥的功能及交际形式。一种语言能否成为主流语言和官方语言，还取决于操这种语言的民族是否足够强大，是不是领导阶级。如果回答是肯定的，那这种语言就会在教育、文化、各种正式场合及宗教等领域广泛使用。

17世纪中叶，西乌克兰在公文事务中使用乌克兰语，在沃伦等少数地方的议会文件中也有使用乌克兰语的记载，当地的中小贵族认识到使用乌克兰语是他们突显自己民族特征和权力的象征。18世纪，乌克兰第聂伯河右岸仅次于乌克兰族人的第二大民族为波兰人，波兰人对本地区文化和语言面貌的构建起着举足轻重的作用，波兰文化和语言是当地的主流文化和主要交际语言。波兰语逐步把乌克兰语从正式的公文语言中排挤出去。"在西乌克兰的国家机关主要使用波兰语，现在看到的那个时期使用乌克兰语的情况，只在一些历史碑文中可以见到，在其他有文字记载的文献中找不到使用乌克兰语的遗迹。"①

18世纪以前，波兰人一直是乌克兰西部地区的统治者，也是当地社会地位最高的民族。那时当地主要的行政管理部门都由波兰的贵族执掌，90.7%的波兰人拥有大量土地，基本上都是中小贵族或上流社会人士，波兰语是上流社会的语言，波兰的文化价值占主导地位，社会各阶层人士以进入波兰文化圈为荣耀，土生土长的乌克兰贵族和官宦人员、小市民更是不惜抛弃自己的民族文化，而想方设法挤进波兰文化圈。那时乌克兰人还没有形成自己的民族意识和文化价值观。但需要指出的是，当地犹太人没有跟风追俗，比较完整地保留了自己民族的习俗和文化特征，保持了自己的语言。

俄国、普鲁士、奥地利分别于1772年、1793年和1795年三次入侵并瓜分波兰—立陶宛王国，最终后者以灭亡而告终。沙皇俄国兼并了原来波兰—立陶宛联合王国62%的疆域，其中很大一部分就是原来波兰统治的乌克兰西部地区，包括今天乌克兰的切尔卡瑟州、文尼察州和日托米尔州。到1795年，除加利西亚（1772—1918年属于奥地利）外，乌克兰其余地区均在沙俄统治之下。

语言作为一种社会现象不仅有其内在的发展规律，同时语言的发展也受外部因素的影响（如政治、社会、法律、文化、人口及民

---

① Свербигуз В., *Старосвітське панство*, Варшава, 1999, С. 97.

族的迁徙、通婚状况等)。语言发展的速度和水平与其在一定时期在社会上所起的作用紧密联系,与语言的实际交际状况、语言的使用范围等有密切的关系。18世纪,乌克兰族人和波兰人的社会政治地位迥然不同,因此造成了乌克兰语的社会地位、社会功能与波兰语有巨大差异。波兰语曾是西乌克兰广泛使用的语言,波兰文化是当地的主流文化,讲波兰语、进入波兰文化圈成为一种时尚,而乌克兰语则被边缘化。

俄罗斯占领乌克兰东部、南部等地区较早,那里的俄罗斯化程度较高,但兼并乌克兰西部则是18世纪末的事。起初俄罗斯并没有从根本上改变西部社会的基本结构。农民仍处于社会的底层,只是波兰人和乌克兰族的贵族成为俄罗斯的贵族,在小市民阶层中犹太人和德意志人占有相当大的比例。在政府职员阶层中俄罗斯人的比例虽逐步提升,但俄罗斯语言和文化还不占主流,波兰语很长时间内仍在公文中继续使用。但随着时间的推移,沙皇政府逐渐把波兰人和乌克兰人从行政领域排挤出去,波兰人主导的特权阶层被打破,这些特权阶级的社会地位和财产逐渐被剥夺。如此一来,长期享受特权的贵族对此感到极大不满,于是他们利用各种场合表达对现状的担忧。这引起了沙皇政府的注意,于是对已解散的波兰军人实施监控,对原官员、贵族、地主实施监督,以防生变,但1812年在沃伦等地还是爆发了公开反对沙皇政府的战争。随之俄罗斯、波兰和乌克兰三种文化展开拉锯战,特别是俄罗斯文化与波兰文化的竞争尤为激烈,俄语、波兰语、乌克兰语也展开了激烈的角逐,这为以后的乌克兰语言问题埋下了隐患。

二 在多语言环境下,语言的功能在一定程度上取决于标准语的发展程度

17—19世纪初,波兰语、乌克兰语和俄语三种语言构成了乌克兰文化语言的基本面貌,但它们的发展水平和在社会上所起的作用是不一样的。18、19世纪之交,这三种语言不仅使用范围、交际领域不一

样，语言本身的发展程度也不一样。波兰语长期保持官方语言的地位，在各种交际领域占据稳定的主导地位，几乎在各种正式和非正式场合，以及公文、法律、科技、教育、宗教之中得到广泛使用，以致乌克兰族的社会精英都以使用波兰语为荣。18世纪，出现各类波兰语语法学论著，并广泛使用在教学之中。标准波兰语既是教学中使用的语言，也是全民使用的语言，在当时已出现许多用波兰语写就的各种体裁的作品。

18世纪，俄语标准语已逐步形成，俄语在与教会斯拉夫语的竞争中脱颖而出。彼得大帝号令制定语言政策，推动对俄语正字法进行改革。俄语标准语作为上流社会的语言得到发展，传统的所谓"衙门"语言逐渐从公文语言中被排挤出去。在沙皇政府的倡导下，语言学家、文学家为俄语制定了语法规则、制定了俄语语体、体裁的各种规范系统。18世纪末，俄语已经完全符合多功能语言的要求，符合各种修辞规范，并在西乌克兰与波兰语形成竞争之势。

17—18世纪末，乌克兰语本身发展仍十分缓慢，无论是词汇的丰富程度还是表达的稳定性和完整性，以及使用范围等都不及波兰语和俄语。"为表达复杂的事物、现象和概念，乌克兰语既借用历史词汇，也从其他语言中借用大量词汇和表达结构。"① 实际上那时乌克兰语的标准化程度还很低，交际范围十分有限，没有起到发挥乌克兰主体民族语言的作用。18世纪后才出现了用乌克兰语写作的文学作品，作家И. П. 科特里亚列夫斯基（1769—1838年）、Т. Г. 谢甫琴科（1814—1861年）等人的作品为乌克兰标准语的形成发挥了巨大作用。

虽然乌克兰语是乌克兰主体民族的语言，但直到19世纪初，乌克兰语的影响力仍不及波兰语和俄语。在乌克兰语的发展过程中受到来自拉丁和波兰文化的影响很大。那时拉丁语、教会斯拉夫语和波兰语有很高的文化地位和广泛的交际领域。这三种语言已深度影响并渗入

---

① Чижевський Д., *Історія української літератури. Від початків до доби реалізму.* Тернопіль，1994. C. 302.

乌克兰语之中，同时这三种语言本身已发展到一个较高的水平，词汇相当丰富，可以表达在乌克兰语中不能表达的各种复杂现象、抽象概念。乌克兰东部占主导的是东斯拉夫文化，此时教会斯拉夫语和乌克兰语之间的竞争尤为激烈。

由于第聂伯河左岸和右岸的长期割裂，乌克兰语的发展很不均衡。那时在第聂伯河左岸已经明显出现了乌克兰书面语和口头语的融合，这在当时的手写历史中得到充分反映，而在右岸，乌克兰语仍然是民间语言，使用范围、使用功能极其有限，只在有限的领域发挥有限的书面语功能。

三 18世纪前新闻出版和教育领域使用语言的状况

从17世纪中期开始，乌克兰东部主要使用俄语和乌克兰语，而西部则主要是波兰语和乌克兰语。当时认为教会语言，祈祷和礼拜语言是文明语言，而拉丁语和教会斯拉夫语则被认为代表了当时的最高文明程度。在西乌克兰，波兰语和拉丁语被认为是处在同一层次的文明语言。18世纪末，在新闻出版物中，表现出拉丁语、波兰语与教会斯拉夫语书面语的竞争。

由于官方的支持，在天主教会的教堂大部分书籍都是用拉丁语或波兰语印刷，而非俄语或乌克兰语。"从1648—1800年在西乌克兰出版中心共出版469册图书，其中286册用教会斯拉夫语，118册用波兰语，80册用拉丁语。"[①] 可见，在西乌克兰使用的语言主要有三种：波兰语、教会斯拉夫语、拉丁语。直至18世纪末，在西乌克兰只有为数不多的俄语出版物，仅在女性教堂里保存了一些用教会斯拉夫语印刷的书籍。

18世纪80年代后，乌克兰西部初等学校教育的网格基本形成。据有关材料记载，"1805年在波多尔省有16所教会学校（268名学生），在沃伦省有28所学校（505名学生）。在1811年分别增加到24

---

① Beauvois D. O *приходских школах*. Op. cit. Tab. 1936.

所（488 名学生）、62 所（1508 名学生），在 1822 年分别增加到 43 所（828 名学生）、37 所（626 名学生）"①。这些学校的教学语言均为波兰语。天主教教义课是必修课，在教会学校上学的孩子大部分来自非波兰裔的农民家庭。社会名流人士家庭的孩子在用波兰语教学的贵族学校或普通学校就读。波兰人为了扩大在该地区的影响力，坚持推广波兰文化和语言，乌克兰语一直被排除在初等学校的教学语言之外。由于波兰人担心东正教影响人们对天主教的信仰，在学校教学中不许讲授东正教教义。这就是为什么乌克兰西部大多数民众信奉天主教，而不是东正教的原因，这也为今天乌克兰东西部的民族矛盾和宗教矛盾埋下了祸根。如果说 18 世纪乌克兰第聂伯河左岸教育体系已开始多元化，并用乌克兰语教学，那么在右岸用乌克兰语教学的学校则屈指可数，而且这些学校的资金十分缺乏（主要来自私人或农村社团的资助）。

四 18 世纪前宗教领域语言使用状况

乌克兰多语言交际系统的结构和其变化发展在很多方面取决于其文化的"开放性"。在乌克兰，东正教和天主教从来都不是平行发展的，而是两种文化体系不断地相互接触、相互渗透、相互挤压。在天主教和东斯拉夫教之间长期的竞争中，彼此之间的文化得到丰富，并相互补充。在天主教的影响下，刺激了说教术的发展，也刺激了东斯拉夫文化的发展。乌克兰东部以斯拉夫文化为主，在宗教中使用的语言主要是俄语，其次是乌克兰语。在乌克兰西部，东斯拉夫教徒在宗教活动中使用教会斯拉夫语言，只有少数信徒使用乌克兰语。在宗教活动中，乌克兰西部的耶稣教使用教会斯拉夫语，但在说道布教中使用波兰语。

18 世纪，天主教在乌克兰西部持续发展，那些有投机倾向的乌克

---

① Живов В. М. О, *роли украинской проповеди в эволюции языка русской духовной литературы*, см.：Язык и культура в России XVIII в. M.，1996，C. 58.

兰精英改信天主教，信仰东正教的是当地农民。信仰天主教和东正教的人的社会地位明显不同，即东正教的信仰者的社会地位明显低于信仰天主教者。"由于乌克兰精英改信天主教，融入波兰文化圈，其文化价值也发生了变化，导致不同社会阶层的语言观相应发生了改变，天主教信仰者首选使用拉丁语、波兰语，东正教信仰者使用教会斯拉夫语和乌克兰语。"① 在西乌克兰，东斯拉夫文化和波兰文化经历了长期的竞争，但随着沙皇对乌克兰统治的强化，部分西乌克兰宗教归属了来自于莫斯科主教的基辅东正教文化圈。

虽然在乌克兰第聂伯河右岸波兰文化长期占主导地位，但波兰文化对社会底层的影响不大，信徒们在教堂使用乌克兰语和用乌克兰语出版的宗教书籍。当时瓦西里教会是乌克兰很有影响的教会组织，非常注意在初等和中等学校扩大其影响力。"18世纪中期瓦西里教堂在全乌克兰有122所，其中102所在第聂伯河右岸地区。"② 这些教堂都使用乌克兰语和教会斯拉夫语，这些教堂在富人的资助下设立了贵族学校，后来这些教会演变为耶稣学校。在东正教学校用教会斯拉夫语教授学生学习东正教文化，这对学生从小养成斯拉夫文化和语言意识起到了重要作用。

1794年，"在乌克兰西部的波拉兹腊夫斯基地区有1442所教堂，而东正教教堂只有902个，到了1795年，东正教教堂发展到1700个，专职教士1032人。1796—1797年在基辅、沃伦、波多尔等地沙皇政府清除多教教徒，2300个教堂恢复为东正教教堂，形成了波拉兹腊夫斯基—波多尔、沃伦—日塔米尔和基辅东正教教区"③。教区内大部分信徒使用俄语，少数教徒使用乌克兰语。

18世纪末，沙皇政府在乌克兰强制推行俄罗斯文化，在乌克兰出现了从多宗教过渡到东正教的现象。由于乌克兰的中等阶层已习惯了

---

① Живов В. М. *О подобных процессах в русском обществе*, см.: Ук. соч. 1994.

② *Историко-статистическое описание приходов и церквей Брацлавского уезда Подольской епархии* // Прибавление к Подольским епархиальным ведомостям. 1875, С. 126.

③ Живов В. М. *О подобных процессах в русском обществе*, см.: Ук. соч. 1994.

天主教教义，在中小贵族和宗教人员中出现了反对沙皇俄国的倾向。在东正教的推广中，沙皇政府采取一系列强制措施，不惜对不服从者实施镇压，严格禁止混合型宗教和天主教徒进行宗教活动，不容许东正教徒到天主教堂和混合教教堂从事各种宗教活动。

1784年基辅大主教萨穆伊尔·米司拉夫斯基颁布命令，从1786年开始，在神学院一律使用俄语作为教学语言，严格禁止使用其他语言，除此之外，从1800年起禁止用传统的建筑风格建造教堂，禁止用波兰文化绘制圣像，禁止用雕像装饰教堂等，以便消除天主教的影响。① 当时形成了这样一种氛围，即是否信奉东正教成为是否效忠沙皇的标志。沙皇政府不断提升东正教教徒的社会地位，大力培养东正教教徒。

第二节　沙皇俄国对乌克兰语言问题的影响（19世纪至20世纪初）

一　俄语、波兰语和乌克兰语的博弈

19世纪初，沙皇俄国已是一个在政治、经济、文化、外交等方面十分强大的国家，几乎兼并了乌克兰的全部领土。由于俄罗斯对乌克兰东部、中部及南部等地区兼并较早，这些地区的人们已深受俄罗斯文化的影响，俄罗斯化倾向非常明显，俄语是这些地区的通用语言，他们的宗教信仰与俄罗斯完全一致：共同信奉东正教。沙俄占领乌克兰西部地区时，该地的经济、文化远远落后于其他地区。"当地人口总共3421900人，其中乌克兰人3006000人，波兰人266200人，犹太人123500人，俄罗斯人3900人。1795年乌克兰族人占本地区总人口的87.9%，1815年占总人口的82.2%"②，这说明本地区操乌克兰语的人数占绝大部分，乌克兰族人在本地区已超过了其他民族人数之和，

---

① Полонська-Василенко Н. *Історія України Т. 2. Від середини XVII століття до 1923 року*. Київ, 1992.

② Кабузан В. М., *Народы России в первой половине XIX в.* М., 1992, С. 138.

但乌克兰人的社会地位仍然很卑微，处于社会的最底层，没有形成本民族的文化和民族意识，没有形成民族凝聚力和向心力。一言以蔽之，作为一个独立的民族属性尚未形成。这正如一位学者所言，"19 世纪初，乌克兰人是一个丢失自己民族精神和民族灵魂、没有民族意识的民族"①。沙皇俄国占领乌克兰西部后很长时间，波兰文化价值观在该地区仍有一定市场，人们以自己是波兰人或波兰后裔为荣，波兰语不仅是政界、商界使用的语言，也是人们日常交际的通用语言，而乌克兰语仅仅是社会下层交流的语言。可见，乌克兰语虽然有众多的使用人群，但该地区乌克兰人是被殖民和被奴役者，所以，乌克兰语的实际使用范围和领域受到很大限制，操乌克兰语的基本都是农民和下层居民。由于乌克兰族和波兰人的混居及长期接触，乌克兰语发生了变化，乌克兰语中吸收了很多波兰语元素，现在乌克兰语中很多与俄语不同的部分，其实就是从波兰语中吸收或借用的，当然波兰语也吸收了不少乌克兰语的元素，在当时的乌克兰西部形成了特有的乌克兰语和波兰语混用的现象，波兰人将其称为波兰语方言。可悲的是，乌克兰人没有把乌克兰语看作是主体民族的语言，而是视为地区方言。

沙皇俄国兼并西乌克兰后，不断向该地区推广俄语和俄罗斯文化。但由于波兰在该地区长期统治，当地人已习惯了波兰的语言、文化，以及天主教。直到 19 世纪初，在乌克兰西部，波兰语仍领先于其他语言，广泛使用于各个领域和各个阶层，波兰文化在这个地区亦起引领和主导作用。俄罗斯虽然竭尽全力在文化、语言和宗教等方面向该地区渗透，但这一时期，俄语实际交际的范围和其文化影响力仍明显不及波兰文化和语言。19 世纪 30 年代后期，俄语的地位在该地区才得到较大幅度的提升，成为波兰语的主要竞争者，并明显表现出把波兰语从官方交际领域排挤出去的迹象。

19 世纪中期，沙皇俄国对乌克兰的语言政策发生了较大变化。沙

---

① Лисяк-Рудницький., *Зауваги до проблеми 《історичних》 і 《неісторичних》 націй* Київ, 1994, C. 216.

皇政府不断实施一系列强有力的行政措施，从各个领域把波兰语排挤出去，加大俄罗斯文化和语言的推广，俄语逐渐成为主流语言，随之俄罗斯文化代替了波兰文化，成为本地区的主流文化。乌克兰小市民和精英也逐步被俄罗斯文化与语言同化。这为俄语成为当地主流语言奠定了历史性基础。

沙皇俄国统治下的乌克兰，乌克兰语的处境依然不容乐观。乌克兰语虽然是乌克兰多数民众使用的语言，但仍没有成为使用范围最广的语言，只限于人们的日常交流和社会底层使用，乌克兰文化和语言仍然被边缘化，具有乌克兰民族特点的文化在当地没有形成，也没有得到当地公民的广泛认可，更不用说被推广。

二 19世纪乌克兰标准语的发展

19世纪中期，创立新型的全民乌克兰标准语已提上日程，但东西部的进程有很大差异。乌克兰东部以乌克兰民间语言为基础，创立乌克兰标准语，乌克兰语作为一种文化的载体的作用在较广范围开始发挥。"第聂伯河左岸欧洲的浪漫主义思潮萌发的较早，也正是在这个背景下，出现了进一步把乌克兰语试图规范化的倾向，编写了新的词典和语法书，但大部分为手写本。"[①] 19世纪前半叶在乌克兰西部出现了对乌克兰进行语法描写的书籍，逐渐规范乌克兰语的使用。但这些对乌克兰语从语法角度进行规范和描述的著作不是用乌克兰语写就，而是用德语或波兰语。这说明，对乌克兰语进行研究，对其进行规范，使其成为标准语的不是乌克兰人，而是其他族群的人。同时这一时期在第聂伯河右岸出现了乌克兰语教科书，如《乌克兰语初级教程》，出版了6卷本乌克兰语德语波兰语词典，并对斯莫特里兹的乌克兰语语法进行了修订。

19世纪60年代，乌克兰的民族意识开始觉醒，乌克兰社会活动

---

① Русановский В. М., *Становление нового украинского литературного языка* // *Славянские литературные языки эпохи национального возрождения*. Москва, 1998, С. 146.

家积极推行乌克兰民族的复兴运动，把复兴乌克兰语作为复兴乌克兰民族的切入点，把乌克兰全民标准语视为民族的象征。但此时，乌克兰语尚未被大众接受，与波兰语和俄语相比仍没有竞争优势。

那时乌克兰人虽是乌克兰的主体民族，但乌克兰语还不是代表其民族文化的语言，其功能只局限于人们的日常交际中。"从语言亲属关系角度看，乌克兰语与波兰语和俄语都很接近。那时在波兰社会界普遍有这样一种认识，即乌克兰语是波兰西部的方言，是波兰语的一种方言变体。类似的观点在那时的民族志和历史学著作中流传甚广。"[1] 显而易见，乌克兰西部长期受波兰的统治，波兰语言和文化对该地区的影响是根深蒂固的。

19世纪的波兰语言学家认为，"乌克兰语不是俄语的变体，而是一门独立的语言，尽管乌克兰语与俄语和波兰语有亲属关系。俄罗斯学者在19世纪，就乌克兰语是否具有独立的语言特性进行讨论"[2]，第一本乌克兰语语法的作者帕夫洛夫斯基"把乌克兰语称为正在消失的语言，并把乌克兰语从俄语的各个方言中区分出来，承认乌克兰语是一种独立的语言"[3]。

乌克兰语虽然是乌克兰主体民族的语言，但由于乌克兰人长期被异族殖民并统治，其文化和语言不但没有得到应有的发展和推广，反而受到排挤和限制，一直没有形成乌克兰民族的主体文化，语言长期限制在民间交流的范围内，所以乌克兰语本身的发展十分缓慢。

三 19世纪乌克兰各领域语言使用情况

19世纪俄罗斯不仅兼并了乌克兰的绝大部分土地，也控制了乌克兰内政外交。东乌克兰被俄罗斯兼并较早，到了19世纪，各个领域基本被俄罗斯化了，但兼并第聂伯河右岸的时间较晚，在教育领域面临

---

[1] Францев В. *Польское славяноведение конца XVIII-первой четверти XIX столетия*. Прага，1906，C. 127.

[2] *Історія укра нського мовознавства*. Ки в，1991，C. 253.

[3] Павловский Ал.，*Грамматика малороссийского наречия*. СПб.，1818，C. 74.

的局面是，波兰语占绝对优势。要改变这个现状，沙皇政府面临的问题是缺乏资金、人才和政治上的决断，同时，波兰文化在当时具有很强的影响力。为了摆脱这种窘境，19世纪初，沙皇政府采取一系列措施对西乌克兰的教育体制进行改革，希望俄语成为教育领域的主导语言。1804年俄罗斯颁布了新的教育章程，建立4级教育体系：把学校分为教会学校、县级学校、省级学校、大学。根据新章程在各类中等学校一律把俄语作为教学语言。在西乌克兰的初级学校组建俄语班，在教学大纲中把俄语列为单独的一门课程。"沙皇政府对学校的教学和语言使用严格监管，督促按教学大纲开展学校工作。在波多尔省开设了5所中学（3所为国立普通学校，2所为教会学校），在沃伦省开办了11所学校（1所贵族学校，7所教会学校，3所普通中学），这些学校都用俄语教学。"① 由于受波兰文化影响较深，西乌克兰贵族学校的教学语言仍沿用波兰语，只是在课程设置上作了微小调整，即增设新的语言：俄语和希腊语，但教育的实权仍掌握在天主教的耶稣教士手里。

1805年在恰兹斯基的倡导下，创建了沃伦中学，1818年改制为贵族学校，这所学校后来成为仅次于俄罗斯皇村学校的学校。根据恰兹斯基的构想，要把这所贵族学校办成知名的十年制学校，成为乌克兰西部的教育中心，但恰兹斯基的这一愿望没能实现。

1810年沙皇政府采取措施，试图打破地区语言自主的现状。最高层制定政策，在各省推动扩大俄语的使用，并把俄语列为一门课程，对不用俄语作为教学语言的学校进行处罚，但由于西部各省位于边界地区和潜在的不满情绪，这个严厉的措施没有得到很好的执行。在西乌克兰加入俄罗斯的头20年，在中等教育中仍沿用了波兰教育大纲，教学语言仍是波兰语，在各类教学文件中仍使用波兰语，包括教学内容、教学计划，以及考试委员会和学校委员会的文件等。

---

① Очерки истории школы и педагогической мысли народов СССР. XVIII—первая половина XIX в.. М., 1973, С. 96.

乌克兰西部的波兰人和深受波兰文化熏陶的当地人不愿退出波兰文化圈，于是"在1814年在西乌克兰的教育系统中新设了一所波兰男子学校，这是在原维尼察一所中学的基础上建立起来的。这所学校的班级从4个增加到6个，并设2个预科班，波兰语仍是该校的教学语言。图书资料是该地区最丰富的，图书包括教材大部分是从波兰引进的，也有少量从圣彼得堡引进的当时最为流行的俄文期刊"①。起初，沙皇政府在乌克兰开设俄语学校的措施并不是很有效，俄语学校严重缺乏资金，缺少能代替波兰语教师的俄语教师，俄语学校数量少，没有成熟的教学大纲。"1834年在沃伦省的中等学校总共有86名教师，而在波多尔省有81名。在过了20年后的1856年基本情况仍尚未彻底改变，沃伦省76所学校，3558名学生，波多尔省143所学校，4432名学生。"②

俄罗斯在乌克兰领土推行其文化和语言的过程并非一帆风顺。首先是波兰人不满沙皇俄国对西乌克兰教育领域实施的俄罗斯化，便使出浑身解数，维持教育领域的波兰化，在教育领域沿用波兰语作为教学语言的同时，创造条件使西部各省的语言和文化自由使用，强化波兰文化占据主导地位，防止俄罗斯文化对波兰文化的侵蚀。

在19世纪20年代中期，沙皇政府对乌克兰的教育政策作了较大调整，规定从1823年开始，东正教课程成为学校的必修课，把波兰语天主教学校改造为东正教学校。从1828年开始，学校一律执行新的教学大纲、使用新的教材。俄语、俄罗斯历史成为所有学校的必修课。

沙皇政府试图在乌克兰建立俄语教学网，把现有的波兰语学校进行改造。例如，19世纪30年代初，在波多尔把59所天主教教会学校改制为东正教教会学校，把4所过去的普通学校改为县级学校，同时设置了女子学校，这意味着一个新时代的开始。

1831年波兰起义的失败，标志着波兰和俄国在乌克兰第聂伯河右

---

① Очерки истории школы и педагогической мысли народов СССР. XVIII —первая половина XIX в. М., 1973, C. 136.

② Там же.

岸在文化、语言方面竞争的结束，沙皇政府开始清除波兰语和波兰文化在教育领域的影响。1832年关闭了全部与波兰和拉丁语及文化有关的教育机构，并成立俄语学校，这些学校的基本任务是消除波兰的影响。在1837—1839年，沙皇政府取消了教会学校，把有天主教教士的部分中等学校改造为东正教讲堂，同时设立了一些初等和中等俄语学校。这些学校增加俄语课的数量，给俄语教师创造一系列优惠条件。俄罗斯文化与波兰文化经过长期的博弈和斗争，在19世纪中期终于以俄罗斯文化的胜利而告终，从而宣告了波兰教育体制的终结，俄罗斯教育体制开始确立，用俄语教学的地位得到确认，俄语代替波兰语成为人们广泛使用的交际语言。

沙皇政府排挤波兰语言和文化，不仅表现在教育领域，也表现在新闻出版领域。19世纪在乌克兰出现了官办出版机构，用俄语出版图书，且这类出版社的数量不断增加，规模不断扩大。在图尔琴，军队印刷的文件全部使用俄语。在卡明涅茨，成立了俄语印刷机构。30年代波多尔省的官方公文全部使用俄语印制。1809年出版了布托夫斯基编著的供沃伦省波兰青少年使用的俄语语法。

1801年，日托米尔的七等法院的法官由俄罗斯人担任，规定工作语言为俄语，这引起了其他民族的抱怨，特别是西部各省贵族的抱怨引起了较大反响。1806年俄议会作出决定，允许在西乌克兰市政和地方法院使用波兰语，在大法院波兰语和俄语并用。直到19世纪30年代，波兰语和俄语在公文中表现出明显的竞争局面，且俄语逐步取代波兰语的态势十分明显。1830—1831年波兰起义失败后，波兰语最终从官方语言中被排挤出去，俄语成为正式的公文语言。

19世纪30年代沙皇政府对出版政策作出重大调整，宣告用多语种出版的时代结束。大部分波兰语出版机构，包括私人出版机构被清除，用拉丁语出版书籍的数量大幅减少，不允许在出版领域使用其他语言出版书籍，包括用乌克兰语出版各类书籍、刊物，包括教材、教堂书籍等。俄语实际上成为官方出版机构的唯一语言。

19世纪上半叶，乌克兰语的地位有了明显提升。在乌克兰出现了用乌克兰语描写反映第聂伯河右岸贵族阶层生活的诗歌，在上层人士的交流语言中乌克兰语也占较大比例。中间阶层人士用乌克兰语交际的范围也有所扩大。总之，乌克兰文化圈逐步形成，乌克兰语的地位得到进一步提升。

当时，在波兰人倡导下，组织了一系列语言和文化考察，还进行了许多方面的民族研究。"1801 年成立了华沙科学协会，研究民俗和文化。那时出现了许多对乌克兰西部一些地域的介绍，主要包括农业、居民点、居民及其从事的职业和工作状况等。"① 出版了波多尔省地图，对第聂伯河右岸的民族研究也十分活跃。

到了 19 世纪，官方和民间都提倡积极发展民族创作，这为乌克兰语的发展创造了条件。但那时只出现了用流行手法撰写的民歌体裁的作品，这些作品大都表现的是民间传说的故事，其中表现爱情的诗歌作品占有重要位置，另一体裁的作品是抒情诗，诗歌使用的语言大都是当地乌克兰西南部的方言。目前能看到的"有 248 首，分为 4 个主题，于 1790 年出版"②，这些用乌克兰语写就的作品具有明显的文学标准语特点和生动的民间口语特色。19 世纪 20 年代，在乌克兰兴起了民间文学创作热，这些用乌克兰语写作的反映民间生活的作品结集出版，如"采尔铁列夫（1819）、马克西姆维奇（1827、1849）的作品，以及斯列司涅夫斯基的《扎巴罗热的古时》、卢卡申维奇的《小罗斯和红罗斯思想与歌谣》等"③。这些作品为乌克兰标准语的形成起到了奠基性作用。

乌克兰文学的发展进程中，第聂伯河右岸和左岸地区文学的发展似乎没有多少联系，各自独立发展；文学作品的体裁十分有限，在文

---

① *Топографическое и камерное описание Балтского повета 1800 г., см. его публикацию* М. Карачківський. Північно-західна Балтщина (Історично-географічні матеріали на підставі подорожі влітку 1928) // Історично-географічний збірник. Київ, 1929. Т. 3. С. 198 – 202;

② *Дорошенко Д. Розвиток науки українознавства у XIX -на початку XX ст. та її досягнення //* Українська культура. Київ, 1993. С. 216.

③ *Дорошенко Д., Розвиток науки українознавства у XIX -на початку XX ст. та її досягнення//* Українська культура. Київ, 1993, С. 76.

学作品中还是固定地使用比较低俗的语言，如俗语、俚语、方言；作品的取材局限于描写农村生活和农民的日常生活；作品的体裁局限于讽刺性的模拟作品、寓言、滑稽喜剧、喜剧、历史史诗、民间讽刺等。这些作品用俄语或乌克兰语写作，塑造了他那个时代的乌克兰发展方向，描写乌克兰主体民族成为一种时尚。

第三节　苏联时期乌克兰的语言状况

俄罗斯二月革命及此后的一系列事件的发生，这不仅使俄罗斯国内的形势发生了巨大变化，也使乌克兰获得了期盼已久的民族解放和民族独立的机遇。此时俄罗斯对乌克兰的文化语言政策也发生了重大变化。列宁坚决反对沙皇俄国的语言同化政策，他在1914年撰写的《需要实行义务国语吗？》一文中指出："由于自己的生活条件和工作条件而需要知道俄语的人，即使不用棍子逼迫也会掌握俄语，而强迫（棍子）只会引起一种后果，使伟大而雄壮的俄罗斯语言难以传入其他民族集团，更主要的还会加深敌对情绪，造成无数新的摩擦，增加不和和隔膜等等。"[①]

1917年十月革命胜利以后，新成立的苏维埃政权在《俄罗斯各族人民权利宣言》中正式宣布各民族语言平等，废除俄语的一切特权，各民族在任何场合都有说本民族语言的权利，以此来保持少数民族的民族认同感。1919年的俄共（布）八大上提出要成立用本民族语言授课的统一的劳动学校，1921年俄共（布）十大和1923年的俄共（布）十二大通过的关于民族语言的决议，主要是围绕发展少数民族语言的任务，如在全国各民族行政机关、文化机构等改用民族语言。1923年6月，斯大林在俄共（布）中央第四次会议上正式提出语言本土化政策。1936年，"每个苏联公民都享有接受母语教育的权力"被写进苏联宪法，民族语言的平等问题有了国家宪法的保障。语言平等

[①]《列宁文集》第20卷，人民出版社1985年版，第126页。

政策有助于巩固新生的苏维埃政权，增强中央政府的向心力和各民族的凝聚力。但这个机遇乌克兰人民并未很快捕捉到，乌克兰国内的实际情况是，表面上取得了独立，实际上服从于俄罗斯统治下的苏维埃共和国，即后来的苏维埃社会主义共和国联盟（苏联）。

这一时期与俄罗斯帝国统治下的乌克兰时期相比，应该说，乌克兰人第一次获得了自由发展其文化语言的权利，获得了在社会、教育、文化等其他方面使用乌克兰语的正当权利。苏共领导人列宁特别关注民族问题。他高度关注乌克兰局势，对乌克兰人恢复其文化语言生活给予充分肯定，允许乌克兰人使用乌克兰语、开展乌克兰文化生活、用乌克兰语出版刊物和接受教育，这为乌克兰恢复其文化语言创造了十分宽松的环境。列宁的民族政策使乌克兰共产主义者在文化生活、出版、教育中使用本民族的语言，这受到乌克兰人的普遍欢迎，但引起了俄罗斯中央集权论者的广泛不满。

值得强调的是，在俄罗斯和乌克兰第二次结盟成立苏联的初期，在乌克兰共产党内乌克兰人的数量所占的比例并不大（1918年为3.2%，1922年为23.3%，而在乌克兰80%的人是乌克兰族人），因此对乌克兰的管理实际上由俄罗斯人掌控，这在一定程度上，导致乌克兰民族独立的进程无形中就放缓了。①

在乌克兰所进行的"本土化"，也即乌克兰化，促进了乌克兰民族教育的发展。因为在推行"本土化"政策的过程中展开了所谓的"文化革命"。"文化革命"的一个主要方面就是消除文盲，因此20世纪20—30年代乌克兰人民的文化素质得到前所未有的提升，文盲率大大降低。"乌克兰化"政策在乌克兰境内实行了近二十年。严格地说，这一政策应该被称为"乌克兰民族生活的非俄罗斯化"。"乌克兰化"政策对恢复乌克兰的文化和民族意识创造了良好条件。乌克兰语得到了广泛推行，并促进了乌克兰民族教育的发展。"如果说1922年只有20%的乌克兰公民使用乌克兰语，那么到了1927年则达到了70%。

---

① Константин Свиржецкий. Русский в Украине. Запорожье, Дикое Поле, 2008.

如果说1917年革命前东乌克兰基本上没有乌克兰语学校，那么到了1920年代末，则有97%的乌克兰族的孩子都能用乌克兰语学习。1931年乌克兰共产党中央宣布90%的高等专科学校和80%的中等技术学校都用乌克兰语教学了。"①

苏联政府的乌克兰化政策被人们寄予厚望。当时乌克兰的人民委员梅果拉·司科雷普内克提出了用以巩固乌克兰作为苏联组成部分的乌克兰化的概念，但在苏联的党代会上，这一概念仅仅被局限在社会文化活动上。

客观地说，十月革命及以后的一段时间，在乌克兰推行的乌克兰化收到了很好的效果，具有一定的时效性和针对性。苏联政府实行的乌克兰化给乌克兰文化一个相对宽松的发展空间。乌克兰化政策刺激了乌克兰的文化语言发展，而且对乌克兰民族社会生活产生了深远的影响。

当时的政策是允许在所有领域使用乌克兰语，恢复乌克兰民族文化和民族特点，鼓励研究乌克兰的历史和文化。在这一短暂的时期里，乌克兰语被赋予了民族国家的官方语言地位，并极大地发展了乌克兰的科学、教育以及文化。乌克兰人接受苏联中央委员的领导，并维护加入苏联的乌克兰广大人民同与乌克兰接壤的国家的人民之间的团结。政府要求，乌克兰中央委员会和人民委员会特别注意正确推行乌克兰化，摒弃呆板的推行方式，消除党内苏维埃机构的佩特留拉和其他民族资产阶级成分，仔细挑选和培养乌克兰布尔什维克干部，保证系统化的领导和对乌克兰化的监管。"正是20—30年代大规模的乌克兰化运动为乌克兰保留了民族基因。甚至可以说为90年代的独立做了某种准备。"②

总起来看，这一时期，苏联政府对发展乌克兰文化和民族意识持以下态度：乌克兰作为苏联的一部分，应以一个民族共和国的形式存

---

① 刘显忠：《20世纪20—30年代苏联"本土化"政策在乌克兰的实践》，《俄罗斯东欧中亚研究》2014年第4期。
② 刘显忠：《乌克兰危机的历史文化因素》，《当代世界社会主义问题》2015年第1期。

在；支持发展乌克兰文化；在乌克兰的社会和文化生活中，俄语应在乌克兰的土地上占据优势地位；优先发展农村的乌克兰化，但城市中的乌克兰化仍受到一定限制。尽管如此，乌克兰的民族文化和语言还是得到了全面恢复和振兴。

1927年4月19日苏联共产党通过决议，将俄语推广到乌克兰所有的中学，在乌克兰俄语的使用率超过85%。20世纪30年代中后期，斯大林语言政策已有转变的苗头。苏联的语言政策逐渐偏离了语言平等政策，向着大国沙文主义的方向发展。1934年，联共（布）召开十七大，斯大林在会上提出要警惕地方民族主义倾向，认为它是苏联国内的主要威胁，将民族工作的重心转移到反对地方民族主义。从此，苏联政府在包括乌克兰在内的各加盟共和国全面推行俄罗斯文化和语言，随之俄语和俄罗斯文化渗透到乌克兰社会的方方面面，乌克兰语受到限制，在政府部门、教育、新闻等领域俄语代替了乌克兰语。这被视为是乌克兰的民族复兴结束的标志，是乌克兰又一个俄罗斯化时期的开始。

当然，引起苏联政府改变对乌克兰民族文化政策的原因不是偶然的。乌克兰人在恢复其民族文化的过程中，其民族性不断凸显，发生了一系列如火如荼的乌克兰文化运动，加之乌克兰要求苏联政府把库班管辖权移交乌克兰，这一系列事件令高层领导人感到不安，他们不得不以新的方式去看待乌克兰化的运动。苏联政府担心，像在乌克兰这样大的共和国里，国家和民族意识的复兴在未来可能在基辅形成强有力的国家中心，假设到了这一步，乌克兰就有能力站到苏共的对立面。不久后，库班、北高加索以及和乌克兰相邻的俄边境地区的乌克兰学校和文化教育机构都被取消了。那些坚持保护乌克兰本民族财富的人在精神上受到了沉重打击，他们被流放到西伯利亚，库班的多数乌克兰语学校的老师被逐出。

20世纪30年代，苏联领导人已经表现出对乌克兰化的忧虑，指出乌克兰化从整体上而言是反莫斯科，反俄国人，反俄国文化。在集体化成功实行后，1932年下半年，在一份关于乌克兰国家政治保安局的报告中描述了这样的场景：城市和农村都在闹饥荒，当地苏联共产党机构陷入慌乱之中，抑或是公开抗议，在其他一些普通政党中也迅速滋生了对政府行为的不满情绪，并指出，如果在克里姆林宫的政权发生倒戈，那么在乌克兰也必将发生社会动乱，乌兹别克斯坦苏维埃社会主义共和国的共产党可能会利用宪法权力从苏联中分离出去。在俄联邦乌克兰居民聚集区愈演愈烈的乌克兰化，加剧了苏联政府的担忧。①

1932年12月14日苏联政府颁布了《关于乌克兰、北高加索和西部地区粮食收购的决议》的法令。1932—1933年在乌克兰发生了历史上有名的大饥荒，乌克兰不少人死于饥饿。乌克兰独立后，大部分乌克兰人认为，此法令是引起乌克兰大饥荒的罪魁祸首，这次人为的原因造成了乌克兰人的死亡，这次引发大饥荒的粮食危机是一次有预谋的暴行，目的是给乌克兰人民带去致命的道德和种族上的打击。乌克兰的一些学者认为，这是为了解决乌克兰化问题，苏联领导人找的一个借口，即以乌克兰和库班没有完成粮食收购计划为理由，蓄意挑起的一起人为矛盾。其实，这种观点是片面的，引起20世纪30年代乌克兰大饥荒的原因很多、很复杂，事情绝非那么简单，既有天灾也有人祸。此问题不是我们论述的主题，在此不需赘述。

1932年8月，有苏联领导人指出："当前最棘手的是乌克兰问题，乌克兰的事务很复杂，如果再不着手改变乌克兰的现状，那么我们将有可能失去乌克兰。"② 这些迹象很清楚地反映了当时克里姆林宫对待乌克兰现状的官方立场。直接关系到苏联政府对乌克兰民族问题的态度，苏联政府对乌克兰民族问题开始重新审视。随之，克里姆林宫宣布：

（1）1932年，"反革命分子已经在乌克兰占据了很重要的位置"，一些渗透到乌克兰政党的破坏分子在暗中组织破坏苏联政府的粮食

---

① Константин Свиржецкий. Русский в Украине. Запорожье, Дикое Поле, 2008.

② Там же.

收购。

（2）在乌克兰，阶级敌人打着爱国的旗号，假借着"为乌克兰解放而斗争"的口号破坏社会主义建设；在为粮食而战的过程中我们很明显地感受到乌克兰阶级敌人以及间谍的策略以及破坏活动。

（3）在文化建设方面，存在着不少的佩特留拉分子、马赫诺夫分子、外国间谍代表，这些人在某些活动中起着领导性的作用。

（4）人民教育委员会和乌克兰的整个教育系统都被破坏分子、反革命分子以及一些民族分子所左右。

当然苏联政府的这些判断是否准确有待研究，也有不完全符合乌克兰实际的情况，由于这个对乌克兰形势的偏激判断，业已形成的发展乌克兰民族意识、乌克兰文化和语言的大好形势便宣告结束，随之而来的是在乌克兰强制推行俄罗斯化，乌克兰文化和语言的发展又一次陷入低谷。

1933年11月，在乌共中央监察委员会以及选举委员会的全体代表大会上宣布：乌克兰必须要置于苏联共产党的直接领导下，并严厉抨击乌克兰的民族反革命运动。苏联政府认为，在1932—1933年，对于莫斯科而言最主要的威胁便是乌克兰的民族解放运动，因此莫斯科可能会失去乌克兰。在苏联政府看来，乌克兰反对"粮食收购"以及集体化的原因并不是社会经济或者是阶级矛盾问题，而是民族问题；关键在于乌克兰共产党的失误，即允许在乌克兰实施民族独立的政策。[1]

苏联政府重新审视乌克兰的民族政策的另一主要原因是，对乌克兰的民族的认知发生了根本性变化。任何一个未完成公粮缴纳任务的乌克兰农民都被认为是"社会主义建设"的敌人，即阶级敌人。这一时期，所谓乌克兰的所有阶级敌人都很轻易地被扣上乌克兰民族主义者的帽子。

苏联政府把所谓"乌克兰民族反革命分子"的成功消灭，意味着

---

[1] Константин Свиржецкий. *Русский в Украине.* Запорожье, Дикое Поле, 2008.

对乌克兰共产党、乌克兰列宁共产主义青年团、乌克兰国家机关的人员清洗和对库班"彼得留拉分子"（有民族意识的乌克兰人）的消灭，阻止了乌克兰的"民族意识""民族情感"的重构。

在解决乌克兰民族问题上，苏联政府重新审视了对乌克兰的民族政策，并采取了一系列措施恢复在乌克兰强制推行俄罗斯化的政策。一是全面禁止在学校、国家机构、传媒使用乌克兰语。二是减少乌克兰境内乌克兰语学校数量，相应地增加俄语学校数量，到1937—1938年，俄语学校数量增长了近1.5倍，达到1501所，在494所综合学校中，乌克兰语学校数量没有明显增长，到1941年，俄语学校数量又增加了2362所。三是减少乌克兰语书籍出版量。四是改革乌克兰语拼写规则，即乌克兰语书写拼写规则接近俄语拼写规则。从此，乌克兰与俄罗斯第二次结盟后，乌克兰自由发展其文化语言时代基本结束，一个更加强硬的俄罗斯化时代开始。[①]

1938年3月13日，苏联人民委员会和联共（布）中央联合发布了《关于民族共和国和民族州必须学习俄语的决议》。决议中规定，所有的学校从一年级起必须开始讲授俄语。首次正式规定俄语是非俄罗斯民族的第二本族语言。克里姆林宫认为，如果在乌克兰城市俄罗斯元素不能占主要地位，那么随着时间的流逝，这座城市必定会乌克兰化。受此政策影响，首先遭到破坏的是乌克兰的文学与艺术，及乌克兰文化。在乌克兰强制俄罗斯化的主要标志是，在乌克兰国内加强俄语，用俄语代替乌克兰标准语，停止或中断编纂乌克兰语词典。这实际上把乌克兰语与俄语再次置于不平等的位置。与此同时，乌克兰语与乌克兰文化实际上被置于次要地位。任何一种反对俄语的行为实际上都被扣上了"破坏行为""资产阶级民族主义"的帽子。在这种条件下，任何人反对乌克兰的俄罗斯化和反对俄语在所有领域代替乌克兰语，都会被扣上"危害分子"和"民主主义者"的帽子。

[①] Константин Свиржецкий. Русский в Украине. Запорожье, Дикое Поле, 2008. С. 28.

需要说明的是，俄罗斯在乌克兰实施俄罗斯化进行得比较顺利，几乎没有遇到阻力，其主要原因就是乌克兰民众的人心涣散，乌克兰人的国家意识和民族意识很脆弱。响应苏联政府的号召，乌克兰人很投入地学习俄语，适应俄罗斯文化。乌克兰人似乎忘记了自己的民族身份和语言，似乎再也不需要这门语言了。

赫鲁晓夫上台之后，延续了斯大林后期的民族政策，加大力度推广俄语。这在很大程度上取决于当时苏联领导人对苏联社会发展阶段这一问题的不清醒认识。赫鲁晓夫认为，苏联已实现社会主义，急于向共产主义过渡，提出"全面展开共产主义建设"理论，宣称20年基本实现共产主义。赫鲁晓夫曾说："我们掌握俄语的速度越快，建成共产主义就会越快。"

1958年11月，颁布了《关于加强学校同生活的联系和进一步发展国民教育的提纲》，规定本民族语言不再作为必修课，而是被列入选修课的范畴。同时，各加盟共和国和自治共和国的中等学校必须教授俄语。勃列日涅夫时代，俄语的这一优势地位就得到了巩固和提高。在乌克兰境内，俄语的推广几乎成为了一项政治任务，与俄语欣欣向荣的发展形成鲜明对比的是乌克兰语的衰落。

在乌克兰实施全面俄罗斯化的工程中，乌克兰民族的人口数量增加缓慢。表2—1反映了在1897—1959年俄罗斯人和乌克兰人数量变化情况：

表2—1　1913—1959年俄罗斯人和乌克兰人数量变化情况（万人，%）

年份	俄罗斯人口 数量	增长	乌克兰人口 数量	增长	苏联人口 数量	增长
1913年	7200	58	3300	11	15900	31
1959年	11400		3700		20900	

1959年苏联人口普查显示，在乌克兰共有4190万人。这也就是说只恢复了二战前的人口数量水平。但俄罗斯的人口数量增长速度是其5倍。从1897年到1959年的这段时间里，乌克兰人在东斯拉夫人

中的人口比例出现了明显的减少，从 29.90% 锐减到 20.63%。并且承认自己的母语是乌克兰语的乌克兰人比例减少了 6.01%。如果比较 1926 年和 1939 年苏联人口普查的结果，可以准确地看到：苏联在这段时期人口从 1.47 亿增长到 1.706 亿（增长率为 16%），而乌克兰人口由 3120 万减少到 2810 万人（减少率为 9.9%）。①

有这样一个著名论断：谁控制了一个民族的人口状况，谁就掌控了该民族。在 20 世纪苏联政府用各种手段控制了乌克兰人口。苏联政府推行俄罗斯化的一个重要手段是人口迁移。一方面把大批俄罗斯人迁往乌克兰，另一方面把大批乌克兰人派遣到俄罗斯和其他加盟共和国。在那里乌克兰人的孩子只能在俄语学校学习俄语。从 1949 到 1953 年，大约 50 万乌克兰人迁移到苏联的各加盟共和国。政府鼓励在乌克兰境内的公民学习俄语，为俄语学习者创造一切有利条件。在俄罗斯和其他共和国禁止乌克兰语，缩减乌克兰语中学，减少乌克兰书籍，在乌克兰强制推行俄罗斯化。

俄罗斯在乌克兰推广其文化语言的结果，使俄罗斯文化语言和乌克兰文化语言的位置发生了重大变化。乌克兰人形象地把俄罗斯的文化语言比作一个肥胖的、不断进取的、自信的女人，而乌克兰文化语言则像一个迟疑的、愁容满面的女人，且俄罗斯女人总是不断地给乌克兰女人指着通向远方的方向，而乌克兰女人则有点呆滞、迟钝地看着未来"光辉的前景"。②

苏联的教科书和媒体没有给乌克兰人用自己的语言传承自己历史、民族传统的机会。同时苏联政府禁止宣传乌克兰民族特点和民族传统文化，每一个乌克兰人从童年到老年，无论在课本、课堂、杂志读到的，或广播中听到的，都是大俄罗斯民族在斯拉夫历史发展的各个时期，或在当今苏维埃联盟，以及在其他民族命运中所起的特别作用。而乌克兰人对自己民族的文化知之甚少，有的甚至不知道自己是一个

---

① Константин Свиржецкий. Русский в Украине. Запорожье, Дикое Поле, 2008.
② Там же.

有着独特历史文化的民族。

在苏联时期，政府在处理民族问题上不乏片面和偏激，任何一个人提及关于培育民族精神、民族情感、民族意识的话题，很快就有人说他们是民族主义的倡导者。这些民族主义者会被教训，甚至被抓进监狱或劳改营。在乌克兰广播中连年播放苏联歌曲《我爱你俄罗斯，我亲爱的罗斯》，但像"爱乌克兰"这样的话在公共场合是绝对禁止的，还被视为民族主义的表现。

所有这些行为都加强了俄罗斯人的民族优越感和自命不凡的意识，使乌克兰人认为本民族是有缺陷的劣等民族。乌克兰人认为，考虑到以后的民族融合，乌克兰语是不会有前途的。这就使乌克兰人形成了一种意识，在具体谈话情景中使用哪种语言，在教育孩子时使用什么语言，如果要他们做出选择，很多乌克兰人会拒绝乌克兰语而选择俄语。就像著名的乌克兰作家伊万说的那样："问题不在于是否禁止乌克兰人说乌克兰语，而在于让人们不想说乌克兰语。"

苏联时期的俄罗斯化在乌克兰人民的意识中产生了两种稳固的思想：乌克兰语是劣等语言，毫无前途；任何一个关于保存乌克兰语的讨论都被视为是"民族主义"的表现。这样一来，俄语完全占据了乌克兰的各个领域——国家官方、党、共青团、工会，几乎整个社会生活都用俄语。使用乌克兰语的行为要么被奚落，要么被"老同志"直接打断。列昂尼德·勃列日涅夫在担任总书记时曾参加过乌克兰共产党中央委员会的一次会议。在那次会议上，弗拉基米尔·谢尔毕茨基用乌克兰语主持会议。勃列日涅夫严肃而坚决地批评了谢尔毕茨基。自那以后，俄语在乌克兰最终成为了"党内的交流语言"。

在经济生活方面，为了将乌克兰93%的经济集中在苏联政府的直接管理和控制下，经济领域几乎只用俄语。实际上，俄共（布）十大期间所通过的关于保障各共和国经济机关工作语言的指令和决定都仅仅停留在了纸面上，而没有得到真正落实。

高等教育、中等技术教育和职业领域全部使用俄语。对于乌克兰人来说，考大学深受语言歧视。据统计，1964—1965年考入敖德萨工学院的乌克兰学生只占学院总数的43%，这与乌克兰民族人口在乌克兰甚至在整个敖德萨所占的比例严重不符。在分析了相应的材料后，卡拉万斯基指出，由于高校招生的歧视性规则，使乌克兰中学毕业生很难考入大学，在乌克兰高校竞赛中设有俄语和俄罗斯文学，而乌克兰文学只在人文类高校设立，这为俄罗斯人和俄罗斯中学毕业生升学提供了优越条件。

1978年，苏共中央委员会做出"关于今后完善在各加盟共和国俄语研究及教授"的决议。在乌克兰高校乌克兰语基本被取消，而"教授俄语的各专业学科大纲"应运而生，几乎所有课程都用俄语教授。如此一来，强制推行俄罗斯化已遍及乌克兰全部高等学校、技术学校、专业学校，只有少数学校的教学部分地使用乌克兰语。其结果是几乎各地中高级技术教育、职业教育都只使用俄语教学。在1946年，106所技术学校中尚有90所使用乌克兰语教学，只有16所使用俄语教学，而在1980年，在乌克兰只有38所技校使用乌克兰语教学，而422所使用俄语教学[①]。

1927年4月19日乌克兰共产党中央委员会通过一项关于中等学校教育的决议，该决议规定将俄语教学纳入乌克兰所有学校，但学校中的乌克兰教师不得少于95%。但苏联最高苏维埃在1958年9月取消了在各加盟共和国学校学习共和国语言的义务。乌克兰最高苏维埃于1959年4月17日通过决议，规定在乌克兰学校学习俄语是必需的。

送孩子去什么样的学校，乌克兰语的还是俄语学校的，在选择过程中，家长认识到，高校基本用俄语授课，且孩子们未来的职业与俄语相关，因此自然会送孩子去俄语学校。如果说1926年在乌克兰城市中，就读于乌克兰语学校的孩子占97%，那么到了1958年则仅占21%。而在1958年，乌克兰首都基辅仅有22000名学生就读于乌克兰语学校，但就读于俄语学校的则有61000人。在乌克兰东部和南部一些大城市，乌克兰语学校的数量变得屈指可数。乌克兰语学校被"挤"

---

① Константин Свиржецкий. Русский в Украине. Запорожье, Дикое Поле, 2008.

进了农村的小村庄。

1983年苏共中央委员会通过了《关于优化普通学校教育及各加盟共和国其他院校俄语学习的补充措施》。就这样俄罗斯主义者轻而易举地巩固了俄语在乌克兰的地位,这对乌克兰人和乌克兰语当然是不利的。随之,扩大了乌克兰中等学校及职业技术学校的俄语教学项目,增加俄语儿童文学及乌克兰幼儿园所用俄语教材的发行量,加强俄语在大众传媒的宣传力度,提高4—10年级俄语语言及文学教师的工资水平,增加俄语语言及文学相关专业的大学生奖学金。这实际上为俄语教学建立了特惠制度。

这直接导致的结果是,在1989年仅有64.7%乌克兰公民称乌克兰语为母语,仅有约48%乌克兰公民送孩子去乌克兰学校(在50年代尚且还有70%)。乌克兰幼儿园的教学语言与中学基本相同,城市的幼儿园教学语言大都是俄语。

苏联时期,乌克兰城市及区中心迎来了来自俄罗斯的空前大规模移民潮,乌克兰境内的俄罗斯人数量增加了四倍多,俄罗斯人达到850万人,乌克兰居民总数为1136万人。那些从俄罗斯迁往乌克兰的俄罗斯人,在这里享受着在所有领域为他们和俄语所创造的优惠条件。与此相反的是,在乌克兰,乌克兰文学、艺术和新闻领域的活动家承受着巨大的压力。

正如20世纪70年代基辅大学哲学系的一位毕业生就这一现象回忆说:有一位名叫桑杜擦的大学生与我一块学习。当所有乌克兰的东西不受待见的时候,他坚持讲乌克兰语,从不改说其他语言,因此显得与众不同。然而,这有什么奇怪的呢?乌克兰人说自己的母语就同俄罗斯人说俄语那样,他们随时随地说俄语,但是从没有人对他们提出任何意见。但是上面提到的桑杜擦还是被叫到办公室并被要求改说俄语,然后这个人就从此消失了,接下来就不太清楚他去了哪里。

苏联政府在乌克兰推行俄罗斯化的结果是,乌克兰人的心理发生了变化,不少乌克兰人感觉到说乌克兰语不合时宜,讲乌克兰语对自己的未来没有希望,甚至感到讲乌克兰语是没有文化的表现,认为乌克兰语是劣等的、毫无发展前途的。正是在这种环境下，许多乌克兰人开始自觉地使用俄语，以防被从大众中分离出来，被孤立起来。那时，任何尝试谈论关于乌克兰的民族问题都被视作是"极端民族主义"的表现。由于强制推行俄罗斯化，乌克兰人口迁徙到各加盟共和国，一些讲乌克兰语的城市和中心逐渐演变成讲俄语的城市。

1985年，戈尔巴乔夫当选苏共中央总书记时，苏联大厦将倾，在国内外都面临着巨大的挑战，一系列隐藏的矛盾都爆发出来。在此背景下，戈尔巴乔夫于1987年写成《改革与新思维》，提倡"民主化"和"公开性"，开始进行大刀阔斧的改革。随着苏联民主化进程的深入，民族语言问题爆发出来，乌克兰的民族语言意识逐渐增强，语言民族主义逐渐蔓延开来。

第四节 余论

从古罗斯的形成到瓦解，最终形成俄罗斯、乌克兰和白俄罗斯，俄罗斯对乌克兰的影响从未间断过，可以说，乌克兰一直生活在俄罗斯的阴影中。这期间，乌克兰曾遭受金帐汗国、瑞典、波兰、立陶宛等的入侵，这些民族的文化、语言、宗教等随之传入乌克兰，使乌克兰的文化、语言、宗教等呈现出多元化的状态，这为日后乌克兰的文化、语言冲突和民族宗教矛盾埋下了祸患。

乌克兰西部长期在波兰的统治之下，波兰文化语言在该地区一直占据重要地位。直至18世纪初，由于乌克兰一系列社会文化因素的变化，旧的语言文化影响才逐步退出历史舞台，如拉丁语、波兰语等，而俄罗斯文化和俄语影响力不断提升。俄语逐步成了乌克兰各个领域使用的主流语言。乌克兰语是日常交流的语言，但不是广泛交际的大众语言。如果说17—18世纪末叶，乌克兰各交际领域是一个多语言的状况，各种语言在交替使用，相互竞争，相互排挤，但到了19世纪，俄语明显占了优势，成了交际的主要语言，其他语言（波兰语、拉丁语、教会斯拉夫语等）逐渐被边缘化，乌克兰语的功能虽有提升，但其使用范围远不及俄语。

自17世纪中叶以来，沙俄逐步将乌克兰大部分地区纳入自己的势力范围，自此乌克兰进入长达三个世纪之久的沙皇统治时期。沙俄在乌克兰全面推行俄罗斯化的殖民政策，按照俄罗斯的社会模式、价值观念和语言文化构建乌克兰的社会结构。沙皇用刚柔相济的办法同化乌克兰上层统治阶级，确立俄语的官方地位，贬低乌克兰语为乡巴佬语言，禁止出版乌克兰文书籍和教科书，强制乌克兰人抛弃自己的母语和文化传统。

在沙皇政府的直接干预下，19世纪中期乌克兰各种语言之间的相互关系发生了根本性变化。一个明显的局势是，波兰语和俄语在官方交际领域的均衡性被打破，波兰语从公文、出版、教育领域中被排挤出去，而俄语的地位得到迅速提升，使用范围不断扩大。俄语逐渐成为各个领域的主流语言。19世纪90年代，俄罗斯文化语言已渗透到乌克兰行政、教育、宗教、出版诸多领域。

十月革命后，20世纪20—30年代苏联推行"本土化"民族政策，这个政策在乌克兰表现为恢复乌克兰化，即恢复乌克兰的民族意识、恢复乌克兰的文化和语言。起初"本土化"政策在乌克兰是以行政命令的方式贯彻落实的。强制乌克兰化的后果是乌克兰的民族意识得到唤醒，文化和语言得到逐步恢复，"确实取得了很大的成就，使党员及苏维埃机关中本土民族的成分增加，乌克兰语得到了推广，促进了乌克兰民族教育的发展。但乌克兰的'本土化'是与当时苏联推行的新经济政策的命运密切相关的，随着新经济政策的终结，全国中央集权化的加强，民族关系领域的宽松政策也难以为继，导致了对乌克兰化政策拥护者及乌克兰民族知识分子的打压和'清洗'，乌克兰化政策收缩，乌克兰重又回到了两种语言并存的状态"[①]。到了20世纪40年代，苏联政府规定俄语为非俄罗斯族的必学语言，各个民族必须学习和使用俄语。总之，在苏联时期，政府长期执行的是俄语独大的语

[①] 刘显忠：《乌克兰危机的历史文化因素》，《当代世界社会主义问题》2015年第1期。

言政策。乌克兰语言文化受到打压排挤，乌克兰语的使用范围受到限制，其功能没有得到充分发挥，而俄语成为各个领域使用的语言，文化风俗被俄罗斯化。"回顾整个苏联时期推行的语言政策，大致可以分为三个阶段：1917—1938 年（列宁时期和斯大林前期），1939—1984 年（斯大林后期、赫鲁晓夫时期和勃列日涅夫、安德罗波夫、契尔年科时期），1985—1991 年（戈尔巴乔夫时期）。第一阶段推行的各民族语言平等政策，充分尊重非俄罗斯民族语言和文字的发展，增强了非俄罗斯民族对苏联中央的向心力，促进了这些民族对苏联的认同感，从而巩固了新生的苏维埃政权，使得新政权在内忧外患之下得以发展壮大。第二阶段苏共中央开始偏离语言平等政策，以行政指令来推广俄语，并进行了对非俄罗斯民族字母斯拉夫化的文字改革。过分地发展俄语、忽略非俄罗斯民族语言发展的不平等语言政策产生了一系列问题。这些问题暴露于五六十年代，至七八十年代恶化。第三阶段，戈尔巴乔夫上台以后，民族矛盾彻底爆发出来，对此，戈尔巴乔夫着手语言政策的改革。一是由于改革的不彻底，二是地方民族主义泛滥，并没有产生任何显著的正面效果，反而导致了非俄罗斯民族对苏联政权的离心倾向。"[1]

俄罗斯文化语言对乌克兰的同化有着深远的根源。"这种同化形成于俄罗斯伊凡雷帝时期，在 20 世纪 40 年代及以后达到了高峰。18 世纪末，上百万乌克兰人挣脱了波兰人的统治，随之而来的是俄罗斯长达 300 年的政治、经济、文化诸方面的统治。在近三个世纪的高压统治下，乌克兰人民不仅对俄罗斯颇有微词，甚至对俄语也积怨已久。因此，乌克兰独立后，打压俄语便成为乌克兰人发泄诸多历史仇恨的重要工具。也就是说，沙俄及苏联的民族语言同化政策深刻影响了乌克兰民族意识的形成，并从心理层面影响了初获独立的乌克兰对俄语的态度。"[2]

---

[1] 戬炳惠：《哈萨克斯坦语言文化政策中的俄语因素》，硕士学位论文，上海外国语大学，2012 年。

[2] 侯昌丽：《试析乌克兰语言政策的去俄罗斯化》，《西伯利亚研究》2012 年第 6 期。

由此可以说，乌克兰历史的特殊性，文化的复杂性，导致了今天乌克兰语言问题的敏感性，乌克兰独立后把打压俄语视为矫正历史上语言强权的主要工具。由此引发了乌克兰民族矛盾和国内危机。

第三章

乌克兰的民族和语言状况、语言政策及启示

"乌克兰"是古老的"基辅罗斯"公国发源地，有着悠久的历史与文明。诚如前文所述，第一个基辅公国大约出现于8世纪、9世纪之交，至9世纪下半叶，终于形成了古罗斯国家——基辅罗斯。13世纪，此地区大部分被蒙古鞑靼人占领，只有加利西亚和沃伦公国保住了独立地位，这两个公国位于古罗斯的西南部地区，故被称"乌克兰"（意为边界之地）。16世纪，乌克兰人在基辅、切尔尼戈夫、加利西亚、沃伦尼亚、外喀尔巴阡山、波多利亚、布科维纳等地逐步形成独立的民族，并创立自己的语言，形成自己独特的文化和习俗。

诚如前文所述，在乌克兰历史上，曾两次与俄罗斯结盟，形成统一的国家。第一次是公元1654年乌克兰哥萨克首领赫梅利尼茨基与俄罗斯沙皇签订《佩列亚斯拉夫协议》，开始了乌克兰和俄罗斯的首次结盟。这之后为争夺乌克兰，俄国与波兰进行了长达13年的战争。1667年，俄波签订了瓜分乌克兰的停战协定，规定西乌克兰（第聂伯河右岸）属波兰，东乌克兰（第聂伯河左岸）归俄国。18世纪，俄罗斯又相继把乌克兰和黑海北岸大片地区并入自己的版图。1795年，除加利西亚（1772年至1918年由奥地利控制）以外，乌克兰其余地区均在沙皇俄国统治之下。

乌克兰历史上第二次与俄罗斯结盟是1920年，乌俄签订结盟条

约后，1922年乌克兰作为首创国之一（西部乌克兰1939年加入）与俄罗斯、南高加索联邦、白俄罗斯一起创建了苏联。从此，乌克兰作为苏联的一个加盟共和国一直持续到1991年8月24日宣布独立。乌克兰独立后，由于经济和社会生活条件的恶化，人口一度呈负增长状态。官方语言为乌克兰语，通用俄语。主要宗教为东正教和天主教。

第一节　乌克兰的民族分布状况

乌克兰是一个多民族的国家，共有130多个民族。按各族人口占全国人口的比重看，主体民族乌克兰族占乌总人口的77%以上；其次是俄罗斯族，占17.3%；其他少数民族约占总人口的5.7%，主要有白俄罗斯、犹太、鞑靼、摩尔多瓦、波兰、匈牙利、罗马尼亚、希腊、德意志、加告兹、保加利亚等民族。

乌克兰复杂的历史演化导致了今天民族及人口的分布状况。乌克兰族与其他民族的分布很不均衡，在乌克兰的24个州中，乌克兰族占比重较高的州有17个。其中，比重占90%以上的州有捷尔诺波尔（96%）、伊万诺—弗兰科夫斯克（95%）、沃伦（94%）、利沃夫（93%）及切尔卡瑟（90.5%）等。俄罗斯族是乌克兰最大的少数民族，他们主要分布在东部和南部，即卢甘斯克、顿涅茨克、哈尔科夫、扎波罗热、敖德萨、第聂伯罗彼得罗夫斯克和赫尔松等州。

乌克兰其他主要少数民族在各地的分布状况是：白俄罗斯族主要分布在顿涅茨克、第聂伯罗彼得罗夫斯克、卢甘斯克、尼古拉耶夫、哈尔科夫、扎波罗热等州和基辅市，他们主要居住在各地的城镇里，农村地区较少。犹太人主要居住在基辅市及敖德萨、哈尔科夫、日托米尔、文尼察、第聂伯罗彼得罗夫斯克等州，且犹太人是典型的都市主义者，大多数犹太人会说俄语或乌克兰语。摩尔多瓦族和保加利亚族主要分布在乌克兰南部的敖德萨和扎波罗热州。波兰族大部分居住在日托米尔、赫梅利尼茨基、利沃夫等州。还有一些人数很少的民族分布颇为集中，例如，匈牙利人，其95%居住在外喀尔巴阡州，加告兹族人70%居住在敖德萨州，希腊人约90%居住在顿涅茨克州，罗马尼亚人约25%居住在外喀尔巴阡州。①

根据2001年乌克兰人口普查统计的结果，各主要民族的构成及在乌克兰总人口中所占比重，在表3—1中有清晰反映：

表3—1　　　　　乌克兰主要民族及人口数量（人，%）

民族	人口 数量	人口 百分比
乌克兰族	37541693	77.82
俄罗斯族	8334141	17.28
白俄罗斯族	275763	0.57
摩尔多瓦族	258619	0.54
克里米亚鞑靼族	248193	0.51
保加利亚族	204574	0.42
匈牙利族	156566	0.32
罗马尼亚族	150989	0.31
波兰族	144130	0.30
犹太族	103591	0.21
亚美尼亚族	99894	0.21
希腊族	91548	0.19
鞑靼族	73304	0.15
茨冈族	47587	0.10
阿塞拜疆族	45176	0.09
格鲁吉亚族	34199	0.07
德意志族	33302	0.07

---

① 参见中国驻乌克兰经商参赞处网站（http://ua.mofcom.gov.cn/article/d/200411/20041100304588.shtml），访问时间为2017年5月8日。

续表

民族	人口 数量	人口 百分比
加告兹族	31923	0.07
朝鲜族	12711	0.03
乌孜别克族	12353	0.03
楚瓦什族	10593	0.02
斯洛伐克族	6397	0.01
其他民族	323656	0.67
总数	48240902	100.00

资料来源：2001年10月8日，乌克兰国家统计委员会网站（http://2001.ukrcensus.gov.ua/rus/results/general/）。

另外，在乌克兰的有些地区，主要在其草原地带和森林低洼地区还居住着基米尔人、斯基福人、萨尔马特人、安迪人等人数极少的少数民族。这些民族在不同时期先后生活在乌克兰的不同地区，由于相互之间征战或被强者征服，这些民族有的濒临消亡，有的被别的民族融合同化，有的被迫迁移，如基米尔人由原来生活在黑海北部沿岸的草原迁移到了克里米亚半岛，有些部族则互相结成联盟。他们只在同族人交流时使用母语，有的为了防止其他民族的歧视，甚至不愿承认自己的民族属性，在生活和工作中不愿使用母语交流。因此这些人数极少的民族的语言和文化已丧失殆尽。

语言是民族文化的重要因素和载体，反映一个民族的历史和文化，承载着民族情感和凝聚力。上述在乌克兰人数极少的民族已与其母体民族分离多年，其固有的文化和民族特性已丧失殆尽，其母语很难保留下来，因此，这些民族的历史、文化也就很难继续留存，已濒临消亡的边缘。有些民族的文化独特性已不明显，已归入相近的族群。同时，人口问题是决定一个民族语言是否能够延续的重要因素，上述人口极少的民族人口数量越来越少，他们的语言很难代代相传，还有一个重要原因是在乌克兰没有教授这种语言的中小学，加之这些语言没有社会地位,在社会上没有使用这些语言的环境,同时这些语言又受强势语言(乌克兰语和俄语)的影响,使用这些语言的条件越来越差,空间越来越小,其人口数量越少,俄语或乌克兰语的水平就越高。

从各个民族居住的地理位置看,沿第聂伯河由北向南,乌克兰被分为东西两部分。"东部地区多为俄罗斯族,俄语是通用语言,宗教以东正教为主。而西部地区主要为乌克兰族,乌克兰语是这一地区的通行用语。宗教信仰以基督教为主。长期以来乌克兰东西部地区在宗教信仰、语言和文化传统习惯上的差异造成了民众间的一些隔阂。乌克兰独立后所处的战略位置又使得东西部地区在国家发展道路和对外政策上出现不同选择。"① 东部地区以亲俄为主,西部地区以亲欧美为主。俄罗斯和以美国为首的北约利用乌克兰国内的这种民族矛盾,为了各自的利益、各自的政治目的,不断挑起民族冲突。这也是今天乌克兰民族矛盾的根源所在,是乌克兰民族矛盾不断升级、国家发生内乱的根源所在。

需要强调指出的是,俄乌第二次建立联盟后,最初苏联放弃了沙俄在乌克兰实行的全面"俄罗斯化"政策,转而实施"本土化"。1925年4月,苏联党中央委员会通过了关于乌克兰化的决议,并指出"乌克兰化的目的是凝结工人阶级与农民阶级的联盟",支持一个全新的乌克兰苏维埃制度。"迅速发展的乌克兰语基础教育体系大大提高了乌克兰农村人口的识字率。到1929年,在乌克兰有超过97%的学生获得高中教育,1934年文盲率由47%(1926年)下降至8%。同时,新脱盲的乌克兰族移居到城市,使城市迅速乌克兰化。当时的首都哈尔科夫乌克兰族人口比例从1923年的38%,提高至1933年的50%。基辅从27.1%提升到42.1%,第聂伯彼得罗夫斯克从16%提升至48%,敖德萨从16%上升至48%,卢甘斯克从7%升至31%。在这次实施的乌克兰化过程中,乌克兰族人的领袖斯捷潘·班德拉立下

---

① 杨玲:《乌克兰大选中的民族因素》,《俄罗斯研究》2005年第1期。

了汗马功劳。但这种迅猛的乌克兰化引起了当时苏联政府的关注和担忧，并很快实行了逆转乌克兰化的政策。大量乌克兰报纸，刊物，和学校变换成俄语，乌克兰绝大部分著名学者和文化界领导人遭清洗。"①

第二节 乌克兰语言状况分析

乌克兰1991年独立后，在社会、经济、精神等方面经历了重大危机，社会规范遭到破坏，管理失去效力，社会持续动荡，公民对社会未来前景一片茫然，与此有关的语言问题日益凸显。

乌克兰独立后，这个年轻的国家遇到的突出矛盾与其说是政治、经济和社会方面的，还不如说是语言方面的。在乌克兰，语言问题和民族问题与政治问题息息相关、无法割裂，由语言问题引起的民族问题日益激化。21世纪初，乌克兰政府力图建立一个纯粹的民族国家，把乌克兰语作为唯一的官方语言。乌克兰宪法法院规定："作为国语的乌克兰语是国家宪法制度的基础，它与保证国家领土完整、国家的首都与国家的象征性标志一样具有同等重要的意义。"宪法规定，在乌克兰强国的建设中，乌克兰语具有举足轻重的作用。乌克兰政府认为，"乌克兰语的发展和在社会上发挥的作用是民族认同的重要标志。乌克兰教育科技部把乌克兰语的推广列入其工作日程之中。认为，国语是把一个国家的各个民族团结为一个整体的唯一形式，是展现民族自尊心的标志，是一个民族遗传的基因，是国家发展的坚实基础，是民族文化传承的保证"②。乌克兰政府这样做的目的，就是竭力使乌克兰在文化和政治领域全面去俄罗斯化，而实行乌克兰化。

为什么语言问题会成为一个国家的政治事件？政府在解决语言

---

① 王中宇：《乌克兰大饥荒与乌克兰民族问题辨析》，2014年3月17日，新浪网（http://blog.sina.com.cn/februalhy）。

② Городяенеко В. Г. Языковая ситуация на Украине\\Социол. исслед. 1996. №3.

问题时，更应关注语言的哪些功能？对于一个国家、不同文化的民族社团或者整个社会来说，不同的语言法会发挥哪些功能？国语是否总能促进各民族之间的团结？对这些问题的态度和给予的不同答案可以反映出一个社会、一个政府的政治意识和政治理念。应该说，一个国家的语言问题取决于一个国家的历史演变、民族构成、都市化程度、居民的受教育水平、各民族之间的通婚状况、居民迁徙的特点，等等。

在乌克兰历史上有崇尚都市生活的传统，这就为各民族之间的接触以及使用族际交际语（俄语）人口的增长创造了条件。加之，苏联时期中央政府推行的统一语言政策（即规定俄语为各民族交际语）及俄罗斯化，这助推了俄语使用的大众化与普及化。导致的结果是，在20世纪90年代初，只有87.7%的乌克兰族人掌握作为母语的乌克兰语，而12.2%的在乌克兰的俄罗斯人掌握乌克兰语，超过90%的俄罗斯人生活在乌克兰的南部和东部及第聂伯地区，这几个地方集中了绝大部分俄罗斯人（最少的达到20%，最多的达到40%）。[1]

1989年乌克兰人口普查的相关数据表明，乌克兰各少数民族只有9.7%的人掌握乌克兰语，全国居民能熟练使用乌克兰语的人占乌总人口的78%，这其中72.7%的是乌克兰人、22.1%的是俄罗斯人，5.2%的是其他民族。而熟练掌握俄语的人数与熟练掌握乌克兰语的人数基本相同，分别是78.4%和78%。但各个地区之间具有较大差异，在文尼察、日托米尔、基辅（不含基辅市）、契尔卡塞、波尔多瓦等州掌握乌克兰语的人数达90%，在第聂伯、卢甘斯克、敖德萨等地区仅有56%—58%的人掌握乌克兰语。[2]

上述统计数字表明，乌克兰实际上存在的是双语现象，即在公务

---

[1] Рудницька Т. М. Національні і мовні процеси в Україні \\ Філософська і соцірлогічна думка. 1992（5）.

[2] Розподід населенуя українскої РСР за національністю і мовою \\ Політика і час. 1991（5）.

或日常交际中乌克兰公民既使用乌克兰语，也使用俄语。关于把乌克兰语、俄语及其他少数民族语言认作母语的情况，在表3—2中有清晰呈现：

表3—2　乌克兰各民族把乌克兰语、俄语及其他少数民族语言认作母语的情况（人，%）

民族和语言（母语）	人口数量	百分比
认为乌克兰语是母语的乌克兰族人	31970728	66.27
认为乌克兰语是母语的俄罗斯族人	328152	0.68
认为乌克兰语是母语的其他少数民族	278588	0.58
认为乌克兰语是母语的乌克兰总人数	32577468	67.53
认为俄语是母语的俄罗斯族人	7993832	16.57
认为俄语是母语的乌克兰族人	5544729	11.49
认为俄语是母语的其他少数民族	735109	1.52
认为俄语是母语的乌克兰总人数	14273670	29.59
认为本民族语言为母语的少数民族人数	1129397	2.34
认为其他少数民族语言为母语的少数民族人数	260367	0.54
认为少数民族语言为母语的乌克兰总人数	1389764	2.88
乌克兰总人口	48240902	100.00

资料来源：乌克兰国家统计委员会网站（http://2001.ukrcensus.gov.ua/rus/results/general/），访问时间：2017年12月8日。

乌克兰独立后，经历了一个复杂且深刻的社会转型期，乌克兰社会学家就语言状况进行了深入调查研究，并就"乌克兰青年人的民族自觉意识的形成"问题进行了专项调查分析。学者们的这种实证研究涉及面较广，受访者中包括中学生、职校生、大学生。调查问卷涉及四个地区：中部地区（基辅、基洛沃格勒）、西部地区（利沃夫、伊万诺—弗兰克夫斯克）、南部（敖德萨、第聂伯罗彼得罗夫斯克）、东部（顿涅茨克、哈尔科夫）。这次调查涉及的地区与被调查的人群具有很强的代表性和广泛性。在四个地区被调查的年轻人共计 2077 人，在回收的问卷中只有 3.8% 的问卷不符合问卷要求。调查问卷中涉及的地区、学校类别、民族、性别、年龄等均符合调查问卷的规范性。从调查问卷可以看出，66.1% 的人掌握乌克兰语，83.5% 的人掌握俄语，25.7% 的人不会讲乌克兰语，12.4% 的不会讲俄语。在被问及的乌克兰族青年人中 79.9% 的表示能熟练使用俄语，这个数字高于实际掌握国语（乌克兰语）的人数（即 74.5%）。

从这次调查问卷的结果看，在乌克兰实际掌握俄语的人数要多于掌握国语的人数，且地域性特点十分明显，在乌克兰西部各州只有 14.2% 的人掌握俄语，在中部地区掌握俄语的人数占 19.1%，在东部地区掌握俄语的占 23.5%，在南部地区掌握俄语的占 26.7%。

在此次问卷中，问卷的设计者还提出了一个十分有趣的问题：您是否想更好地掌握乌克兰语？有 63.5% 的回答是肯定的，8.5% 的人给予了否定的回答，23.6% 的人表示正在努力学习乌克兰语，4.4% 的人未给予正面回答。当问及为什么要学习乌克兰语时，46.9% 的人认为他们生活在这个国家，就应学习乌克兰语，23.4% 的人回答是为了拓展自己的视野，18.2% 的人回答是对乌克兰文学、文化、艺术感兴趣，10.8% 的人回答是为了振兴和发展自己的国家，9.3% 的人回答是为了自己的仕途，4.2% 的人给予了其他回答，16.4% 的人拒绝回答。[①]

以上资料再一次无可争辩地证明，乌克兰的语言现实是一个真正的、典型的双语国家，双语的存在价值不仅是各民族之间和平相处的重要基础，也是能够拉近各族之间精神和心灵感情的强大武器，同时也是继承、发展各个民族文化的有力武器。

关于乌克兰公民在各种场合使用何种语言交际的情况在表 3—3 中有明晰反映：

---

① Городяенеко В. Г. Языковая ситуация на Украине\\Социол. исслед. 1996. (3).

第三章　乌克兰的民族和语言状况、语言政策及启示 / 71

表 3—3　　　　　在乌克兰各种场合实际使用语言的状况
（受访者共计 2077 人）（%）

交际地	乌克兰语	俄语	乌克兰语、俄语	其他语言
家庭	43.2	41.0	14.9	0.9
朋友、邻居圈	33.5	47.8	17.6	1.1
学校	38	43.8	17.0	1.0
社会	30.2	52.1	16.8	0.8
国家机关	36.3	46.8	15.6	1.4

资料来源：Городяенеко В. Г. Языковая ситуация на Украине\\Социол. исслед. 1996. (3).

从表 3—3 可以看出，乌克兰公民在日常交际中主要使用的是俄语，其次是乌克兰语。

关于乌克兰各主要民族使用母语的状况，在表 3—4 中有清晰呈现：

表 3—4　　乌克兰公民的民族属性和使用母语的状况（%）

语种	总人数（2077人）	乌克兰族（1637人）	俄罗斯族人（372人）	白俄罗斯族人（19人）	犹太人（17人）	其他民族（32人）
乌克兰语	58.6	71.7	9.7	10.5	11.8	12.5
俄罗斯语	36.3	23.5	87.9	89.5	70.6	37.5
其他语	2.3	1.8	1.1	0	11.8	40.6
难以回答	2.8	3.0	1.3	0	5.8	9.4

资料来源：Городяенеко В. Г. Языковая ситуация на Украине\\Социол. исслед. 1996. (3).

从表 3—4 可看出，受访的乌克兰人中不到 3/4 的人认为乌克兰语是其母语，近 1/4 的人认为俄语是其母语。

为清楚展示生活在四个地区的乌克兰人使用母语的状况，用表 3—5 予以描述，表 3—5 展示生活在乌克兰四个不同地区的各民族使用语言的状况：

72 / 乌克兰语言政策与语言问题研究

表3—5　生活在乌克兰四个地区的公民使用母语的情况（百分比:%）

种类	总人数 (2077人)	中部地区 (453人)	西部地区 (500人)	南部地区 (622人)	东部地区 (502人)
乌克兰语	58.6	72.4	95.0	45.7	26.1
俄语	36.3	22.3	3.2	47.3	68.1
其他语	2.3	2.7	1.0	3.1	2.4
难以回答	2.8	2.6	0.8	3.9	3.4

资料来源：Городяенеко В. Г. Языковая ситуация на Украине\\Социол. исслед. 1996. (3)。

表3—6　依据居民生活地和民族属性看乌克兰四地使用语言的情况（百分比:%）

地区与民族	在家庭使用语言状况			在朋友、邻里之间使用语言状况			在学校使用语言状况			在社会各有关场所使用语言状况			在国家机关单位使用语言状况		
	乌克兰语	俄语	乌克兰语及俄语	乌克兰语	俄语	乌克兰语及俄语	乌克兰语	俄语	乌克兰语及俄语	乌克兰语	俄语	乌克兰语及俄语	乌克兰语	俄语	乌克兰语
中部	49.0	26.9	23.6	32.0	38.2	28.9	44.6	25.8	28.5	24.1	41.3	33.3	40.8	29.8	27.4
西部	91.4	3.8	3.8	81.0	3.0	15.6	93.0	1.2	4.4	84.0	2.2	13.0	88.4	1.8	8.2
南部	25.9	53.9	19.8	18.8	61.6	19.6	14.5	64.3	20.3	12.7	71.5	15.3	15.0	67.8	16.4
东部	11.6	74.9	12.2	6.6	84.1	7.0	6.6	77.1	15.3	4.0	87.6	7.6	6.8	80.7	11.2
乌克兰族	53.8	29.2	16.6	41.3	37.8	20.0	45.8	35.9	17.3	37.4	43.2	18.7	44.0	38.6	16.1
俄罗斯族	3.0	87.9	9.6	3.8	86.3	8.3	9.9	73.4	15.6	3.0	86.3	9.9	7.8	77.7	13.2
白俄罗斯族	5.3	78.9	15.8	5.3	78.9	15.8	5.3	73.7	21.1	10.5	84.2	5.3	10.5	63.2	21.1
犹太族	11.8	88.2	—	11.8	70.6	5.9	5.9	64.7	17.6	11.8	76.5	—	5.9	70.6	11.8
其他民族	12.5	53.1	9.4	6.3	81.3	9.4	6.3	75.0	15.6	3.1	81.3	15.6	6.3	81.3	12.5

　　对于不同地区的居民来说，把哪种语言作为母语是有很大差异的。在乌克兰西部，从表3—6可以看出，发展趋势是乌克兰语作为母语，在中部发展趋势尚不明显，在东部和南部把俄语作为母语的趋势很明显。

　　需要指出的是，居民在不同的社交圈使用何种语言，不只是官方强制的结果，而是显示个人尊严、个人特点、个人爱好而使用某一种语言的结果。几乎在所有的公共场合，乌克兰族人更愿意同时使用乌克兰语和俄语进行交流，但在家里交流一般都使用乌克兰语，其他民族大部分都愿意使用俄语交际。

表3—6还表明，年青一代在社会实践中使用语言的习惯与国家的要求有一定差距，政府要求在现实生活和学校教学中均使用国语——乌克兰语，而实际情况则大相径庭。因此，政府出台各种法律法令强制俄罗斯人，讲俄语的乌克兰族人，居住在乌克兰国土的希腊人、波兰人、德国人、鞑靼人及其他民族的人都必须掌握乌克兰语，实际情况是，这在短期内根本无法实现，反而引起民族矛盾和民族冲突。

有学者曾作过这样一个问卷调查，您更喜欢用哪种语言读书、看报纸、杂志？

青年人的回答是：12%的人愿意用乌克兰语阅读，42.1%的人愿意用俄语阅读，44.1%的人倾向于用俄语和乌克兰语两种语言阅读（其中居住在西部的占67.2%的人愿意用乌克兰语阅读，97.4%乌克兰族人更愿意用乌克兰语阅读）。如果把第二和第三的人群相加，那么就有86.2%的受访者倾向于用乌克兰语和俄语阅读。①

因此，乌克兰现实的双语现象要乌克兰学校在短期内过渡到完全用乌克兰语教学是非常困难的事，也给乌克兰青年人带来诸多不便和困惑。学者普遍认为，学生有权选择哪种语言接受教育，在幼儿园和小学选择何种语言接受教育应由孩子的监护人决定。②

目前，乌克兰全国有21500所学校，其中大多数使用乌克兰语教

---

① Городяенеко В. Г. Языковая ситуация на Украине\\Социол. исслед. 1996. (3).
② Внукова Н., Лентьева В. Реальное двуязычие в украинскрм вузе \ \ Социол. Исслед. 1991 (6).

学，有大约 2500 所用俄语教学，还有 2000 多所学校用乌克兰语和少数民族语言进行双语教学。乌克兰独立前，学校的俄语教学占 90%，乌克兰语教学仅占 10%。当时苏联的政策使乌克兰语遭到不公平的对待。眼下这个比例倒过来了，因为乌克兰政府要求人们必须学习乌克兰语。现在学校同教师签订合同，要求教师用乌克兰语讲课，否则可能被解聘。①

应当指出，社会民意已十分清楚地反映了乌克兰真实的社会政治进程，这种情况在卡劳夹涅果的调查问卷中也得到充分反映：63.4% 的受访者希望自己的孩子在乌克兰语学校接受教育，27.8% 的受访者希望自己的孩子在有乌克兰语课的俄语学校接受教育。当然不同的地区有不同的差异。西部地区只有 2% 的居民愿意把自己的孩子送到俄语学校学习，而东部和南部地区则分别有 56.8% 和 35.5% 的父母希望自己的孩子能在俄语学校接受教育。如果透过民族属性看，则呈现出这样的状况：28.8% 的俄罗斯族人愿意把自己的孩子送到乌克兰语学校用乌克兰语接受教育，而 18.8% 的乌克兰族人愿意把自己的孩子送到俄语学校接受教育，并希望能在这样的学校有乌克兰语课程。关于乌克兰公民对发展乌克兰语言和文化的态度可用表 3—7 展现。

在研究语言状况的框架内，学者们感兴趣的是，受访者如何看待国内日益扩张的乌克兰语和文化？绝大部分受访者（81.4%）表示支持全面深入地发展乌克兰语和文化，尽管如何解决目前出现的问题的态度不尽相同。

在语言和文化较少受到俄罗斯化影响的西部地区有 44.2% 的受访者赞同乌克兰政府强制普及乌克兰语和文化。在乌克兰其他地区普遍认为，强制推行乌克兰语不可取，应循序渐进，应给其他民族语言和

---

① 《俄罗斯、乌克兰语言应用简况》，2012 年 11 月 6 日，河南省语言文字工作网（http://www.51edu.com/zige/pth/pthszjy/2911364.html）。

文化的发展留有一定空间，只有28.5%的乌克兰族人坚持强硬推行乌克兰语和文化。①

表3—7　乌克兰公民对发展乌克兰语和文化的态度（百分比:%）

类别	整体情况	中部	西部	南部	东部
全力支持发展乌克兰语，并认为应尽快采取合理措施	24.7	27.2	44.2	14.0	16.5
支持发展乌克兰语，但认为应采取循序渐进的方法	33.0	38.2	26.2	36.7	30.5
支持发展乌克兰语，但应为其他语言和文化的发展提供一定的条件	23.7	25.6	16.6	27.0	24.9
认为讨论这些问题毫无意义	7.8	4.0	5.8	9.6	11.0
其他回答	1.4	0.4	0.8	1.6	2.8
难以回答	9.3	4.6	6.4	11.4	14.3

资料来源：Городяенеко В. Г. Языковая. ситуация на Украине\\Социол. исслед. 1996. (3)。

乌克兰政治问题研究中心的学者就此问题进行了社会调查，其中有一个极具现实意义的问题：当今在乌克兰有些人认为，给予孩子好的教育应使用乌克兰语教学，而另一些人认为，给予孩子好的教育应使用俄语教学，您是如何看待此问题的？调查结论为，38%的受调查者认为，应用乌克兰语教学；19%的受调查者认为，应用俄语教学；而34%的受调查者则认为，应用双语教学或用哪种语言教学不重要；9%的受调查者认为，难以回答此问题；拒绝回答者为零。② 该中心研究人员对受调查者进一步提出如下问题：使用何种语言的青年人更容易找到自己感兴趣的、高收入工作？当今乌克兰年青一代应使用哪种语言搞科学研究与技术工作？使用哪种语言的年轻人更容易与陌生人

---

① Городяенеко В. Г. Языковая. ситуация на Украине\\Социол. исслед. 1996. (3).

② *Русский язык в Украине*（социология и статистика）Харьков, 2010.

交流或认识新朋友？经过对调查问卷的分析，对上述三个问题，得出表 3—8 中的结论：

表 3—8　　　　　　　　　　调查问卷结果（%）

	问题 1	问题 2	问题 3
乌克兰语	32	29	15
俄语	18	18	23
乌俄双语或不重要	39	37	53
难以回答	10	15	9
拒绝回答	1	1	0

资料来源：*Русский язык в Украине*（социология и статистика）Харьков，2010。

由此可见，事实再一次证明，乌克兰实际上存在双语现象，在短期内不可能人为地改变，明智的做法是因势利导，逐步发展，否则会引起民族矛盾和民族冲突，最终导致国家的不稳定。政府强推在各种公务中使用乌克兰语不可能解决目前乌克兰存在的各种社会问题，甚至会激化社会矛盾。政府在实施语言政策时，要充分考虑乌克兰的现实，考虑各个地区的特点，考虑各个民族的感受，建设强大的乌克兰，不只是要每个乌克兰公民掌握乌克兰语，不能简单地把语言问题看作人权和自由的标志。

从总体看，在乌克兰说俄语的有两部分：俄罗斯族人和说俄语的乌克兰族人。乌克兰的法律规定，保护少数民族有使用自己语言的权利。乌克兰宪法把俄语视为少数民族语言，即在乌克兰的俄罗斯民族语言。但是这些保护俄语的政策的颁布是考虑不周全的。因为这些法律事实上对解决乌克兰的语言问题似乎没有多少益处，似乎更关心在政策上不断宣扬俄语为第二国语的口号。在大选前政客们都会加上这一条来获得选民的选票。

2006 年这种局势愈演愈烈，一些地区甚至宣布俄语为地区官方语言。这些地区的人并没有执行立法机关颁布的乌克兰语言法，他们举行游行示威，并且与中央政权对峙。无论这些倡导者怎么说明，显而易见，他们的长期战略性目标是用俄语代替乌克兰语成为地区官方语言，并行使乌克兰语作为国语的法律职能。其实这是对法律的无知，地区官方语言不能代替国语。乌克兰南部和东部地区的大多数人都支持将俄语作为地区官方语言，他们的依据是欧洲宪章关于地方语言和少数民族语言的规定。

乌克兰政府坚持乌克兰语为唯一国语，反对设立地区官方语言。认为，宪章中规定确定语言的地位是中央政府的权利，而不是地区自治机关的权利。反对者还认为，如果研读宪章便会发现：（1）宪章规定对地方以及少数民族语言的保护和发展不应损害官方语言（这里特指乌克兰语）；（2）乌克兰法律借鉴欧洲宪章中地方语言及少数民族语言相关规定，并在第二章决定把乌克兰语作为国语，使其在乌克兰各个地方的社会生活领域中的发展和行使权利。也就是说，法律规定，乌克兰语作为乌克兰的国语具有法律效力，并且在俄罗斯民族地区行使它的功能的过程中，不能把它限于地区官方语言的位置；（3）规定俄语为地区官方语言，这意味着，不能用地方性的俄语代替乌克兰语的国语地位。考虑到乌克兰东部地区说俄语人数的数量较多，规定俄语作为地方性官方语言，不行使任何附加职能。地方自治机关颁布的有关地方性俄语的正式文件例外；（4）俄语作为地方性语言不能在所有地区普及，因为现行的乌克兰法律规定，宪章需要适应乌克兰少数民族的语言，并且在这些少数民族聚居地区行使语言权利并具有法律效力。在使用乌克兰语较多的少数民族聚居地区，俄语不能作为地区性官方语言。

反对者还认为，说俄语的人较多的第聂伯罗彼得罗夫斯克州、扎波罗热州以及赫尔松州宣布俄语为该州地区性官方语言的决定不符合乌克兰的实际，这是在地区推行俄罗斯化的一种方式。

拥护者希望俄语成为地区性官方语言，反对者认为这种观点在任何时候不可能变成现实，并认为，在乌克兰任何关于语言问题的立法决定都需要获得乌克兰国家绝大多数人的支持，乌克兰人要完全了解俄罗斯强制乌克兰人民俄罗斯化的历史教训。

乌克兰民族主义者担心，俄语若被宣布为乌克兰第二通用语言，那就会阻碍现行的乌克兰语的推广。在乌克兰强制推行俄语实行了300多年，在乌克兰语即将消亡之际，乌克兰终于获得了独立，乌克兰语成为乌克兰国家唯一官方语言。为了振兴乌克兰语，避免复兴乌克兰语乏力，乌克兰人经常拿白俄罗斯作为例证，即白俄罗斯在宣布独立之际，白俄罗斯语也正处于消亡的边缘，白俄罗斯的独立为其语言重新焕发光彩提供了机会：在20世纪90年代，在中学大量开设白俄罗斯语课程，政府机关、大众媒体等也开始使用白俄罗斯语。自从政府宣布白俄罗斯语为第二官方语言，俄语重新焕发了生机，白俄罗斯语又一次陷入窘境。在1993—1994年，白俄罗斯化的高潮时期，有67.3%的一年级新生学习"母语"。然而在1995年，在全民公投宣布了俄语和白俄语的同等地位后，白俄罗斯关闭了108家白俄罗斯语中学，开设了335所俄语学校。8年内俄语学校发展到1081所，而白俄罗斯语学校则不足516所。据一家研究机构统计，在2002—2003年，在白俄罗斯73.6%的中学生学习俄语，而在明斯克，这个比例达到93.6%。最新数据显示，现如今在明斯克学习白俄罗斯语的孩子比例仅为5%，而在15年前，这一比例是60%。这种态势显示了白俄罗斯语的衰落。据联合国教科文组织数据显示，一门语言，其使用的青少年少于30%即可判定该语言处于消亡的边缘。

乌克兰民族主义者坚定地认为，在今天，谁为俄语成为第二官方语助力，谁就是在扼杀乌克兰语。他们甚至认为，不能给予俄语和乌克兰语同等权利的理由是，这两种语言在乌克兰的历史上，有着不同的经历，把俄语和乌克兰语比作两个运动员，一个（乌克兰语）是多年身处监狱，只吃面包喝水，甚至是不能自由散步的运动员，另一个（俄语）是多年有着丰盛的饮食保证，有组织地在豪华的运动场上定期锻炼的人，如果给予这两种拥有完全不同成长经历的人拥有同样的社会和法律地位，其结果不言而喻。当然，乌克兰人的种种担心不是没有道理的。一项调查显示，在乌克兰的俄罗斯人占乌总人口的17%。数据显示，几乎全部的俄罗斯和部分乌克兰人都认为自己的母语是俄语，认为母语是乌克兰语的人仅占总数的3.9%。[①] 这个调查数据可能是极端的，不符合乌克兰的实际语言状况。但从另一个侧面说明，在独立之前，乌克兰语和俄语在乌克兰社会的地位及行使的功能完全是不一样的。

在长达几个世纪的历史上，乌克兰受外族人特别是俄罗斯人的统治，其文化语言、民族意识、国家意识丧失殆尽，当1991年真正独立之后，在发展其文化语言的过程中，又表现得过分谨慎，在关于民族文化语言政策的制定上又太过偏激，由此引发了一系列社会矛盾和民族矛盾，甚至爆发激烈的冲突，导致国家安全受到威胁。乌克兰人在发展自己文化语言的成功经验应该总结，失败的教训应当吸取，唯有这样，乌克兰才能化解民族矛盾，唯有凝聚各民族的力量，建设美丽和谐的乌克兰才有希望。

乌克兰学者的调查还显示，在乌克兰，乌克兰人信息接收、教育和育儿时通常使用俄语。俄语在城市和地区的人口聚集区占据主导地位，在乌克兰的俄罗斯人大都居住在城市。实际上在南部和东部地区，大众传媒基本全部使用俄语。乌克兰的一家机构作过这样一份关于语言歧视的调查，即"你在基辅遇到过语言歧视么?"，结果如表3—9所示：

表3—9　　　　　　"你在基辅遇到过语言歧视么?"（%）

回答选项	歧视说俄语的乌克兰人	歧视说乌克兰语的俄罗斯人
是，经常	54.8	0
是，但不经常	38.1	11.9
从未遇到过	7.1	88.1

资料来源：Константин Свиржецкий. Языки в Украине. Запорожье, Дикое Поле, 2008.

---

① Залізняк Г. Мовна. проблема в столиці за оціками експертів\\Розбудова держави, №1 \ 6.

从表 3—9 可以看出，有 88% 的俄罗斯人从未遇到过说乌克兰语时受到来自社会的歧视现象。

乌克兰民族主义者认为，乌克兰语的复兴，是占人口总数 78% 的乌克兰人用不同的生活和社会方式自我发展的过程，而仅占人数 17% 操俄语的俄罗斯人应接受这一事实，他们再也不能像在苏联时期那样蔑视乌克兰语，应该平静地习惯乌克兰语就是国语，应该平静地习惯乌克兰语作为官方通用语言，乌克兰语应该得到普及。

另外，许多俄罗斯人预感到，在乌克兰语"复兴"的过程中，会压制俄语，实行乌克兰化，强制说乌克兰语，2004 年总统大选前，这样的心情在俄罗斯人群体中是普遍存在的。

乌克兰民族主义者认为，只有不给俄语第二官方语言的地位，才真正有利于限制俄罗斯文化和语言，遵守民族文化生活的法则。乌克兰民族主义者的目的是使乌克兰语生机勃勃地在下一代人中得到彻底复兴。

俄罗斯人在所有乌克兰居民的数量比例在今后会逐渐减少，因为在乌克兰那些来自乌俄混合婚姻的孩子大多数都会选择成为乌克兰族，而不是属于俄罗斯民族。至于那些说俄语的乌克兰人，他们应该自己解决使用何种语言的问题。说俄语的乌克兰人在俄罗斯或是在乌克兰都具有选择任何一种语言的权利，这种权利在乌克兰谁也不能否认。

如果乌克兰的法律规定，乌克兰民族讲乌克兰语，俄罗斯民族讲俄语，不要采取极端措施，强制推行乌克兰化，而去俄罗斯化，在乌克兰的俄罗斯公民的权益应受到保护，其中包括语言的保护。这样可以减轻俄罗斯民族的顾虑，减少民族矛盾和民族冲突，有利于乌克兰的长治久安。

综上所述，乌克兰的历史和社会现实形成了独特且复杂的语言状况。乌克兰语虽然具有国语地位，但其实际使用受到俄语的掣肘，乌克兰语的优先地位主要源于国家政治和民族象征的需求，对俄语的偏好则出于日常社会生活的需要。

第三节　乌克兰偏激的语言政策是民族冲突的诱因

乌克兰独立之前颁布的《乌克兰语言法》（1989年）规定乌克兰语是乌克兰的官方语言，同时规定乌语和俄语均可作为族际交际语，政府创造条件保证俄语和其他语言在社会各个领域的正常使用。这个法律应该说是比较切合乌克兰的实际，考虑了各民族的情感和社会各阶层的实际需求。

1996年6月28日通过的《乌克兰宪法》之第十条规定："乌克兰的国家语言是乌克兰语。国家保证乌克兰语在乌克兰社会生活各个领域和全部领土上得到全面发展和发挥功能。"

之后，乌克兰历届政府对《乌克兰语言法》进行了多次修订，修改语言法的目的是提升乌克兰语的地位，并实施"去俄罗斯化"语言政策，最终规定乌克兰语是乌克兰唯一国语，俄语被界定为少数民族语言。据统计，"在1991年至2008年间，乌政府共颁布了七十多条诸如此类限制俄语使用的法令，涉及教育、大众传媒、政府公文事务等诸多领域。这些法令大多由总统亲自签署或经过总统批准，因此具有相当高的权威性和强制性，对打压和排挤俄语起到了很大的促进作用"[①]。

乌克兰政府在语言地位规划方面努力降低俄语地位、缩小其使用范围，在语言本体规划方面改造乌克兰语中与俄语相关的拼写形式。

相比之下，《乌克兰语言法》规定"俄语是乌克兰的族际交际语"，而《乌克兰宪法》则规定"俄语是一种少数民族语言"，可见对俄语地位的界定相去甚大，如果说前者把俄语放在了一个在乌克兰的俄罗斯人尚可接受的地位，而后者则不断压缩俄语的使用范围，这在

---

① 侯昌丽：《试析乌克兰语言政策的去俄罗斯化》，《西伯利亚研究》2012年第6期。

一定程度上诱发了乌克兰两大民族的矛盾。"因此,长期以来,实行唯一官方语言政策的结果是,导致了以俄罗斯族人为主的俄语居民与乌克兰族人之间在语言问题,特别是俄语地位问题上的持续冲突。乌克兰化政策的持续还导致了在一些地区助长了分裂主义情绪。因此,在以俄语为母语人口较多的一些地区一直都在催促中央政府在区域层面上解决语言问题,一些地方政府还强调指出,无论是在俄罗斯联邦,还是在除法国外的所有欧盟国家,承认少数人语言的区域地位是普遍采用的原则。"①

2004年乌克兰发生"橙色革命",尤先科任总统后,以他为首的政治精英们试图把乌克兰变为一个纯粹的单语国家,全面实行去俄罗斯化。他们制定的语言政策基本不考虑除乌克兰族以外的其他少数民族的语言权和民族感情,认为所有少数民族语言都对乌克兰的独立和主权构成威胁,对作为国语的乌克兰语有百害而无一利,这当然是一种极端民族主义的表现。也正是从尤先科时代开始,由语言问题引起的民族矛盾不断凸显、不断升级,语言问题日趋严重。虽然从法律角度看,乌克兰是一个单语国家,但从现实的角度看,乌克兰却是一个地道的双语国家,即乌克兰语和俄语共用。

乌克兰独立后的20多年来,虽然从政府层面上出台了不少旨在提升乌克兰语作为国语的政策,但落实措施较少,例如在用少数民族语言作为教学语言的中小学就不具备用乌克兰语教学的条件。② 以2008—2009学年为例,在乌克兰西部的外喀尔巴阡州,在非乌克兰语作为教学语言的中小学,40%的乌克兰语教师没有取得教学资质。③ 在少数民族语言授课的学校强调发展乌克兰语口语,在用乌克兰语授课的学校,所有课程都要用乌克兰语授课。在乌克兰语和非乌克兰语

---

① 何俊芳:《乌克兰〈国家语言政策基本法〉及实施意义》,《民族论坛》2013年第3期。
② Берегсасі Аніко, Черничко Степан. Українська мова у школа з угорського мовою навчання у соціолінгвістичному аспекті\\Українознавство. 2005(4).
③ Типові навчальні плани загальноосвітиіх начальних закладів, затверджені наказам МОН номер 66 в. 2011(5).

授课的学校，用乌克兰语授课的时数也不一样，即在少数民族学校是用少数民族语言教授乌克兰语，实际学习乌克兰语的学时数要比乌克兰语学校的时数少许多，这样一来各个学校学生的乌克兰语水平当然就有较大差异。

乌克兰政府不顾国内学生实际乌克兰语水平的差异，对中学生要求相同的乌克兰语水平，导致不良的后果。例如，2008年8%的中学毕业生，2009年9%的中学毕业生，对其乌克兰语水平的统一测试不合格；本次专门针对外喀尔巴阡用匈牙利语教学的中学毕业生的测试中，30%和40%的学生乌克兰语成绩不合格，但这些学生的其他功课（乌克兰历史、数学、物理、化学、地理、生物、外语）与用乌克兰语言教学的中学毕业生水平基本相同。①

这个事实说明，从2009—2010学年举行的大学入学国语（乌克兰语）考试具有严重的不公平性、歧视性。由于非乌克兰语教学的中学的乌克兰语教师的乌克兰语水平普遍较低，这些学校的毕业生由于乌克兰语水平差而失去升入著名大学或获得国家奖学金学习的机会，这显失教育公平。这是由于语言政策不当，导致公民享受教育不公平的典型范例，这在乌克兰社会引起了强烈反响，引起了学生和家长的强烈不满，也诱发了民族之间的矛盾。因此在实行全面乌克兰化的过程中，教育体制方面暴露出的问题尤为突出，凸显出明显的民族歧视性。

应该说，乌克兰现行的法律在语言的定位方面太过笼统，尚有不明确之嫌。立法机关应该尽可能详尽地规定，在实现少数民族化的进程中，俄罗斯人聚居地的俄语使用问题。这些法律应该考虑到占乌克兰的人口17%的俄罗斯人的少数民族化进程。譬如说，俄罗斯人占乌克兰人口的17%，那么自然地，就该有不少于这个比例数目的俄语学校、幼儿园、报刊、杂志等。也应考虑到，在乌克兰有大量的讲俄语

---

① Галузева Т. *Програма поліпшення вивчення Української мови у загальногоосвітніх начальних закладах з навчанням мовами національних меншин на 2008 – 2001 роки.* 2008（2）.

的乌克兰人，也就是那些人在讲俄语的同时，也会说乌克兰语。当然，其他少数民族（加告兹人、罗马尼亚人、匈牙利人、波兰人等）也该在本民族聚居地拥有合理的民族区域地位。俄语理所当然地应该在俄罗斯人聚居地拥有区域地位。这样，俄语作为俄罗斯的民族语言也不会威胁到乌克兰语。

客观地看，乌克兰宪法以及历届政府发布的国语语言法令都没有很好地兼顾各民族语言权利，这应该说是不符合乌克兰实际的。这些关于语言的法律法令从出台到实施被严重地意识形态化、政治化，并成为"去俄罗斯化"的重要工具，被俄罗斯及其他少数民族认为是对其与乌克兰族人不平等状况的呈现。

在乌克兰，"语言的地位规划直接体现在语言权利的博弈上，这个问题处理不当，一定会造成激烈的民族矛盾。在法律层面上迅速提高乌克兰语的国家地位，有助于在国际社会上旗帜鲜明地突显乌克兰族作为乌克兰国家的主体民族的地位，但弊端马上也就突显出来了，这部法律被学术界认为是纯语化的表现，在国内不利于语言多样性的发展，它的直接后果就是导致民族对立情绪加剧，民族矛盾突显。……乌克兰突显乌克兰语，无非是为了显示乌克兰族与俄罗斯族的异，强制使乌克兰语成为唯一官方语言的作法使俄语的地位降低，这种不明智的语言政策自然使操两种语言的人彼此不认可"①。

2009年，乌克兰政治问题研究中心的学者就公民对待政府实施的语言政策的态度问题进行了问卷调查，其中四个问题最能反映乌克兰公民对现行语言政策的态度和满意程度。其问题和结果显示在表3—10：

问题1：您对现行的国家语言政策是否满意？
问题2：您是否满意在教育领域现行的语言政策？
问题3：您是否满意在新闻媒体领域现行的语言政策？

---

① 宋晖：《乌克兰乱局突显的语言问题》，《中华读书报》2014年4月2日第17版。

问题4：你是否满意在政府机关实行的语言政策？

表3—10　　　　　　　　四个问题的调查问卷结果（%）

	问题1	问题2	问题3	问题4
十分满意	13	17	15	15
比较满意	35	26	32	30
难以确定（对有些满意，有些不满意）	12	24	22	27
不太满意	16	17	20	15
十分不满	15	12	9	10
拒绝回答	9	4	2	3

资料来源：Русский язык в Украине（социология и статистика）Харьков, 2010。

学者们的研究还显示，乌克兰38%的公民赞同在国内实行唯一的国语政策，即确定乌克兰语为唯一国语，在学校确定一种语言作为教学语言（乌克兰语），但55%的公民赞同在乌克兰各个地区实行不同的语言政策，只有7%的人没有给出明确的回答。当被问及您是否赞同政府规定在社会各个领域必须使用的语言时，20%的受调查者表示支持政府确定各个社会领域使用的语言，20%的基本支持，21%的摇摆不定，18%的基本不支持，完全不赞同的占19%，拒绝回答者为2%。这些调查数据清楚地表明，大部分乌克兰公民希望政府实行柔性的语言政策，尊重公民的人权和语言使用权，尊重乌克兰的历史和现实，实施符合乌克兰实际的语言政策，为乌克兰的民族团结和谐创造有利的政治社会环境。

2010年2月25日亚努科维奇宣誓就任乌克兰总统后，"2012年7月3日，乌克兰议会最终通过了乌克兰《国家语言政策基本法》，8月8日总统亚努科维奇签署了这一法律文件，标志着一部新的语言法在乌克兰正式诞生。从总体上看，乌克兰《国家语言政策基本法》是一部基于人权、相互尊重和宽容为基础之上制定的语言法规，因此该法的颁布不仅被看作是乌克兰人权斗争中而且是整体国家建设中重要的里程碑。……在新法中明确确定了18种语言为乌克兰的区域语言或少数人语言"①。

2013年年底,乌克兰国内发生了自独立以来最严重的暴力流血冲突和极富戏剧性的政坛剧变,总统亚努科维奇被迫下台。2014年2月23日,乌克兰议会通过一项法律,废除《国家语言政策基本法》,剥夺俄语在乌克兰东部、南部等13个州的地区官方语言地位,俄语因此丧失了在乌克兰近半数行政区域内的地区官方语言地位。由此引发的乌克兰语言冲突再度升温。因此在乌克兰,如果俄语问题不能及时得到合理解决,必将挑动民族神经,引起民族矛盾和民族不和谐,甚至成为诱发国家分裂的重要因素之一。

第四节 乌克兰语言政策留给世人的启示

在一个由多民族构成的社会集团或国家,把哪个民族的语言作为国语,这无论对学者来说,还是对政治家来讲,都是对其智慧的严峻考验。民族关系学研究家指出,将某一语言确立为国语的举措是加深民族间的不平等、引起民族冲突的源头。

苏联解体后形成的各民族国家经历的历史经验证明,国语是团结各民族的强有力手段,如果就国语的问题处理不当,可能会影响民族团结,激化民族矛盾,甚至导致国家体制的崩溃。这种情况下就需要政治家的智慧与英明决策,使语言成为引导各民族和谐相处、国家安全稳定的工具。

确立某一语言为国语是非常复杂且需要十分慎重思考的问题,需要遵从一系列条件,如国情、民情、政体、宗教等。古波格洛指出,在实施关乎国语的法律条款时必须要搞清楚,国语是什么,为什么我们需要国语,新的语言法是否适用这个国家的民族语言状况。②

---

① 何俊芳:《乌克兰〈国家语言政策基本法〉及实施意义》,《民族论坛》2013年第3期。
② Губогло М. Н. предпосылки изучения современной ситуации в СССР \ \ национальные процессы в СССР. М. , Наука, 1991.

包括乌克兰在内的苏联解体后形成的各民族国家并未遵从上述条件。草率颁布的语言法充满矛盾和不确定性，乌克兰颁布的语言法律法令大多是所谓的政治精英玩弄政治的根据，都未与乌克兰各地区的语言实际状况相结合。民族社会学家在分析某一语言法是否符合一国的国情或地区的实际情况时，关注的是实证分析，即在分析实际科学数据的基础上，搞清乌克兰的语言基本情况，以此来制定语言法及推动语言法的实施。

因此，乌克兰独立后，民族矛盾不断激化，甚至导致激烈冲突、民族分裂、爆发国内战争。究其原因，偏激且不符合乌克兰实际的语言政策与社会政治纠葛在一起是造成乌克兰不稳定的重要诱因之一，它给民族团结、和谐，给国家统一带来危害。总结乌克兰乱局中的语言诱因，从乌克兰的历史和现实出发，追踪乌克兰历届政府实施的语言政策与规划之走向，我们认为有以下几点值得思考。

第一，在一个多民族的国家中，语言接触中的自然融合优于强制同化，一个负责任的政府应采取措施保护语言和文化多样性，而不是采取相反的态度。乌克兰是一个典型的多民族国家，民族构成十分复杂，语言状况纷繁多样。如果拿语言生态观将社会语言与生物多样性进行类比，其核心就是要尊重语言多样性，关注濒危语言，要肯定社团语言对形成身份和归属感的价值，肯定异质和杂合是所有语言的根本特点。

从社会语言学的角度看，语言之间的接触最终将导致语言的融合，语言自然融合比利用政治手段强制同化更有益于社会的发展、国家的统一、民族的和谐与稳定。乌克兰政府强制使乌克兰语成为唯一官方语言，主观地降低俄语地位，并排斥其他少数民族语言，这种不适合国情的语言政策自然使操不同语言的人彼此互不认可，最终给社会带来不稳定因素。

第二，语言纯洁化不应具有排他性，而应注意民族感情和社会发展的实际情况，否则不利于国家稳定及民族和谐关系的建立。由于历史原因，在乌克兰境内形成了一个多民族共存的现象，俄罗斯民族文化和乌克兰民族文化深度融合，这种文化现象的直接体现是乌克兰语和俄语两种语言共存。在当下的乌克兰，解决好语言问题，认同国内俄罗斯文化是乌克兰政府解决民族问题和国内危机的重要途径之一。但遗憾的是，乌克兰政府独立以来实施的语言政策，是把一个多元文化、多语种的乌克兰变成一个语言垄断制国家，即实行文化一元、语言唯一（只使用乌克兰语）的国家，使国家完全乌克兰化。乌克兰政府实施的这种语言政策是导致语言和民族之间冲突的诱因，是导致民族之间感情淡化、对立情绪加剧、民族矛盾升级、最终导致爆发内战的诱因。

实践证明，正确的语言政策有助于乌克兰语言、文化多样性的保持及和谐民族关系的构建。乌克兰合理的语言状况应当是，让乌克兰语与俄语及其他少数民族语言和谐共存，这有利于社会的和平与稳定。

第三，制定语言政策要尊重历史，尊重现实，符合国情。一个负责任的政府、负责任的政治家在制定语言政策时，应充分考虑国家的国情、民情及真实的语言状况，应深刻反思语言政策给国内民族团结造成的正反两个方面的教训，应借鉴民族学家、历史学家、语言学家通力合作得出的研究成果，并将其应用到语言政策的制定与推广，应充分研究语言状况对社会文化的制约性，以及语言状况对乌克兰国家社会政治、文化发展的影响中扮演的重要角色。

从历史的角度看，乌克兰是一个多民族、多语言的国家，乌克兰曾经受过严重的俄罗斯化影响，语言生活呈现出明显的双语现象。独立后的乌克兰试图通过语言立法和乌克兰语推广，达到去俄罗斯化的目的。但数百年来与俄罗斯的纠葛形成了特殊的语言群体分布，如果武断地通过这种不符合实际的手段消除俄罗斯的影响，势必影响民族团结、国家稳定。因此制定语言政策和语言规划时既应尊重历史，也应符合现实，还应顺应时代的需要，考虑各个民族的感情、国家的发展和稳定。乌克兰作为一个独立的主权国家，提高乌克兰语的国语地位，这无可厚非，但问题是乌克兰历届政府在语言问题上的所作所为已影响了民族感情，诱发了国内矛盾，影响了语言多样性的发展，它的直接后果就是导致民族对立情绪加剧，民族矛盾突显，使国家处于分裂的边缘。

乌克兰独立后的历届政府在制定语言政策时，不仅没有考虑其多语言现象的现实，没有把多语言、多文化视为国家发展可资利用的资源，没有把它转化为促进经济和社会发展可利用的资源，反而看作影响乌克兰民族独立的绊脚石，最终语言问题成为影响民族团结、国家安全与稳定的消极因素，这是一个非常典型的语言政策失当的范例，教训极为惨痛，这是乌克兰历届政府执政的最大败笔之一。

乌克兰语言问题的复杂性还在于，乌克兰政治家（当局及其反对者）对语言问题的一些基本概念仍模糊不清，他们在各种场合发布的演说和声明中对国语的解释各不相同，有些高级别官方人员毫无基本常识、毫不考究地随意使用诸如"官方语言""平等语言""主要语言"等这样的字眼，而并未对乌克兰各地区的语言状况加以研究，随心所欲地乱发议论，诱导一些有民族主义情结和不明真相的民众偏听偏信，引发民族矛盾，给这些所谓的政治家创造捞取政治资本的机会。还有一些政党负责人为了自己党派的利益，不惜牺牲国家和民族利益，把语言作为玩弄政治的工具，使语言政治化。有些党派为了迎合以美国为首的西方势力的同情和支持，极力推行"去俄罗斯化"，有些亲俄罗斯的政治人士则极力维护俄语在乌克兰的一定地位，极力反对"去俄罗斯化"。

第四，语言是民族文化的符号和载体，语言问题应当理性解决，不能完全当作政治工具利用。乌克兰独立后，所谓的政治精英一直把语言政策当作各种政治游戏的借口，语言政策一直为其政治服务，并成为各种政治力量谋求利益最大化的工具，语言被严重政治化和意识形态化。这导致语言政治与社会政治纠缠在一起，严重影响了乌克兰的社会稳定，给国家统一和安全带来危害。

实践证明，当语言问题被政治化后，当权者势必制定不切实际的语言政策和语言规划,强迫人们使用某一种语言,这自然会引起一系列民族矛盾及社会的不稳定。"在乌克兰,语言被赋予了政治用途,一直以来俄语的地位问题始终是乌克兰执政者绕不开的政治课题,乌克兰语言政策和规划方面的瑕疵是政局持续动荡的诱因之一。当语言问题被政治化,就有可能引燃政治问题。在乌克兰,语言已被赋予了政治用途,其语言问题已成为其内部民族矛盾的导火索,与民族认同和国家认同紧密关联。……从乌克兰独立后 20 多年的语言政策实施效果看,以往的语言政策不但没有达到整合社会的目的,反而导致乌克兰社会出现了不和谐现象,乌克兰语和俄语一直处于微妙并存之中。许多人把语言选择看作忠于两派对立政治势力、对立文化势力的象征,要么亲俄罗斯,要么亲欧洲和西方。"① 从乌克兰屡次发生动荡的趋势看,无论是哪个派别的政治精英掌权,都打着语言的旗号到处招摇撞骗,都善于利用语言问题捞取政治资本,从而诱发民族矛盾,引发无休止的民族冲突,也为外部势力介入乌克兰内政创造了条件,最终导致国内爆发战争。这些血的教训是深刻的、惨痛的。因此,乌克兰要彻底解决语言问题,必须做到去政治化、去意识形态化。

---

① 戴曼纯:《乌克兰语言政治及语言生活现状》,《中国社会语言学》2013 年第 2 期。

第四章

俄语在乌克兰的地位及公民对俄语的态度

第一节 乌俄语社会功能转化

乌克兰独立后，人口数量、人口结构和民族成分都发生了巨大变化。各个民族从自身利益出发，表现出发展自己语言和文化的强烈愿望。乌克兰政治精英没有很好地顺应国内各民族的要求，没有从国家发展的战略高度出发，没有为维护国家的统一和民族团结的角度出发，制定相应的法律、语言政策和语言规划，由此引发民族矛盾和冲突。

乌克兰独立之前，即从 18 世纪中叶到 1991 年，俄语一直是乌克兰各个领域的主要语言，乌克兰语受到排挤，其社会功能没有得到充分发挥。俄罗斯的文化和语言长期占据统治地位，公民以会讲俄语为荣，俄语是乌克兰当之无愧的国语。但在乌克兰独立前[①]，即 1989 年 10 月 28 日通过了《乌克兰苏维埃社会主义共和国语言法》（以下简称《语言法》），该法规定乌克兰语为乌克兰的唯一国语。1996 年 6 月 28 日，乌克兰议会通过了其历史上第一部《宪法》，重申乌克兰语的唯一国语地位，这项政策涉及行政、教育、新闻、法律等重要的官方交际领域。同时，该法为俄语及其他少数民族语言的自由发展、使用与

---

① 1991 年 8 月 24 日乌克兰苏维埃社会主义共和国最高拉达通过《乌克兰独立宣言》，宣布乌克兰独立。

保护也提供了一定保障。虽然在乌克兰《宪法》中规定，除乌克兰语外，还特别提到了俄语，并给予俄语一定的社会地位，但这并不意味着其具有某种特殊的地位，而是规定俄语的社会地位和社会功能与其他少数民族语言一致。在当下的乌克兰社会，俄语地位的不确定性与乌克兰语的明确国语地位形成鲜明对比。

众所周知，作为国家重要法律的语言法和语言政策的制定及一个时期国家语言规划的出台，都要充分考虑国家的历史变迁、民族和人口及其语言状况。从某种意义上讲，构建和谐的语言环境和语言生活，是构建和谐民族关系的前提。但乌克兰政府对此没有比较清醒的认识，做了许多违背规律的事情，给乌克兰人民带来了灾难性后果。

2005年"颜色革命"后，尤先科赢得总统选举，随之开始了"一场对俄语的战争"。尤先科先后颁布了两条"限俄令"：从2005年9月1日起，乌克兰的法律诉讼只能使用国语；从2006年7月26日起，必须对国家公务员进行乌克兰语水平测试。"这两项法令的颁布引起乌境内俄语居民的强烈抗议。他们一致认为，该两项法令不仅损害了公民的语言权，同时也损害了公民参与国家政治生活的权利、妨碍其在政府部门谋求职位和发挥作用。截至2008年，乌克兰共颁布了七十多条诸如此类限制俄语使用的法令，涉及教育、大众传媒、法律、政府公文事务等诸多领域。这些法令大多由总统亲自签署或经过总统批准，因此具有相当高的权威性和强制性，对打压和排挤俄语起到了重大的推动作用。2010年，亚努科维奇任总统后不久便在公开场合表示，不会赋予俄语第二国语或第二官方语言地位，但会在《欧洲区域或少数民族语言宪章》框架内采取措施，以保证俄语的自由使用"[①]，并于2012年颁布了乌克兰《国家语言政策基本法》。从总体看，这是一部比较适合乌克兰国情的语言法律，但遗憾的是，2013年的"广场革命"后，这部法律被废除。

乌克兰独立后实施的一系列关于语言的政策、法律、法令，保证

---

① 侯昌丽：《试析乌克兰语言政策的去俄罗斯化》，《西伯利亚研究》2012年第6期。

了乌克兰语在乌全境社会生活各个领域的充分发展，强化去俄罗斯化、去俄语化的倾向。尽管如此，乌克兰语的唯一国语地位仍然受到来自各方的阻力和干扰，乌克兰语唯一国语化的地位受到来自各方的质疑，并由此引发各党派之间、地区之间、民族之间的矛盾与冲突，一个貌似简单的语言问题被政治化，成了乌克兰国内冲突、民族矛盾的导火索，乃至引发国内战争，乌克兰的国家安全稳定、领土完整受到严重威胁。乌克兰现在的语言实际情况是，在乌克兰各个领域俄语仍得到广泛使用，在非正式交际场合俄语与乌语仍然是共存的。特别在乌克兰不同地区语言的使用状况极不平衡，东部和南部地区主要使用俄语，西部地区以乌克兰语为主，北部和中部地区则俄语和乌克兰语共同使用。乃至到今天，乌克兰政府继续不遗余力地推行"去俄罗斯化""去俄语化"政策，而全力以赴实施"乌克兰化"政策。这也是乌克兰截至目前民族矛盾仍被不断激化、国内战争持续不断的原因之一。

乌克兰的现实证明，乌克兰的实际语言状况是：双语现象是乌克兰语言现状的特点。乌克兰东部以及南部说俄语的居民积极争取并支持赋予俄语地区官方语言的地位，而西乌克兰民众则坚持乌克兰语为唯一国语。乌克兰独立以来，政客们为了达到其政治目的，为了选举的需要，背离了《语言法》《宪法》中关于语言的条款，把语言问题政治化，这给国内的民族团结和谐、国家的安全稳定造成很大威胁。在乌克兰，语言问题关乎国家的长治久安，而俄语问题的解决不仅关乎俄罗斯族人及说俄语的民众，对于在乌克兰占绝大多数的双语人来说也极为迫切。总之，乌克兰独立后，俄语和乌克兰语的社会功能发生了剧烈变化，乌克兰语成为乌克兰社会各个阶层、各个领域交际的主要语言，成为乌克兰唯一的国语，而俄语的处境与乌克兰独立前的社会地位则完全相反，其社会功能受到极大限制，使用范围不断萎缩，从法律上沦为地道的少数民族语言。

本章旨在分析俄语公民与要求官方承认俄语的拥护者之间的区别，厘清乌克兰语与俄语的实际使用情况与乌克兰公民语言自我认同之间的关系，在此基础上进而分析乌克兰语的现状及特点。由于俄语在乌克兰的历史因素和现实需要，在乌克兰社会有一个明显的特点：不只说俄语的公民反对在语言范围内实施激进的乌克兰化政策，就连那些操乌克兰语和说俄语及乌克兰语的"双语人"，对一些所谓政治精英实施的激进的"去俄语化"而全面实施乌克兰语化的政策也有不同意见。

第二节 乌克兰公民的母语认同观及使用情况

按照乌克兰《宪法》第 10 条之规定，国语是乌克兰语，俄语的地位等同于乌克兰其他少数民族语言。乌克兰拉祖姆科夫社会学研究中心（Центр имени Разумкова）于 2015 年 12 月 11 日至 23 日对乌克兰除克里米亚及被占领的顿涅茨克州、卢甘斯克州外的各地区 10071 位 18 岁及以上的公民进行了一次社会学调查。这次调查数据（见图 4—1）表明：2015 年认为母语是乌克兰语的乌公民占 59.9%，相较于 2008 年的 43.7%，比率大幅度上升，与 2006 年、2007 年相比，也呈现出明显的上升趋势；而认为母语是俄语的乌公民所占比率从 2006 年至 2015 年，几乎可以说是一直处于下降趋势，尤其是 2015 年与 2008 年数据相比，下降幅度非常大；与此同时，把乌语和俄语两种语言当作母语的乌公民，从 2006 年至 2008 年的数据来看，是处于上升的趋势，但把 2008 年与 2015 年数据相比，又处于下降的趋势，而且下降趋势明显。

乌克兰四大社会学研究中心［基辅国际社会学研究所（КМИС）、民意调查组织（评级集团）（Рейтинг）、社会学研究中心（СОЦИС）、乌克兰拉祖姆科夫社会学研究中心（Центр имени Разумкова）］于 2017 年 3 月进行了一次社会学调查，从乌克兰各州各抽取 500 人，而从基辅、哈尔科夫州以及敖德萨州各抽取 1000 人，共有 14000 人次参与了此次社会学调查。调查数据表 4—1 表明：全乌克兰共有 50.5%的公民在家里倾向于使用乌克兰语，24%倾向于使用俄语，24%倾向于使用双语，即乌克兰语和俄语，而且可以发现，18—24 岁的青年人

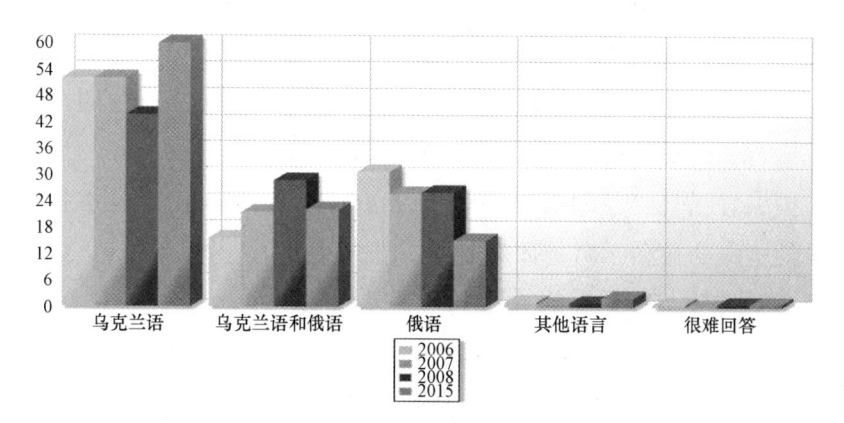

使用双语的比率与其他各年龄段相比是最大的，为 25.1%。①

图 4—1　2015 年乌克兰拉祖姆科夫社会学研究中心所作的社会学调查所得数据（您认为哪种语言是您的母语？）（%）

资料来源：http://old.razumkov.org.ua/eng/poll.php?poll_id=1134，访问时间：2017 年 10 月 14 日。

表 4—1　2017 年乌克兰四大社会学研究中心所作的社会学调查所得数据（%）

在家里倾向于使用的语言	全乌	18—24	25—35	36—45	46—55	56 +
乌克兰语	50.5	47.6	49.1	49.1	50.6	52.9
俄语	24.0	25.1	25.4	24.5	24.6	22.2
乌克兰语和俄语	24.0	25.1	23.9	24.5	23.4	23.6
其他语言	1.3	1.7	1.4	1.5	1.3	1.0
拒绝回答	0.2	0.5	0.2	0.3	0.1	0.2

2015 年关于乌克兰公民对母语认同情况的社会学调查数据表明，认为母语是乌语的乌公民占 59.9%，母语是俄语的占 15.1%，母语是双语的占 22.1%；2017 年关于乌克兰公民家庭倾向于使用语言的社会学调查数据表明，全乌共有 50.5% 的公民在家里倾向于使用乌语，24% 倾向于使用俄语，24% 倾向于使用双语。如果我们考虑到两次社

---

① https://ru.tsn.ua/ukrayina/identifikaciya-nacii-ukraincy-rasskazali-o-svoih-nacionalnosti-yazyke-veroispovedanii-es-i-nato-879922.html. 访问时间 2017.10.12。

会学调查年份的差别，以及 2015 年这次社会学调查因俄语区两大州顿涅茨克州、卢甘斯克州并未参与而可能降低了认为母语是俄语的乌克兰公民所占比率的话，我们可以得出结论：乌克兰公民对母语的认同情况数据与家庭倾向于使用语言情况数据是相吻合的，这说明乌克兰公民语言认同现状良好并且可能会继续良好地发展下去。

　　据编订《乌克兰的俄语》（*Русский язык в Украине*）这本书的研究员们所作的社会学调查数据表明，把乌克兰语视作母语的乌克兰公民所占比率从 1992 年的 66.5% 下降到 2009 年的 55.2%（下降了11.3%），把俄语视作母语的乌克兰公民从 1992 年的 30.8% 上升到 2009 年的 42.4%（上升了 11.6%）；乌克兰国家科学院社会学研究所自 1992 年以来也作了一系列社会学调查，其中 2007 年的调查数据表明，家庭交际语只是乌克兰语的受调查者有 29%，只用俄语的有 28%，其他语言的有 1%，乌俄双语的有 9%，俄乌双语的有 14%，混合语的有 20%。[①] 对比这些数据，我们可以看出过去乌克兰公民对母语的认同情况数据与家庭交际语使用情况数据是极其不吻合的。因而乌克兰俄罗斯语言和文学教师协会会长库德里亚夫采娃认为："乌克兰公民的语言认同问题并不像政府官员们所想的那样简单，乌公民对母语的认同是被迫接受而非自愿，语言认同不应该被强加。"[②]

　　公民的母语认同问题关系到一个国家的语言基本状况，关系到语言政策的制定等一系列重要问题。在乌克兰关于公民的母语认同问题是一个比较复杂的问题，政府和学者就此问题都做过调查研究和分析，但很难获得比较准确公认的答案。原因在于，一方面，政客为了达到其政治目的不择手段地强奸民意；另一方面，公民为了一定的利益和获取一定的社会地位，违心地视俄语或乌克兰语为母语。下面是乌克兰学者的一些关于乌克兰公民的母语情况的调查分析，录于此，以飨

[①] Кудрявцева Л. А. О языковой самоидентификации граждан Украины и государственной языковой политике, http://www.ruvek.info/? action = view&id = 6962&module = articles, 2016.12.12.

[②] Там же.

读者（见图4—2至图4—7）：

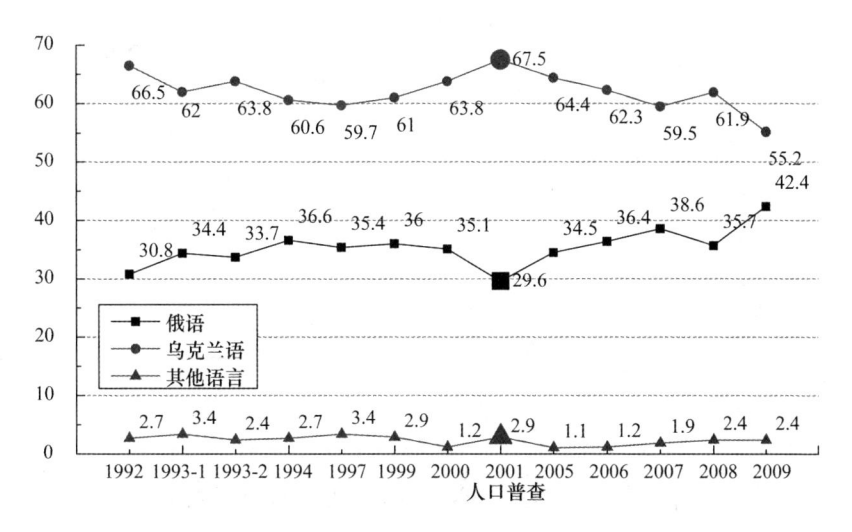

图4—2　1992—2009年乌克兰公民母语人数变化情况（%）

注：（1）乌克兰媒体1992—1997年及2009年的社会问卷调查（受调查人数为1163人和1800人）；（2）乌克兰社会学家的1999—2008年及2009年的社会问卷调查（受调人数为1200人和1810人）；（3）2001年乌克兰人口普查数据。

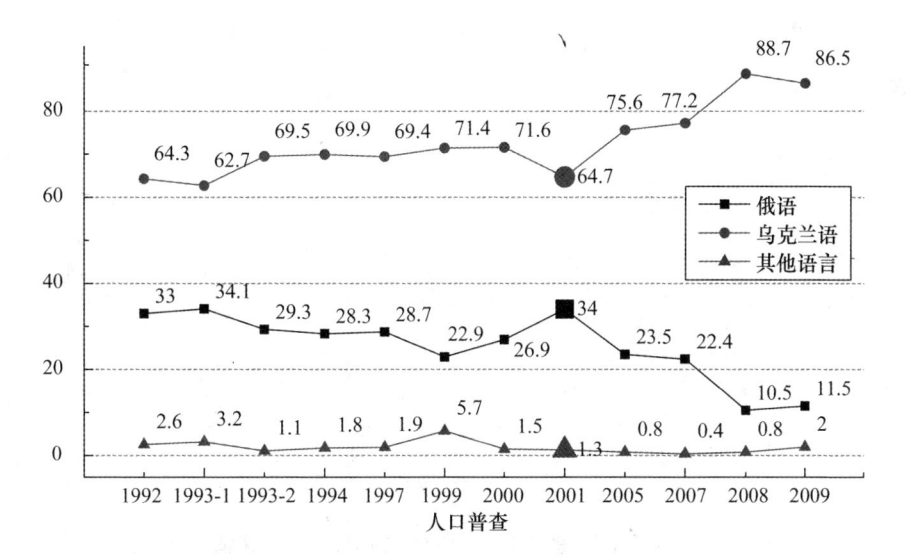

图4—3　乌克兰东部地区1992—2009年居民母语变化情况（%）

资料来源：*Русский язык в Украине*（социология и статистика）Харьков, 2010。

98 / 乌克兰语言政策与语言问题研究

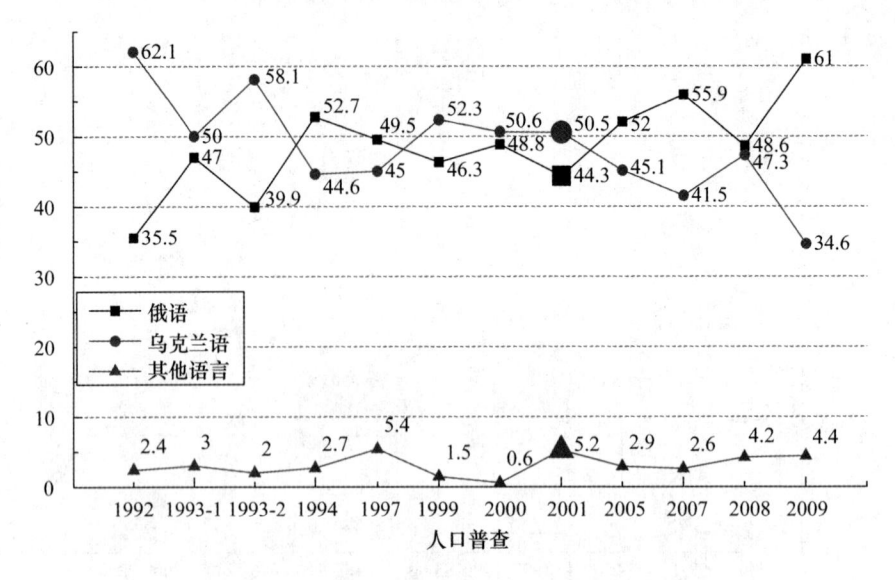

图 4—4　乌克兰南部地区 1992—2009 年居民母语变化情况（%）

资料来源：Русский язык в Украине（социология и статистика）Харьков，2010。

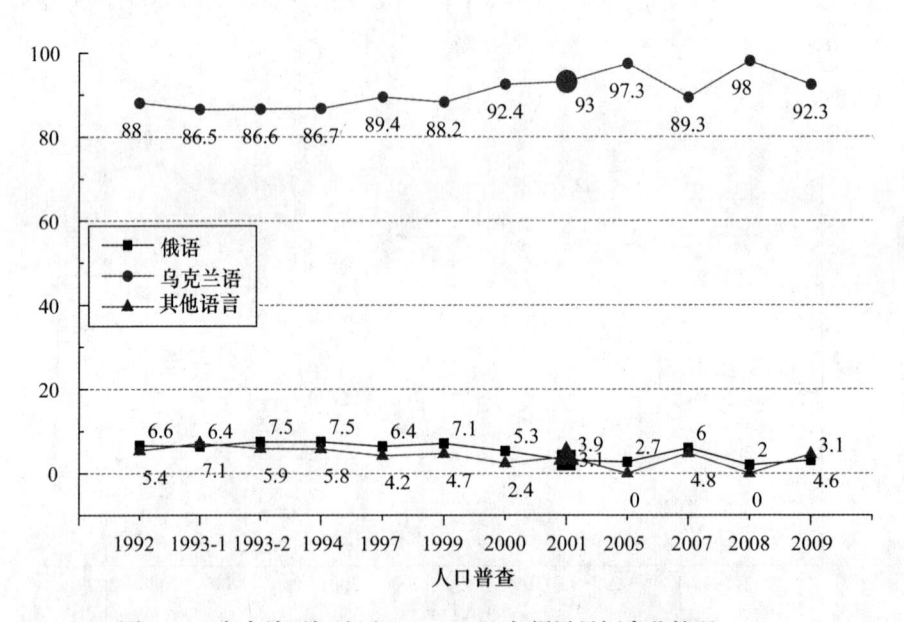

图 4—5　乌克兰西部地区 1992—2009 年居民母语变化情况（%）

资料来源：Русский язык в Украине（социология и статистика）Харьков，2010。

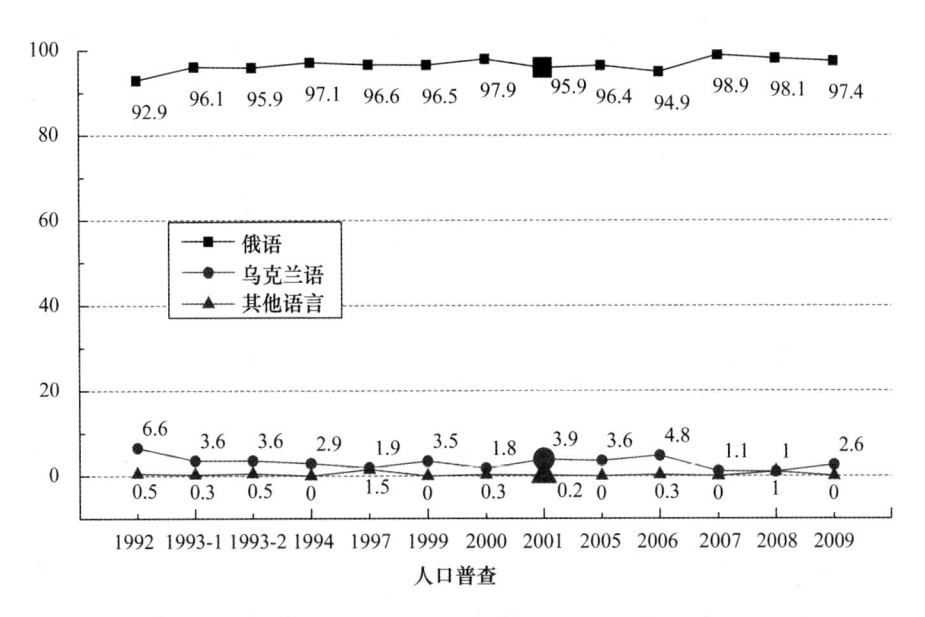

图 4—6　乌克兰的俄罗斯族人 1992—2009 年母语变化情况（%）

资料来源：*Русский язык в Украине*（социология и статистика）Харьков, 2010。

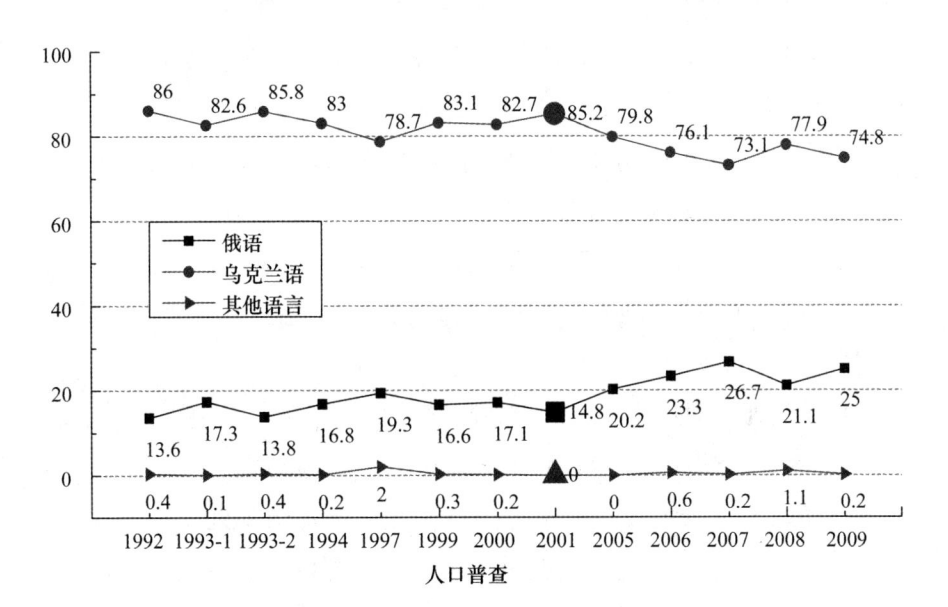

图 4—7　乌克兰的乌克兰族人 1992—2009 年母语变化情况（%）

资料来源：*Русский язык в Украине*（социология и статистика）Харьков, 2010。

上述图4—2至图4—7比较真实地反映了乌克兰公民的母语认同及其变化情况，这与其说是乌克兰公民的母语认同数量的变化，不如说在一定程度上反映了乌克兰政府的语言政策对公民的影响，以及乌克兰公民的语言心态、对待语言的态度的变化，以及公民语言价值取向的变化。

第三节　俄语在乌克兰的社会地位

俄罗斯曾吞并统治乌克兰300余年。18世纪末到19世纪初俄罗斯几乎占领了乌克兰的全部领土[①]，沙俄政府通过一些法律、法令，限制乌克兰语在大多数社会生活领域的使用。1922年乌克兰加入苏联后，苏联政府在对待乌克兰文化语言等问题上依旧沿用了沙俄的俄罗斯化政策。关闭乌克兰语学校，在官方语言中使用俄语，在新闻报刊、教育、法律等领域强化俄语的作用，排挤乌克兰语的使用。在俄语作为族际交际语的基础上，苏联政府语言政策的宗旨是加强俄语在各交际领域的使用，积极去乌克兰化。因此到了20世纪80年代末，俄语与乌克兰语作为强势语言与弱势语言，呈现出一种对立的关系。在乌克兰各种正式或非正式的交际领域全部使用俄语，乌克兰语只在乌克兰的农村使用，乌克兰语的本体发展十分缓慢，甚至出现了倒退，这就是为什么截至目前乌克兰语的标准化程度仍然很低的原因之一。

乌克兰独立的这些年，由于乌政府的积极干预，人为因素和法律因素并举，由此俄语在很大程度上丧失了主体交际语言的地位，俄语的社会功能严重降低，其使用范围不断缩减。即便如此，迄今为止，在乌克兰，俄语依旧是主要交际语言之一。究其原因，这是由俄语的历史地位和公民的现实需要所决定的。但遗憾的是，乌克兰宪法与一

[①] 截至1795年，除加利西亚（1772—1918年属于奥地利）外，乌克兰其余地区均在沙俄统治之下。

些乌克兰语言法案并未给俄语的使用提供一定的法律基础,俄语的地位依旧不确定。1996年乌克兰积极准备申请加入《欧洲区域或少数民族语言宪章》(以下简称《宪章》),乌克兰最高拉达于1999年批准该项文件。《宪章》旨在保护濒危语言,但是,《宪章》并未引起那些支持通过立法加强俄语在乌克兰的使用以及赋予其官方语言地位的政治力量的关切。虽然赋予俄语第二国语或官方语言地位的要求在历届总统选举过程中总会占据一席之地,但俄语的实际使用范围和发挥的实际功能,在乌克兰的法律法令中没有得到明确,相反乌克兰政府人为地压制俄语的功能和限制使用范围,这在社会上引起了强烈不满,加之一些所谓的社会精英利用这种不满,为在各种选举中获得民众的支持,人为地制造社会矛盾,这就是今天乌克兰闹到民族矛盾激化、国家到分裂边缘的原因之一。

近些年,乌克兰东部、南部一些区域或自治市政府权力机关,依据上文提到的《宪章》,抵制语言交际领域的乌克兰化政策,地方政府在说俄语公民占大多数的区域将俄语视为地区官方语言。然而这些地区的法院判定他们的行为不符合乌克兰法律,违反了宪法,司法部也支持地区法院的判决。但是,2007年2月顿涅茨克州法院受理上诉的法院驳回地区法院的决议,支持赋予俄语在相应地区发挥区域语言的官方地位。这引起乌克兰民族主义者的不满,强烈要求撤回此项判决,一些政客们也趁机大放厥词、浑水摸鱼,欺骗不明真相的群众,人为地制造民族之间的不满和矛盾,拉拢民族主义者为自己的政治前途服务,为自己在今后的各类选举中投票,但这给乌克兰各个民族之间造成了难以弥合的创伤,乌克兰各民族之间和谐由此丧失殆尽。

我们可以大胆地预测,在乌克兰赋予俄语区域层面上官方语言地位的尝试未来可能会变成现实。西方学者、俄罗斯学者及乌克兰部分学者对乌克兰各地区公民关于俄语与乌克兰语的使用情况,以及他们对这两种语言的态度等,利用社会语言学原理进行了深入的社会调查研究,他们的研究表明,乌克兰未来的语言走向是双语制,即乌克兰语和俄语，这也可能是乌克兰走向民族团结、社会稳定、国家统一、经济发展的唯一正确之路。

在此，我们以乌克兰人口普查数据和一些学术组织和社会组织所做的社会调查作为依据，分析乌克兰语言现状的特点，以及俄语的主要社会功能和使用范围。

2001年全乌克兰人口普查数据显示，乌克兰有乌克兰族人3750万（78%），俄罗斯族人830万（18%）。67.5%的受调查者认为母语是乌克兰语。这与1989年全苏联人口普查数据相比，把乌克兰语当作母语的人数增加了2.8%，与此同时，俄语的拥护者减少了3.2%。[1]但是，正如阿列里和古鲍格洛所说的那样，人口普查的"母语"情况并不能充分反映一个国家公民实际使用相应语言的情况。为了能更充分地说明乌克兰语言现状的特点，我们在分析乌克兰俄语和乌克兰语的使用情况时，会参考各方面学者的其他一些调查和研究成果。

在"民主前景"基金会所做的调查中包含这样两个方面的问题：一个是您的母语是什么，一个是在家里您使用哪种语言进行交谈。64%的受调查者认为母语是乌克兰语，35%认为是俄语。同时43.1%的受调查者指出，在家里用乌克兰语交谈；31.7%用俄语；而24.7%的受调查者的回答是，家庭交际语言既有乌语，也有俄语。[2]除此之外，"乌克兰社会舆论基金会"2009年2月做了一项关于"日常交际语言"的调查，51%的受调查者认为，日常交际语言是俄语，43%是乌克兰语，6%是乌克兰语和俄语混合使用。同时在乌克兰中部各州受调查者中，说乌克兰语的人（53%）多于说俄语的人（35%），6%使用乌克兰语和俄语混合语。该基金会2007年的调查数据则表明，47%的受调查者倾向于使用俄语，48%的倾向使用乌克兰语，而中部各州67%

---

[1] Официальные данные Всеукраинской переписи населения 2001г. (http://www.ukrcensus.gov.ua) 访问时间：2018.2.28。

[2] Фонд «Демократичні ініціативи», Громадська думка населения Украины 17－18 грудня 2008г., репрезентативное взрослое население сраны 18 лет и старше, объем выборки составил 2012 респондентов.

受调查者倾向于使用乌克兰语，26%倾向于使用俄语。[①] 2008年1月该基金会对乌克兰的语言使用情况又进行了一次调查，其结果表明，有46%的受调查者认为，俄语是自己的第一语言，47%的受调查者认为乌克兰语是第一语言，同时在中部各州，64%的受调查者认为乌克兰语是第一语言，28%的受调查者认为第一语言是俄语。该基金会2007年进行的调查所得数据与2008年1月的调查数据相比，说俄语的人数比例呈现出缓慢增长的趋势。

需要指出的是，这些非此即彼必择其一的调查结果并不能充分说明乌克兰的语言状况一定就是双语。应该说，这只说明了问题的一个方面。R&B所做的社会调查数据为我们提供了更加充分的关于乌克兰社会实际及潜在双语现象的信息。可以认为，R&B的调查是对前一调查的补充和肯定。从R&B调查中可以看出，乌克兰国民乌克兰语的掌握程度稍稍逊色于俄语。调查结果表明，现如今熟练掌握乌克兰语的公民大约占86%，而熟练掌握俄语的人数占92%。从表4—2可以看出乌克兰公民对乌克兰语和俄语的掌握情况：

表4—2　　　　　　受调查者个人语言掌握情况（%）

	熟练掌握	较好掌握	基本掌握	不会	难以回答
乌克兰语	57	29	11	3	—
俄语	68	24	5	1	2

资料来源：Research and Branding, ПРЕСС—РЕЛИЗ ПРОЕКТ《R&B—ОМНИБУС, 2-я волна. Ноябрь 2006》(http：//www.rb.com.ua/rus/politics/research/2006/282.html). Опросы проводились 5-15 ноября 2006 года, репрезентивное взрослое население страны старше 18 лет, обьем выборки составил 2215 респондентов.

可以看出，有97%的受调查者在日常生活中可以用乌克兰语交

[①] Фонд《Общественноемнение》, Мнения и взгляды населения Украины февралe 2009. (http：//bd.fom.ru/report/map/ukrain/ukrain_eo/du090225), Опросы проводились 2-11 февраля 2009г., репрезентитивное взрослое население страны 18 лет и старше, обьем выборки составил 2000 респондентов.

流，99%的可以用俄语交流。因此可以说，几乎所有的乌克兰人都是双语人，至少在某种程度上是双语人。比兰钮科指出，也有可能是受调查者高估了自己的语言知识水平，尤其是乌克兰语的水平。我们似乎发现，某种类似于母语的随意选择是受某种思想倾向的影响。虽然这些数据不能表明区域划分下不尽相同的双语程度，但我们能看到，说俄语的人的数量较多，其中不仅仅是俄罗斯族人，还有那些把俄语当作母语的非俄罗斯居民。值得注意的是，这次调查是在全国范围内进行的，而不只是在东部及南部这些俄语区。

乌克兰公民对待俄语及乌克兰语的态度问题关涉到乌克兰公民对待乌克兰政府的态度，或者说，在乌克兰政府极力推崇乌克兰语为唯一国语，在国内全面实行乌克兰化，彻底去俄罗斯化和俄语化的背景下，乌克兰公民对待语言的态度至关重要。一些社会科学工作者对此作了深入细致的科学研究和社会调查实证研究。譬如，在 R&B 所做的社会调查中，就俄语和乌克兰语哪种语言应该成为国语，受调查者的回答基本反映了乌克兰国民的基本语言倾向（详见表4—3）：

表4—3　　　　受调查者认为的乌克兰国语的百分比（%）

语言	百分比
乌克兰语	45
两种语言：乌克兰语与俄语	52
难以回答	3

资料来源：Bilaniuk, S. Melnyk, "A Tense and Shifting Balance: Bilingualism and Education in Ukraine", *The International journal of Bilingual Education and Bilinggualism*, No. 11, 2008。

表4—3表明，在涉及语言政策方面的一些问题时，乌克兰公民形成了两大阵营：第一，认为国语只能是乌克兰语的占受调查人数的45%；第二，倾向双国语，认为乌克兰语与俄语均为国语的占受调查总人数的52%。

"民主前景"基金会大约与R&B社会调查同期进行的类似调查结

果更详细地反映了乌克兰公民对俄语成为区域或官方语言地位的态度（详见表4—4）：

表4—4　社会舆论如何看待乌克兰一些主要语言的地位问题（%）

语种	2006年12月	2007年12月
乌克兰语必须是唯一国语，俄语自由使用	40.30	41.90
乌克兰语是唯一国语，在俄语区俄语可以是官方语言	19.40	19
必须实行乌克兰语与俄语双国语	35.30	30.30
其他	—*	0.90
很难回答	5	7.90

注：* 在2006年12月的问卷调查中，未涉及此问题。

资料来源：Фонд《Демократичні ініціативи》, Громадська думка щодо статусу основних мов в украины（http://dif.org.ua/ua/poll）. Опросы проводились 5–18 декабря 2007г., репрезентативное взрослое население сраны 18 лет и старше, обьем выборки составил 1800 респондентов.

"民主前景"基金会调查结果表明，1/3（30.3%）左右的公民认为，乌克兰必须实行乌俄双国语制。与此同时接近2/3（60.9%）的受调查者赞同乌克兰语应为唯一国语。除此之外，乌克兰语唯一国语地位的拥护者也形成两大阵营：41.9%左右的受调查者支持乌克兰语必须是唯一国语，俄语自由使用；约19%的受调查者支持乌克兰语为唯一国语，在俄语区俄语应为官方语言。

在"乌克兰社会舆论基金会"所进行的社会调查中还就是否"赋予俄语第二国语地位"这个问题进行了问卷调查。他们的调查数据表明，大多数受调查者（55%）赞成赋予俄语第二国语的地位。这里需要指出的是，由于各机构在进行社会调查时使用的方法有原则上的区别，调查结果就不尽相同，在此不作详细评析，所以我们对"乌克兰社会舆论基金会"于2008年所做的社会调查结果和

R&B 与"民主前景"基金会于 2006 年进行的社会调查所得结果不做比较。同时，以上调查所得数据也不足以断定就一定存在这样或那样一个趋势，即乌克兰公民在这两年期间加大支持提高俄语地位。但是，比较"赋予俄语第二国语地位"与"日常交际语言"这两个问题所得数据，基本反映出这样一个有趣的事实：说俄语的人数与推崇俄语的人数之间还是存在较大差别。例如，2008 年的一些社会调查显示，乌克兰中部地区的大多数受调查者（60%）认为，乌克兰语是日常交际语言，32% 的认为俄语是日常交际语中常用的语言，然而 41% 的受调查者（说俄语的人数实际在增加）赞成赋予俄语第二国语地位。这说明乌克兰一些说乌克兰语的人也可能赞成俄语在乌克兰的第二国语地位。当然，存在这种不吻合现象也是正常的，这在一定程度上表明，俄语在乌克兰社会的实际使用情况，以及人们对待俄语的态度，但我们必须要关注这种差异，这种现象可能在一定程度上反映出乌克兰未来的语言走向。

地区党是以前总统亚努科维奇为党主席的乌克兰最主要的政党之一，这个党派的特点是较乌克兰其他党派在对待民族和语言问题上相对温和一些，主张与西方合作，也不割断与俄罗斯的联系，赞同乌克兰语是国语，也支持赋予俄语第二国语的地位。学者尤科·西姆爱基就地区党关于赋予俄语第二国语地位的问题，在乌克兰国内各地区进行了广泛深入的调查和实证分析。从该学者的调查分析可以看出，乌克兰各个地区对俄语是否应具有第二国语地位的态度不尽相同（如图 4—8），但从图 4—8 可见，超过一半的乌克兰公民赞成赋予俄语第二国语的地位。

从图 4—9 可以看出，乌克兰大多数公民支持赋予俄语第二国语的地位，这与乌克兰政府关于乌克兰语是唯一国语的态度大相径庭。由此可以判断，乌克兰的语言问题是一些政客们操弄的政治游戏，并非乌克兰大多数民众的意愿。也可以说，乌克兰执行的语言政策违背大多数民众的意愿，是强奸民意。目前，乌克兰国内的乱局是由政客们一手造成的。

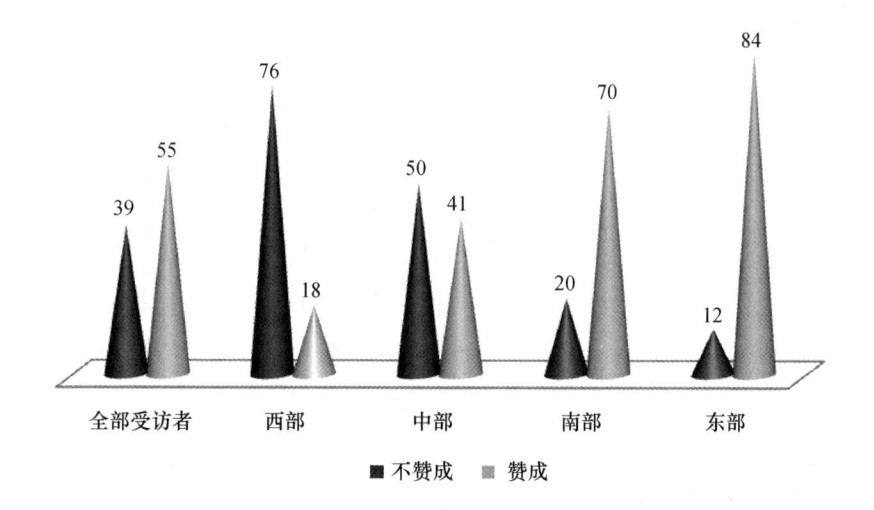

图 4—8 您个人对赋予俄语第二国语地位是否赞成？

资料来源：Русский язык в Украине：анализ факторов, связанных с использованием русского языка и отношением к русскому языку двуязычного населения-страница. http://zakon.znate.ru/docs/index-18876.html?page=9, 2017.10.15。

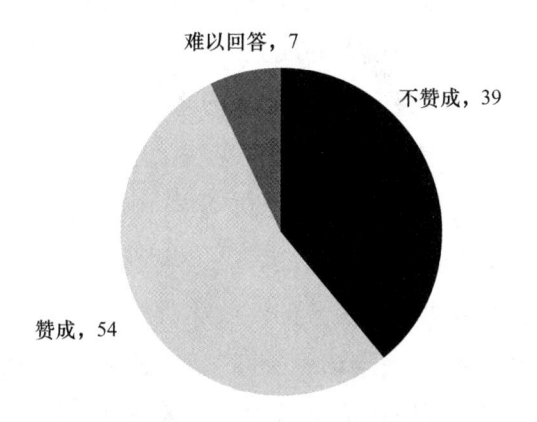

图 4—9 乌克兰公民对待俄语是否赋予第二国语地位的总体态度（%）

在乌克兰对国外影片的翻译是用俄语还是乌克兰语曾引起激烈争论。这场争论起源于 2006 年，一直持续到 2008 年年初。研究这场争论会让我们对乌克兰的语言问题以及乌俄两种语言之间的力量对比关系有一个更加全面的了解。

众所周知，大众传媒影响语言地位，影响语言的实际使用状况。

因此对于推崇乌克兰语的乌克兰人来说把外国影片翻译成俄语是一个非常严重的问题，他们当然要表达自己的不满、关切，甚至反对，并态度十分鲜明地要求电影推广者保证把外国影片翻译成乌克兰语，而非俄语。

但影片译制者有他们自己的考量，如若把外国电影译制成乌克兰语，由于受众人数会减少，这将会增加公司相应的财务负担。所以乌克兰电影推广者一直坚持用俄语翻译外国影片的主张，但这一主张受到来自社会各方的压力，特别是来自乌克兰政府的反对，最终迫使他们放弃了自己的用俄语翻译影片的观点。外文电影译制推广者屈从乌克兰文化及旅游部的决定，"到2007年底传媒公司需将译制成乌克兰语的外文影片的份额增加至接近全乌克兰进口电影的50%以上（针对儿童的影片应增加至接近100%）"。由于乌克兰人把国外影片翻译成乌克兰语的水平不高，电视放映的译制成乌克兰语的影片质量不佳成为一个严重的问题。为了尽快扭转这种局面，乌克兰文化及旅游部加大了对译制影片的监控力度，并成立外国影片译制评审委员会，规定必须通过评审委员会来保证译制影片的质量。

接着，2007年12月20日乌克兰宪法法院通过了《电影法》。该法规定：外文影片在乌克兰放映之前必须首先翻译成带有国语（乌克兰语）配音或国语字幕的形式。之后，这些影片也可翻译成带有少数民族语配音或者少数民族语字幕的。俄罗斯外交部则认为，该法案违反了《欧洲区域或少数民族语言宪章》，并提出了强烈抗议和反对。这个因语言问题引起的矛盾成了一次严重的外交事件，俄罗斯和乌克兰的关系也因此蒙上了阴影。

那么，乌克兰公民如何看待译制成乌克兰语的外国电影呢？一些调查组织作的调查中包含了乌克兰公民对待这一问题态度的相关内容，调查数据表明了乌克兰公民对宪法法院关于该决议的态度。"R&B"在《电影法》通过之前在民众中进行深入调查，其问题是："电视转播节目和乌克兰语译制的电影是否限制了说俄语居民的民主权?" 37%的受访者完全赞同翻译成乌克兰语，25%的态度暧昧，既赞同也反对，38%的受访者完全反对把外国影片翻译成乌克兰语的规定。在宪法法院通过《电影法》之际，"First Movies"公司于2007年12月进行了一项调查。调查结果表明，只有11%的乌克兰公民反对增加乌克兰语译制影片数量，19%的受调查者认为有必要增加乌克兰语译制影片数量，还有24%的支持乌语译制片，30%的对是否增加乌语译制片保持中立。比起正面评价，还有16%的受调查者对增加乌克兰语译制影片数量持否定态度。除此之外，"乌克兰社会舆论"基金会就"您是否赞成乌克兰宪法法院关于用乌克兰语译制外文影片的决议?"进行问卷调查，其结果显示，只有28%的受调查者持肯定态度，62%持否定态度，10%的受调查者未给予回答。大多数人支持增加乌克兰语译制影片数量，但对宪法法院的强制规定持否定态度（详见表4—5）。

表4—5　乌克兰各个地区对乌克兰《电影法》的态度（%）

	赞成	反对
所有受调查者	28	62
西部	71	17
中部	29	60
南部	11	80
东部	10	83

资料来源：УНІАН, Якою мовою хочуть дивитися кіно українці（http：//culture. Unian. Net/ukr/detail/186148） 05.02.2008. репрезентативное взрослое население сраны 14－49, обьем выборки составил 808 респондентов.

学者尤科·西姆爱基就乌克兰公民是否赞成乌宪法法院关于用乌克兰语译制外文影片的决议进行了调查实证研究，其结果如图4—10和图4—11所示：

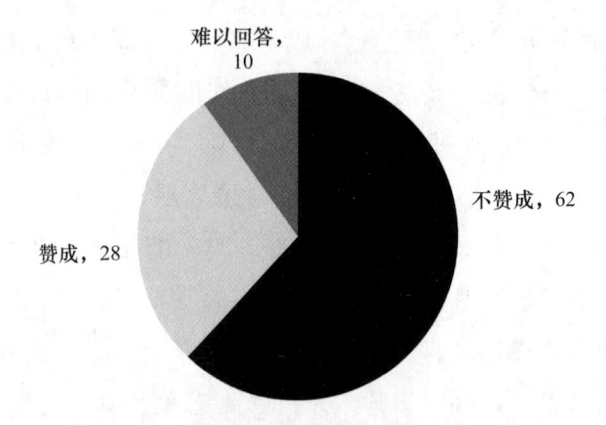

图4—10 您是否赞成乌克兰宪法法院关于用乌克兰语译制外文影片的决议？

资料来源：Русский язык в Украине：анализ факторов，связанных с использованием русского языка и отношением к русскому языку двуязычного населения-страница 9（http：//zakon. znate. ru/docs/index – 18876. html？page = 9）。

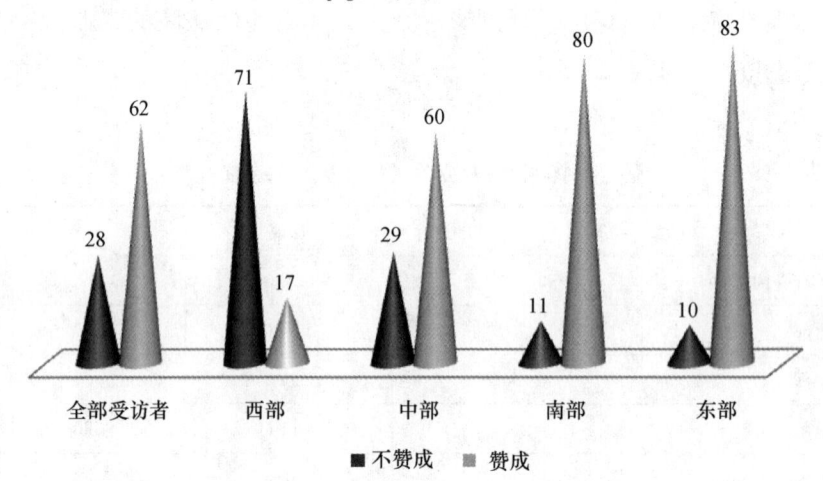

图4—11 乌克兰各不同地区公民对乌克兰宪法法院关于把外国
电影翻译为乌克兰语的决定的态度

资料来源：Русский язык в Украине：анализ факторов，связанных с использованием русского языка и отношением к русскому языку двуязычного населения-страница 9（http：//zakon. znate. ru/docs/index – 18876. html？page = 9）。

关于乌克兰公民在日常交际中使用语言的情况，学者尤科·西姆爱基也就此问题进行了定性和定量分析，其研究结果如图 4—12 和

图 4—13 所示：

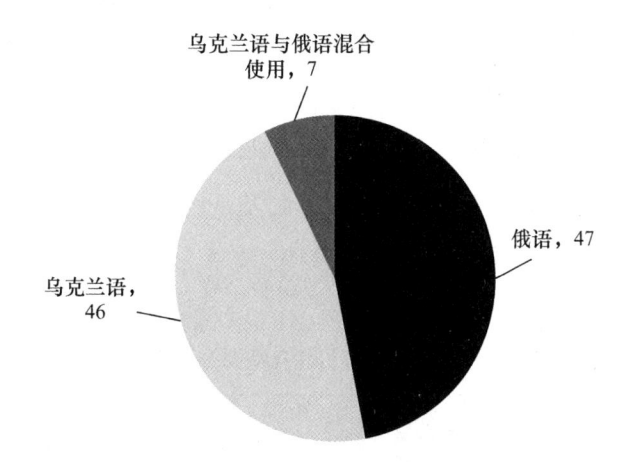

图 4—12　乌克兰公民日常交际使用语言状况（总体情况）（%）

资料来源：Русский язык в Украине：анализ факторов, связанных с использованием русского языка и отношением к русскому языку двуязычного населения-страница . http：//zakon. znate. ru/docs/index - 18876. html？page = 9。

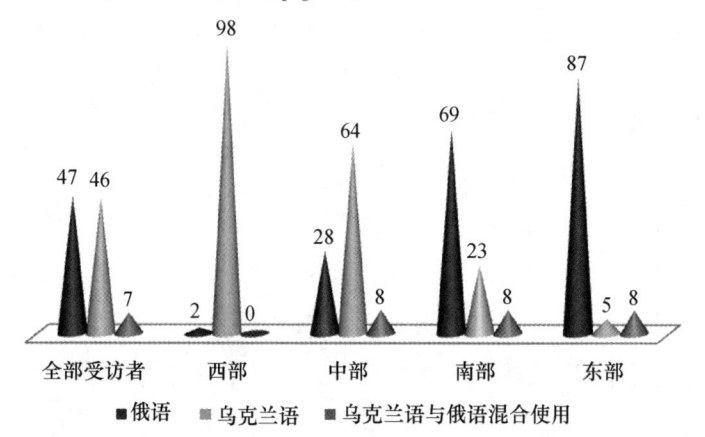

图 4—13　乌克兰不同地区在日常交流中使用语言的情况（%）

资料来源：Русский язык в Украине：анализ факторов, связанных с использованием русского языка и отношением к русскому языку двуязычного населения-страница . http：//zakon. znate. ru/docs/index - 18876. html？page = 9。

为了进一步说明乌克兰公民在现实生活中使用俄语以及对待俄语的态度，"乌克兰社会舆论"基金会对乌克兰公民在日常交际中使用俄语的情况进行调查研究，其结果显示，说俄语的受调查者的数量与不赞成上文指出的宪法法院决议的受调查者数量不吻合，这种不吻合在中部地区显得尤为突出。中部地区64%的受调查者回答，他们的日常交际语言是乌克兰语，28%回答是俄语，然而，大部分（60%）的受调查者却不赞同宪法法院关于用乌克兰语译制外国电影的决议。关于在乌克兰不同地区使用俄语、乌克兰语，以及俄语和乌克兰语混合使用的详细情况参见表4—6：

表4—6　乌克兰各地区乌克兰语、俄语和乌俄混合语使用情况（%）

	乌克兰语	俄语	乌俄混合语
所有受调查者	46	47	7
西部	98	2	0
中部	64	28	8
南部	23	69	8
东部	5	87	8

根据以上分析不难发现，在不同于东部以及南部俄语区的中部地区，大多数乌克兰公民至少在某种程度上掌握了两种语言：俄语和乌克兰语；还会发现类似的另一个现象，实际说俄语的受调查者的数量与赞同赋予俄语第二国语地位的受调查者的数量也不完全吻合。这说明，乌克兰的语言使用现状与其公民对待语言政策的态度互相矛盾，作为乌克兰语言问题的研究者更关心的正是出现这种矛盾现象的原因。笔者以此为基点，分析如下：

首先，分析影响乌克兰公民关于使用俄语和对待俄语态度的一些因素。在这一部分中分析使用俄语的特点与对俄语的态度，将以2006年在基辅所进行的社会问卷的调查数据为依据。

2006年9月乌克兰学者就上述问题在基辅大学进行问卷调查，并就此问卷进行科学分析。此次调查共发放问卷184份。这次调查问卷结果与其说用于描述基辅地区的语言状况，不如说是为了说明并分析影响国民选择俄语还是乌克兰语的因素,以及说明在部分重合人群之间的差异,如操俄语和支持使用俄语人之间的不同。学者关注的重点是,不同受访者群体对待俄语和乌克兰语的态度。为了分析结论的真实可信,问卷制定者使用了社会问卷计算分析结果的科学分析方法。根据事先确定的研究任务,调查问卷主要包括四个方面的内容:从出生就使用的语言(不区分母语还是非母语)、对待俄语和乌克兰语的态度、在不同场景下选择使用的语言、使用混合语言及对待混合语言的态度等。[①] 为了说明哪种语言是受访者的母语,调查者设计了这样一些问题,如您在童年时期使用哪种语言?您更精通哪种语言?同时为了更好地了解基辅大学生在学习和工作中使用俄语或乌克兰语的情况,调查者设计了这样一个问题:您认为使用哪种语言更有荣耀感。除此之外,调查者通过问卷获得了在不同场合选择交际语言的情况,如与父母、学校老师及朋友等交流使用双语语言的情况。通过调查问卷,学者们同时获得了受访者看电视节目及在互联网使用语言的情况,以及受访者使用混合语的情况及其态度等(详见表4—7)。

表4—7　　　　　　　　受访者更愿意使用的语言(人)

	俄语	俄语和乌克兰语	乌克兰语
母语	44	8	132
孩童时期使用的语言	91	28	65
与父母交流的语言	92	16	76
最精通的语言	75	14	62

资料来源:Русский язык в Украине:*анализ факторов*,*связанных с использованием русского языка и отношением к русскому языку двуязычного населения-страница* . http://zakon.znate.ru/docs/index-18876.html? page=9,2017.4.7。

表4—7清楚地展示出,受访者的语言特性以及对待俄语和乌克兰

---

① 这里的混合语是指乌克兰公民在各种交际场合把俄语和乌克兰语交替使用的情况,以及在俄语中夹杂使用乌克兰语,或在乌克兰语中夹杂使用俄语的情况。

语的使用偏好。学者们的研究是开放性的，受访者不局限于用一种语言回答。

把乌克兰语视为母语的受访者占大部分，为71.7%；另23.9%的受访者承认，俄语是常使用的语言，而4.3%的受访者认为，俄语和乌克兰语均为母语。同时，问卷中关于孩童时使用的语言、与父母交流的语言、您最精通的语言，回答是俄语和乌克兰语的数量基本相等。

表4—8反映了受访者（184人）对待俄语和乌克兰语的态度，以及他们对两种语言的评价（详见表4—8）。

表4—8　　　　受访者对俄语和乌克兰语的态度（人，%）

问卷内容	乌克兰语	俄语
为了工作需要	75（40.76）	26（14.13）
为了获得高等教育需要	66（35.87）	45（24.46）
有威信的语言	26（14.13）	22（11.96）
城市语言	28（15.22）	43（23.37）
农村语言	13（13.04）	2（1.09）
能流利交流的语言	74（39.19）	134（72.83）
因为是乌克兰公民，必须掌握乌克兰语	157（85.33）	—

表4—9中展示的是，受访者在看电视时更愿意看哪种语言的频道及在使用互联网时常用哪种语言。

表4—9　　　　在看电视和上网时经常使用哪种语言（人，%）

	俄语	俄语和乌克兰语	乌克兰语
看哪种语言电视节目的频道	23（12.5）	126（68.5）	31（16.8）
在互联网上使用哪种语言	62（33.7）	84（45.7）	18（9.8）

资料来源：Русский язык в Украине: *анализ факторов, связанных с использованием русского языка и отношением к русскому языку двуязычного населения-страница*. http://zakon.znate.ru/docs/index – 18876.html? page =9，2017.4.7。

表4—10 显示的是，乌克兰公民使用混合语的情况及其态度。

表4—10　　　　　使用混合语情况及其态度（人）

	1	2	3	4	5	平均值
是否使用混合语：1（经常）—5（从不使用）	3	21	64	59	34	3.557065
对使用混合语的态度：1（肯定态度）—5（否定态度）	0	10	16	55	100	4.352495
使用城乡语言的态度：1（肯定）—5（否定）	1	4	9	35	132	4.618785

资料来源：Русский язык в Украине: анализ факторов, связанных с использованием русского языка и отношением к русскому языку двуязычного населения-страница. http://zakon.znate.ru/docs/index-18876.html?page=9，2017.4.7。

关于乌克兰公民对俄语地位的态度问题，我们引用乌克兰四大社会学研究中心（КМИС、Рейтинг、СОЦИС、Центр имени Разумкова）在2017年进行的关于乌克兰公民对俄语地位的态度问题的调查研究，调查数据表4—11表明：全乌克兰有66.2%的公民认为解决乌克兰语言问题的最好方式是乌克兰语必须为唯一国语，俄语和其他语言可自由使用；而仅有11.1%的公民认为可赋予俄语在某些地区官方语言的地位。①

表4—11　　2017年社会学调查数据（乌克兰解决语言问题的最好方式）（%）

解决乌克兰语言问题的最好方式	全乌	18—24岁	25—35岁	36—45岁	46—55岁	56岁及以上
乌克兰语是唯一国语，俄语和其他语言可自由使用	66.2	69.1	67.0	68.8	65.4	63.8
乌克兰语和俄语双国语	20.3	17.4	18.9	19.0	21.1	22.4
乌克兰语是唯一国语，俄语在一些地区是官方语言	11.1	11.1	11.5	9.7	11.5	11.2
拒绝回答或不知道	2.4	2.4	2.5	2.5	2.0	2.6

---

① https://ru.tsn.ua/ukrayina/identifikaciya-nacii-ukraincy-rasskazali-o-svoih-nacionalnosti-yazyke-veroispovedanii-es-i-nato-879922.html。访问时间：2017年5月5日。

基辅国际社会学研究所（КМИС）于 2015 年 2 月 14 日至 24 日进行了一次全乌克兰社会舆论调查研究，对居住在乌克兰各州（除克里米亚共和国）180 个居民区的 2013 名受调查者采用了单独采访的调查方式，这些受调查者是随机挑选的具有代表性的 18 岁以上的公民。对除克里米亚共和国的乌克兰各州采用同样的调查方式，这其中包括顿涅茨克州及卢甘斯克州。当研究人员询问受调者关于涉及乌克兰俄语的国家政策的走向问题时，代表全乌克兰超过一半，即 52% 的受调查者认为，如果一个地区的大部分公民认为应该赋予本地区俄语官方语言的地位，那么在这个地区就需赋予俄语官方语言的地位，持这种态度的受调查者的数量与 2013 年的 47% 相比，增加 5%；21% 的受调查者认为应该把俄语从官方事务中排挤出去，而 2013 年的调查结果为 19%，差距不明显；19% 的受调查者认为应该赋予俄语第二国语的地位，与 2013 年的 27% 相比，减少 8%。[①] 由此可以推测出，全乌克兰超过一半的公民认为，如果一个地区的大部分公民认为应该赋予本地区俄语官方语言的地位，那么在这个地区就需赋予俄语官方语言的地位，他们认为这将是一种可行的办法。关于乌克兰公民对待俄语态度的变化详见表 4—12。

表 4—12　　　2013 年和 2015 年乌克兰公民对俄语地位的态度
（乌克兰关于俄语的国家政策走向）（%）

乌克兰关于俄语的国家政策走向	2013 年	2015 年
如果一个地区的大部分公民认为应该赋予本地区俄语官方语言的地位，就应赋予该地区俄语官方语言地位	47	52
应该赋予俄语第二国语的地位	27	19
应该把俄语从官方事务中排挤出去	19	21
很难回答或不知道	7	6
没有回答	0	2

---

① http：//kiis.com.ua/? lang = rus&cat = reports&id = 517&page = 1，2018 年 2 月 15 日。

2014年2月，乌克兰最高拉达（议会）废除了规定俄语作为官方语言的《国家语言政策基本法》。3月3日，乌克兰过渡政府总理亚采纽科宣布，关于废除《国家语言政策基本法》的提议并未在议会获得通过。乌克兰宪法法院从2016年11月起开始审议《国家语言政策基本法》的合法性等事宜。2017年年初，乌克兰最高拉达审议新的国家语言法案草案，该法案旨在进一步乌克兰化。法案草案中规定，乌克兰语应当成为生活和工作中大部分领域里所必须使用的语言，违法使用俄语将会被处以罚款。如今虽然我们还不知这部国家语言法案草案审议的结果如何，根据2017年社会学调查数据显示，仅有11.1%的公民认为可赋予俄语在某些地区官方语言的地位，而2015年数据显示全乌超过一半的公民认为，如果一个地区的大部分公民认为应该赋予本地区俄语官方语言的地位，那么在这个地区就需赋予俄语官方语言的地位，他们认为这将是一种可行的办法。我们可以认为乌克兰公民对于俄语在一些地区的官方语言地位的态度变化还是极大的，但2017年数据又表明全乌克兰有66.2%的公民认为乌克兰语必须为唯一国语，俄语和其他语言可自由使用，这说明虽然乌克兰公民对俄语官方语言地位的态度变化极大，但对俄语的自由使用还是赞同的。

第四节　分析与余论

本节将应用上文列举的数据材料，分析乌克兰公民在不同社会场合喜欢何种语言进行交际，以及他们对待不同语言的态度以及使用混合语言的情况。

首先，为了分析在不同环境中选择语言的情况，研究者对问卷中的每一个问题取平均值，把1视为回答俄语，把2视为回答乌克兰语，把0视为回答俄语和乌克兰语。表格中包含母语、孩童时代使用的语言、与父母交流的语言、最流利的语言、与朋友交流的语言、在学校与老师交流的语言、在看电视选用的语言频道、在互联网使用的语言。这些平均值表示对一种语言的喜好程度：负值表示大部分受访者选择乌克兰语；正值表示大部分受访者选择俄语（详见图4—14）。

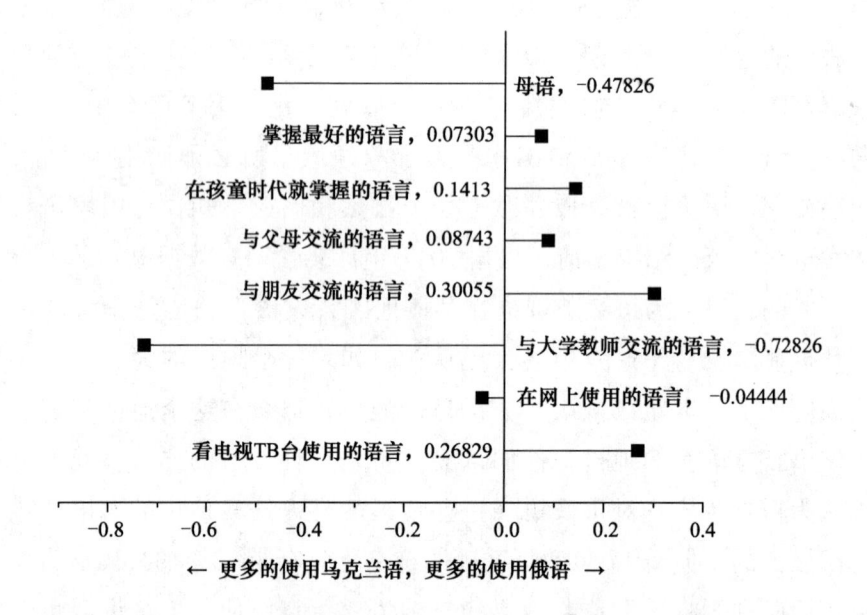

母语，-0.47826
掌握最好的语言，0.07303
在孩童时代就掌握的语言，0.1413
与父母交流的语言，0.08743
与朋友交流的语言，0.30055
与大学教师交流的语言，-0.72826
在网上使用的语言，-0.04444
看电视TB台使用的语言，0.26829

← 更多的使用乌克兰语，更多的使用俄语 →

图4—14　乌克兰公民在不同环境下选择使用语言的取向

资料来源：Русский язык в Украине：*анализ факторов*，*связанных с использованием русского языка и отношением к русскому языку двуязычного населения-страница*. http：//zakon. znate. ru/docs/index – 18876. html? page = 9，2017. 5. 6。

图4—14表明受访者在各种不同场合选择语言的偏好。问卷结果表明，俄语的使用面要比乌克兰语广泛，例外的一点是，受调查者常用母语与老师交际、观看电视节目。

表4—8表示受访者对待语言的态度，关于"在大学学习中必需"一条（P＜0.001）①、关于"为了工作的需要"一条（P＜0.001）②、

---

① 根据 χ^2 统计，结果显示：χ^2 = 18.1885，df（自由度）= 1，p-value（置信概率）= 2.001e – 05。

② 根据 χ^2 统计，其结果显示，χ^2 = 16.499，df（自由度）= 1，p-value（置信概率）= 4.868e – 05。

关于"农村语言"一条（P<0.01）① 等项中选择乌克兰语的明显多于俄语。可见，受访者认为，为了学习和工作之需更有必要选择乌克兰语，而不是俄语。尽管乌克兰语在乌克兰社会的实用性比俄语高，但受访者仍然认为乌克兰语是农村使用的语言。

为了弄清楚哪些受访者持上述观点，学者们分析了受访者选择语言的倾向和对待语言的态度。关于"乌克兰语在大学学习中是必需的"这一条和"与父母交流语言"（P<0.05）②，以及您最流利使用的语言（P<0.05）③ 有联系。社会调查数据显示，与父母只用乌克兰语交流或者精通乌克兰语的人数多于其他人，且把乌克兰语视为在大学学习必须掌握的语言。在"乌克兰语是工作岗位必备的语言"这一条与"您最流利使用的语言"有联系（P<0.05）④。自认为精通俄语的受访者比其他人更愿意把乌克兰语视为工作必需的语言。

根据关于在看电视和互联网使用语言的数据可以看出，在看电视时更倾向于观看乌克兰语频道的电视，但在互联网上则更愿意使用俄语（P<0.05）⑤，受调查者观看TB电视台节目时，明显与"您精通的语言"项有联系（P<0.05）⑥，精通乌克兰语的受访者倾向于观看乌克兰语电视节目。

关于在评估乌克兰语与使用的相关性时，调查问卷者采取的方法是，同意对乌克兰人来说乌克兰语是必需的观点，以及使用乌克兰语

---

① 根据 χ^2 统计，其结果显示，$\chi^2 = 6.8431$，df（自由度）= 1，p-value（置信概率）= 0.008898。

② 根据 χ^2 统计，其结果显示，$\chi^2 = 10.4546$，df（自由度）= 3，p-value（置信概率）= 0.01579。

③ 根据 χ^2 统计，在这两个区间，统计结果显示，$\chi^2 = 14.0855$，df（自由度）= 5，p-value（置信概率）= 0.01508。

④ 根据 χ^2 统计，在这两个区间，统计结果显示：$\chi^2 = 6.5192$，df（自由度）= 2，p-value（置信概率）= 0.0384。

⑤ 根据 χ^2 统计，在这两个区间，统计结果显示：w = 18622，p-value（置信概率）= 1.397e−06. p-value（置信概率）= 0.04011。

⑥ 根据单尾分散分析结果，F = 4.3013，num df = 126.545.

是一种荣耀的观点，受访者表示，看电视时更愿意看乌克兰语节目，但是，认为乌克兰语是农村语言的受访者，在看 TB 电视台节目时，更愿意看俄语节目，认为俄语是工作需要的语言的受访者更愿意观看俄语电视节目。

根据 1993 年乌克兰议会通过的《关于电视台和电台法律》第 9 条之规定，电台或电视台必须使用国家语言（即乌克兰语），尽管允许乌克兰某些地区的电台、电视台的节目可以用少数民族语言播放，但同时规定，电台、电视台每天用乌克兰语播放的时间不应少于 75%。乌克兰政府采取的措施，实际上，在一定程度上限制了俄语使用者的语言权利，无形中在乌克兰民众中推广并普及了乌克兰语，限制了俄语在乌克兰社会的功能和作用，也正是乌克兰政府的这些不当举措，引发了乌克兰的民族矛盾，导致乌克兰的国家安全利益受到极大威胁。

诚如学者的调查研究所述，乌克兰民众在观看间接地与政治相关的电视节目时，不会在语言上做明确的选择，而是按照自己的兴趣或爱好选择电视节目观赏。另外，在乌克兰公民使用互联网方面，政府应尊重公民选择使用语言的权利，不能从行政角度限制公民使用语言的自由，政府不能规定公民只能使用哪种语言或不能使用哪种语言，因为互联网上使用的不仅有俄语和乌克兰语，还有其他语言。在使用互联网方面，在语言选择上明显受制于互联网本身语言的影响，因为互联网给使用者提供的是多种语言画面，使用者可根据需要自由使用互联网。在这里清晰地表现出下列倾向：政府部门对使用语言的限制越少，使用俄语的公民就越多。

同时，可以看出，在互联网使用语言的选择和"母语"范畴之间，以及对待使用混合语的态度之间有一定联系。把俄语和乌克兰语都视为母语的人，在使用互联网时，他们倾向于使用乌克兰语；认为母语是俄语的人在互联网上更愿意使用俄语。关于乌克兰公民使用混合语的情况及其态度方面，研究者对调查问卷结果的分析表明，受访者被指定在互联网上把乌克兰语作为必需的工作语言，那么这些人对待混合语的态度表现得则更为消极。

　　研究表明，在回答您是否混合使用乌克兰语和俄语这个问题时，这与受访者的母语有一定联系，那些既说俄语又说乌克兰语的人，并把乌克兰作为自己的母语的人，这类人使用混合语的情况比其他受访者要少，与其相类似的人群在与父母交流时只使用俄语，倾向于更少使用混合语，对使用混合语的态度与"您与父母交流使用哪种语言"有一定联系，与父母交流使用俄语的人对于使用混合语的问题一般不予关注，但对与父母交流使用两种语言的人来说，他们更愿意使用混合语。

　　对于视俄语为在高等学校必须使用的语言的人来说，他们倾向于更多地使用混合语；同意俄语在工作中是必需的受调查者倾向于更多使用混合语。

　　利用这些分析得出的结论，分析乌克兰公民使用俄语的情况，对待俄语的态度，以及公民使用混合语的情况和对待混合语的态度，由此可以弄清操俄语的人和支持俄语的人之间的关系。

　　正如表4—7和表4—8所示，在正式场合，如在大学或工作场所，受访者认识到乌克兰语的重要性，认为，作为乌克兰族人或乌克兰公民应该掌握乌克兰语。因此出现把乌克兰语作为母语的倾向更鲜明，尽管俄语，在这些问题中，如与父母交流的语言、孩童时使用的语言、和朋友交流的语言，比作为母语的乌克兰语更常用。这些公民在互联网上使用的语言大多是俄语，而不是乌克兰语。利用这些材料完全可以描述出在基辅地区大学生使用语言的图景，但也有学者认为，基辅大学生在正式场合更常使用乌克兰语，而在日常生活中则常使用俄语。关于看电视、使用互联网对语言选择的分析，对新闻媒体语言倾向的分析都证明，受访者在不受政府行政命令干预的情况下，更愿意使用俄语。

　　在乌克兰公民使用混合语的情况及其态度在很大程度取决于操俄语者和俄语支持者的态度。

　　关于受访者在对待混合语方面的不同态度，可以得出如下几点结论：

第一，受访者在互联网只使用乌克兰语者比其他人群更消极地对待混合语的使用；

第二，和父母交流只使用俄语的受访者比其他人群更少地使用混合语，同时，他们比其他人群更少地关注使用混合语的情况；

第三，双语母语、俄语、乌克兰语的受访者比其他人群更少使用混合语；

第四，与父母既用俄语又用乌克兰语交流的受访者比其他人群更多地使用混合语，但他们比其他人群更消极地对待混合语；

第五，同意在大学俄语是必需的语言受访者比其他人群更多地使用混合语；

第六，同意俄语在工作中是必需的语言受访者比其他人群更多地使用双语混合语。

通过以上分析，可以得出这样的结论，操俄语的（这里指的是只用俄语与父母交流者）人的混合语的使用和俄语支持者使用混合语的情况是，在正式交际场合这两类人群的态度是不一致的。相关社会问卷材料表明这样的可能性，即操俄语者和俄语支持者，是不同的，根据观察，那些在问卷中回答精通俄语者倾向于认为，乌克兰语是工作中必需的语言，但不认为俄语是工作中必需的语言。

另外，还发现一个有趣的现象，尽管乌克兰语的现状和社会声望得到操乌克兰语者的支持，但支持在正式场合使用俄语的人群不只是操俄语者，还有部分操乌克兰语者。关于乌克兰语在乌克兰的使用情况，很多研究者指出，对于乌克兰语是母语者来说，其实际人数不完全符合实际操乌克兰语的居民人数。以上操俄语者和俄语支持者不相符合的情况，这是人为地提高乌克兰语是其母语的乌克兰人的数量所造成的。

前面的表4—1显示，大部分乌克兰居民是双语人。调查问卷结果也证明，大部分人在不同场合既使用乌克兰语，也使用俄语。实践证明，这种双语现象提高了混合语的使用。由此可以认为，不依据交际情景和交流对象而使用双语（如受访者与父母交流使用双语）促使俄语与乌克兰语混合使用的扩大。应该注意到，与父母交流只用俄语的受访者和把俄语与乌克兰语都视为母语的受访者几乎是完全一致的。换句话说，以上这些群体在语言的使用上是十分稳定的：他们在与父母交流只用俄语，但在很多场合，除了在大学课堂上只使用俄语外，他们由于民族认同的高度一致把俄语和乌克兰语都认作母语。

从另一层面看，使用双语的人在一定场合与一定的交际者（如与父母用两种语言交流的受访者）在其他场合与其他人群交流时很难只使用俄语或乌克兰语。诚如以上所述那样，这种情况将促使乌克兰语和俄语的进一步混合使用。通过对表4—1的分析，可以得出这样的结论，受访者倾向于重新评价自己的语言水平。研究结果还表明，能自由讲俄语的受访者多于自由讲乌克兰语的受访者（如表4—5）。一些有识之士对语言混合使用表现出不安，俄语和乌克兰语长期混合使用，可能产生一种新型语言，可能使一些乌克兰人失去他们已精通的语言。在当下的乌克兰这类人群不断壮大，这类人群不赞成快速乌克兰化，这类人基本是俄语的支持者。

在这里需要指出的是，乌克兰的语言混用情况已十分严重，乌克兰语的本来面貌受到巨大冲击，乌克兰语除了和俄语的混用之外，还夹杂了许多英语和其他欧洲语言的元素，如西乌克兰的语言中波兰和乌克兰语混合使用也十分普遍。现在乌克兰语的语音、词汇、语法及句子结构发生了很大变异，乌克兰语的纯洁性受到很大冲击。这引起了学者特别是语言工作者的高度关注，呼吁防止外来语言对乌克兰语的不良影响，以防乌克兰语失去其本来面目，呼吁保持乌克兰语的纯洁性，否则长期照此发展下去，纯洁的乌克兰语可能不复存在，在乌克兰社会可能将出现一种以乌克兰语为基础的新型语言。

目前在乌克兰出现的这种现象，究其原因，实际上是一种非同化的双语现象。乌克兰的现实是，发话者和受话者在对话中经常使用两种语言，如一个人使用乌克兰语发问，而另一个人则使用俄语回答。另一方面，乌克兰语言文化圈的人经常极力说标准乌克兰语，并关注所使用语言的准确性。结果是，倾向于用准确语言表达思想、情感的乌克兰人往往不容易被双语现象同化。现在也有相当一部分乌克兰人倾向于使用纯洁的乌克兰语和俄语交际。

根据以上分析，可以看出，在乌克兰俄罗斯族不是操俄语者的全部。操俄语的人口在乌克兰人口构成中的分量应重新评估，对操乌克兰语人口的数量也应重新统计，特别是把乌克兰语视为母语的人口数量更应引起学界同仁的关注。乌克兰公民操乌克兰语和俄语的人口数量，也不像乌克兰1989年和2001年两次人口普查时所得出的结论那样，因为乌克兰公民在填报自己的母语和实际使用语言栏目时有很大的随意性，也不乏受当时社会政治的影响，违心地填报自己的母语或使用的语言。

由此可见，在当今的乌克兰，语言的基本面貌是乌克兰语和俄语并用，在不同地区、不同行业、不同族群、不同年龄的人群中使用乌克兰和俄语的情况迥然不同。另一种发展趋势是，乌克兰语和俄语混合使用，以及与英语和欧洲某些语言的混合使用，使乌克兰语的纯洁性遭受巨大破坏。

乌克兰的语言问题已不是一个一般性的社会问题，而是一个政治问题，这个貌似简单的问题已被复杂化。乌克兰的语言问题已与民族的团结和谐、国家的繁荣、经济的发展、人民的安居乐业、国家的安全稳定等一系列问题息息相关。因此，乌克兰的语言问题解决得是否成功，关系到乌克兰的方方面面，这不仅引起学者的注意，也引起了政界的关注。这一问题到底何时能得到妥善解决，仍是一个未知数，真可谓，路漫漫其修远兮，还需各界不断求索。

第五章

乌克兰的教育体制及语言使用情况

乌克兰的教育采用国家管理和社会自治相结合的模式。教育、科技、青年和体育部是国家教育主管部门，参与制定国家教育法规、教育发展纲要、教育标准和政策，统筹全乌克兰教育工作。地方教育由地方行政机构及地方自治机构负责管理并设专门的管理机构，各州及直辖市设教育局，基层和农村设教育管理处。地方教育管理机构负责向其所属学校拨款，为教育工作者及青少年提供社会保障，为学生就近入学并接受教育创造必要条件。

乌克兰教育体制由学前教育、普通中等教育、职业技术教育、高等教育（包括硕士、副博士和博士研究生教育）组成。

第一节 乌克兰学前教育及其语言状况

乌克兰学前教育情况与其独立之前相比，没有发生大的变化，在教育体制方面仍采用苏联时期的模式。故在这部分只对乌克兰学前教育的基本情况作简要描述。

根据乌克兰教育、科技、青年和体育部2010年11月的统计，目前乌克兰国内有1.5万所幼儿园，其中城市幼儿园0.67万所，农村有幼儿园0.88万所。与2009年相比，2010年乌克兰新增幼儿园235所。

目前有121.38万儿童在幼儿园生活学习，其中城市入园儿童达97.14万人，农村入园儿童达24.24万人，与2009年相比，2010年入园儿童增加了 1.93 万人。乌克兰适龄儿童的入园比率达到 56%，其中城市达到 68%，农村达到 33%。除此之外，在乌克兰小学开设了 0.28 万个班级，有 2.8 万名年龄为 5 岁左右的儿童在这里接受学前教育。乌克兰尚未入园的儿童主要在农村和小城市，其主要原因是这些家庭的经济收入低，或家长文化水平不高，认为孩子没有必要在幼儿园就读。

乌克兰幼儿园为孩子开设的课程主要有：数学、美学、人文、体育、卫生保健课程等。另外，幼儿园还开设了各种特长班，根据孩子的特点，培养孩子的各种特长。参加这种特长班的儿童达 69.55 万人之多，占儿童总数的 57.3%。

乌克兰学前教育最突出的问题是经费不足，一些幼儿园，特别是农村的一些幼儿园关闭，导致幼儿园数量不能满足实际需要。据乌克兰官方统计平均应容纳 100 名儿童学习的幼儿园实际接收了 108 名儿童学习。为了解决上述问题，乌克兰政府已决定，恢复前几年关闭的幼儿园，在居民集中的地区根据实际需要新建幼儿园，这一计划已付诸实施。乌克兰幼儿教育的另一问题是，严重缺乏合格的幼儿教师。由于幼儿教师的待遇较低，一些优秀的教师离开岗位，又没有新的幼儿教师及时补充，使乌克兰幼儿教育缺乏后劲。

乌克兰学前教育的语言状况与中等教育类似（详见乌克兰普通中等教育及其语言状况）。俄语学校和俄语学生人数呈逐年下降的趋势。以 2006 年为例，乌克兰语学前教育的学校占总数的 84.2%，而俄语学校只占总数的 7.4%。[①]

根据乌克兰前教育科技部副部长波利扬斯基在一次新闻媒体会上披露的信息看，2009 年乌克兰国内共有 983 所俄语幼儿园，在这些幼儿园共有 16.4 万学生学习。值得注意的是，在 2008—2009 学年乌克兰幼儿园总数达到 15.3 万所，在校学生大约为 113 万人。俄语幼儿园仅占乌克兰幼儿园总数的 6.4%，俄语学生占乌克兰适龄总人数

---

① http://www.unicef.org/ukraine/CRC Repport final RUS.doc.

的 14.5%。

据此可得出如下结论：

第一，学前阶段接受俄语教育的学生数低于乌克兰的俄罗斯民族的人数（2001 年人口普查俄罗斯族人口占乌克兰总人口的 17.3%），这个数字也远低于 2001 年人口普查时，把俄语称作母语的人数（29.6%）。

第二，2009 年在俄语幼儿园的学生数低于同年俄语中学的学生数（17.7%）。

第三，俄语幼儿园的数量呈逐年递减的趋势，从 2006 年的 7.4% 下降到 2009 年 6.3%。

乌克兰西部和中部俄语已完全从幼儿园被排挤出去，据新闻媒体报道，2006 年在基辅已找不到一家国立俄语幼儿园。目前乌克兰尚存的为数不多的幼儿园主要分布在东部和南部。[①]

第二节 乌克兰普通中等教育及其语言状况

一 基本情况

乌克兰实行 11 年普通中等教育制度，普通中小学是对青少年进行教育的综合学校。在保持普通中等教育各阶段统一的情况下，根据地区条件分别成立小学（1—4 年级），不完全中学（1—9 年级），和完全中学（1—11 年级），小学设有本族语、数学、自然、艺术、音乐、体育和劳动、外语等。小学毕业后直接升入不完全中学或完全中学。中学设有本族语、文学、数学、世界历史、乌克兰历史、社会学、地理、生物、物理、天文、制图、化学、外语、艺术、音乐、体育、劳动教学和初级军事训练等。学生读完九年级可以获得不完全中学教育证书，通过考试进入普通中学的十年级或中等职业技术学校继续学习。学生在完全普通中学毕业后可获得中等教育证书，通过考试升入高等学校或高等技术学校。

---

① http//www.nr2.ru/kiev/93388.html.

目前，乌克兰有普通中等学校 1.95 万所，其中农村有 1.32 万所，中小学在校学生约 420 万，其中农村在校生为 140 万。2010 年 9 月有 34.85 万名适龄儿童进入小学 1 年级学习，占适龄儿童的 86%，其中 10.55 万名进入农村小学读书，占农村适龄儿童的 81%。2010 年 9 月有 26.1 万 9 年级毕业生进入 10 年级中学读书，其中 8.7 万是农村学生。近几年来，由于乌克兰国内民族矛盾不断激化，国内爆发内战，经济大幅下滑，人民生活水平下降，政府无力顾及国民的教育等原因，乌克兰的教育水平急剧下降，适龄青少年的入学率比 2011 年之前减少了许多，这种现象在农村和中小城市表现得尤为突出。

乌克兰独立后，中等教育由单一的公立学校，向公立和私立学校并举发展，据不完全统计，乌克兰现有私立学校 200 多所，这些学校在管理体制、课程设置、用人制度、教师工资待遇等方面较公立学校更加灵活。

二　中等教育存在的问题与改革

（一）中等教育存在的问题

1. 乌克兰近几年经济发展缓慢，特别受国内危机影响，对教育的投入较少，教学条件普遍较差

主要表现在如下几个方面：学校的建筑物和教室内的课桌椅年久失修，实验室内的绝大部分实验设备陈旧老化，办公设备陈旧，等等。农村中小学的办学条件比城市中小学更差。

2. 师资力量严重匮乏

由于中小学教师工资待遇低，许多优秀教师离开了教学岗位，缺少教师的岗位又得不到及时补充，这一现象已持续了很长时间，已严重影响学校的教学质量。目前，乌克兰政府尚未出台摆脱这一困境的举措。

3. 缺乏年轻、优秀的管理人才

中小学校长普遍进入老龄期，而高学历、有经验、懂管理又愿意

投身中小学教育管理事业和教学的中青年人很少,严重影响了中小学教育的可持续发展。

(二)乌克兰中等教育的改革

乌克兰中等教育的改革主要表现在以下几个方面。

1. 中等教育多元化发展

乌克兰基础教育改革的趋势是不同学校可依据不同的教育理念培养学生,允许学校选择自己的教育体系,构建具有特色的学校教育活动。但前提是学校所选择的教学大纲、教学方法等在其实施前必须获得教育、科技、青年和体育部下设专家委员会颁发的许可证,审核教学大纲是否有利于学生的心理发展,是否体现民主化、人文化的理念。

2. 学校类型呈现出多元化的发展趋势

乌克兰新出现诸如实验中学、文科高级中学等,这些学校向学生提供比普通学校更多、更广泛、基础性更强的教育。学校类型的多元化,使各类学校有权选择自己的教育体系,构建富有特色的学校教育。此外,在乌克兰少数民族集聚地还开办了波兰、匈牙利、希腊、犹太和俄罗斯等少数民族学校、班级或文化中心,开展本民族文化传统的教育。

3. 中等教育学制为11年

2010年6月9日乌克兰议会举行听证会,经议会批准,中等教育学制规定为11年,第一次以法律的形式规定了中等教育的学制。

4. 加大对中等教育投入,改善办学条件,鼓励优秀毕业生投身中等教育

为解决农村学校发展相对滞后的问题,乌克兰政府采取了一些政策,相继出台了《乌克兰发展教育事业的紧急措施》《农村普通中等教育协调发展的规划》等。这些文件的出台,对解决乌克兰农村中小学目前存在的问题,有一定的推动作用。

5. 改革教学内容,使其更适合时代发展的需要,编写新教材

国家将划拨专项资金,资助出版中小学教材,学校教育内容的更

新是乌中等教育改革的重要组成部分。教学内容改革的一个明显特征是以乌克兰民族与人文价值作为构建内容的依据，开设了乌克兰历史、乌克兰地理、乌克兰语言与文学等学科，删去了与俄罗斯语言文学、历史相关的内容，"去俄罗斯化"在乌克兰的教育中表现得尤为突出。教育内容改革中的另一特点是克服过去过于统一与集中的课程模式，还学校一定的自主权。从统一的教学大纲向各种不同的教学大纲转变。例如，在新公布的中小学基础教学计划中，已区分出三个组成部分：按国家基本标准规定的基础部分、由地方自主决定的地区部分和学校自主选择的部分。国家部分是必修课程，地方部分是可选择的，学校部分则可由各校根据自身的特点与需要，自行选择，由此形成各校不同的办学特色与方向。根据乌克兰教育、科技、青年和体育部前部长塔巴奇尼克的建议，在乌克兰中学必须学习原版俄罗斯文学、重新将卫国战争这一术语编入中小学教科书等，这一提议尚未得到全面落实，就在一浪高过一浪的反对声中被淹没。

6. 增加实践活动机会

根据2010年5月通过的乌克兰11年制中等教育纲要的建议，乌克兰中小学学生除了学习文化知识外，还要从事工艺劳动等活动，为了不影响正常的教学，提议在星期六学生到各自的学校从事电子技术实践、公益劳动，协助教师和技术工作人员从事一些公益活动等，充分培养学生的特长，激发学生的学习潜能，培养学生的理论与实践的综合能力和独立思考能力。

乌克兰中小学每年的教学时数大致如下：1—2年级：700学时；3—4年级：790学时；5年级：860学时；6—7年级：890学时；8—9年级：950学时；10—11年级：1030学时。

三 乌克兰中等教育的语言状况与问题

教育领域历来是各个政治派别和政治力量角逐的重点对象，乌克兰的中等教育也未幸免。乌克兰独立后，把俄语还是乌克兰语作为教学语言，在国内引起激烈争议，一度引起混乱，给乌克兰的教育造成了许多负面影响。乌克兰中等教育的教学语言趋向单一化，即政府出台法律、法令，在教育教学中只使用乌克兰语。2004年乌克兰"橙色革命"后，时任总统尤先科采取了一系列措施，强化乌克兰语的国语地位。乌克兰前教育科技部曾规定，禁止乌克兰境内的俄语学校毕业生使用俄语参加升学考试。亚努科维奇就任总统后，力挺俄语，根据其建议，2010年4月乌克兰前教育科技部发布命令，学校授课语言不再受限制，用何种语言授课由学校确定，学生可以选择自己喜好的语言听课，今后国家举行的考试、竞赛等，均采用多语制，即学生在学校学习哪种语言，就用哪种语言答题。现在乌克兰学校使用的语言又回到了尤先科时代，即政府强调只使用作为国语的乌克兰语。

纵观乌克兰的中等教育，政府出台了一系列不符合国情、不适合民意的政策措施、法律法令，给乌克兰国内的安全稳定带来了许多负面影响。这也引起了国内外许多仁人志士和专家学者的关注，他们投身到乌克兰语言问题的研究之中，为乌克兰政府和乌克兰人民的幸福安全献计献策。乌克兰人文政治国际研究所在这方面做了大量工作。譬如，对1992—2003年乌克兰全境及各个地区中等学校学生使用俄语和乌克兰语的情况进行了全面深入的调查研究，得出如表5—1所示的结果。

表5—1　1991—2003年乌克兰各地中等学校学生使用乌克兰语和俄语情况（%）

地区	教学语言	1991年	1996年	1997年	1998年	1999年	2000年	2001年	2002年	2003年
乌克兰全境	用乌克兰语教学	46	60	63	66	68	71	73	74	76
	用俄语教学	54	40	37	34	32	29	27	26	24
东部和南部（11个地区）	用乌克兰语教学	22	29	32	34	37	40	44	47	49
	用俄语教学	78	71	68	66	63	60	56	53	51

续表

地区	教学语言	1991年	1996年	1997年	1998年	1999年	2000年	2001年	2002年	2003年
西部和中部（16个地区）	用乌克兰语教学	60	88	89	91	94	95	96	97	97
	用俄语教学	40	12	11	9	6	5	4	3	3
基辅地区	用乌克兰语教学	45	78	82	87	91	93	94	95	95
	用俄语教学	55	22	18	13	9	7	6	5	5

资料来源：http//igpi. ru/info/malink/1111152776. html。

从表5—1可见，乌克兰中等学校学生使用俄语从1991年的54%下降到2004年的24%。实际上，这种情况仍在持续，特别是从2014年至今在中等学校坚持用俄语教学的学校不断减少，只有在东部和南部的学校仍沿用俄语教学。表5—1还表明，从1991年到2003年，在乌克兰东部和南部，俄语学校从78%下降到51%，基辅则从55%下降到5%。目前基辅的俄语学校已不到3%。

根据科列斯尼琴科的统计分析，乌克兰中等学校在2005年、2006年、2007年坚持用俄语学习的中学生分别占乌克兰中学生总数的22%、21%和20%，2009年下降到17.7%（详见表5—2）：

表5—2　　　　2009年乌克兰中学使用语言情况及居民的
民族属性和语言构成对照表（人，%）

地区	学生总数	学习俄语总人数	学习俄语人数比例	俄罗斯人比例	母语为俄语人数比例
乌克兰全境	4466572	791594	18	17	30
塞瓦斯托波尔	29746	29010	98	72	91
克里米亚	178072	159359	90	58	77

续表

地区	学生总数	学习俄语总人数	学习俄语人数比例	俄罗斯人比例	母语为俄语人数比例
顿涅茨克	345686	206704	60	38	75
卢甘斯克	183713	103155	56	39	69
扎巴罗热	163144	51523	32	25	48
敖德萨	239440	64895	27	21	42
哈尔科夫	231763	59084	26	26	44
第聂伯罗彼得罗夫斯克	308618	59903	19	18	32
赫尔松	113593	18297	16	14	25
尼古拉耶夫	118683	10210	9	14	29
苏梅	104516	5071	5	9	16
基辅	223858	6745	3	13	25
基洛夫格勒	100841	2446	2	8	10
波尔塔瓦	143941	3240	2	7	10
切尔卡瑟	128010	1250	1	5	7
利沃夫	278309	2911	1	4	4
外喀尔巴阡	160326	1548	1	4	4
日托米尔	145736	1321	1	5	7
基辅州	176751	1490	1	6	7
切尔诺夫策	102553	498	1	5	10
切尔尼戈夫	105580	633	1	4	5
文尼察	170727	919	1	5	10
梅利尼茨基	147892	418	0	4	5
伊万诺—弗兰科夫斯克	162089	441	0	2	2
沃伦	128423	305	0	2	3
捷尔诺波尔	123475	169	0	1	1
罗夫诺	151089	49	0	3	3

资料来源：http://www.from-ua.com/politics/e62743796b72.html。

表5—2清楚地展示了乌克兰俄语学校的学生人数，可以看到，在9个地区学习俄语的中学生下降了16%，在16个地区下降了3%，苏梅州和尼古拉耶夫州分别下降了8.6%和4.9%。从此表亦可看到

西部和中部地区学习俄语的人数下降得最为明显，而东部和南部下降的速度则较慢。这两个地区学习俄语的学生数不少于俄罗斯族人数（2011年乌克兰人口普查人数）。而在西部和中部学习俄语的中学生则很少，已下降到少于俄罗斯族人口数（2001年人口普查人数）。在西部和中部只有26所俄语学校，只占该地区学校总数的0.2%。早在1996年罗夫诺地区就关闭了全部俄语学校，在被关闭的部分学校只开设俄语班。

切尔诺夫策是一个由多民族构成的州，有10.3%的居民的母语是俄语，但只有占总数0.5%的学生在俄语班学习。还有一个值得注意的现象是，在首都基辅操俄语的居民约为50%，但俄语学校只有7所，在17所学校开设了俄语班，在基辅实际学习俄语的学时数只占总学时数的3%。

2009年时任乌克兰教育科技部部长的瓦卡尔丘科宣布，当年在全乌克兰把俄语作为一门课程学习的中小学生为1292518名，其中乌克兰语学校的学生占35.2%。

总之，自1991年乌克兰独立后，俄语的命运每况愈下，被逐步从中等教育领域排挤出去。

乌克兰中小学生选择接受用俄语或乌克兰授课的学校或班级，主要取决于父母的态度。据乌克兰社会学研究所的一项调查显示，操俄语的37%的父母愿意把自己的孩子送到用俄语授课的学校就读，而操乌克兰语的父母选择把自己的孩子送到俄语学校就读的仅占5%。操双语（俄语和乌克兰语）的父母给自己的孩子选择就读学校主要依地区而定，西部以乌克兰语学校为主，而东部和南部则以俄语为主。

受乌克兰政治、经济、文化、历史、语言环境诸多因素的影响，乌克兰中小学生的俄语和乌克兰语的实际掌握程度有很大不同。乌克兰中小学校提供给学生学习俄语的环境和条件已远不如学乌克兰语。大批中小学生已不学习俄语，已不能用俄语正确书写。如果说入学前的适龄学生的俄语和乌克兰语水平相差无几的话，那么在中学毕业时乌克兰语的水平远高于俄语水平。根据有关社会学者的调查研究,近几年,能正确用乌克兰语书写的中学生已达到82%,能用俄语正确书写的占62%,能流利讲乌克兰语的占81%,能流利讲俄语的占74%。

乌克兰学者就6—17岁学生俄语和乌克兰语的水平,以及他们在学校学习俄语和俄罗斯文学的情况进行了深度调查分析(详见表5—3)。

表5—3　　　　　　6—17岁中小学生俄语水平状况(%)

问题	回答	在校学生	毕业生
在学校用哪种语言和同学交流?	只用或主要用乌克兰语	48	41
	俄语和乌克兰语并用	14	12
	只用或主要用俄语	38	47
阅读不属于教学大纲规定的文学作品时,选用哪种语言的作品?	只用或主要用乌克兰语	35	29
	俄语和乌克兰语并使用	25	27
	只用或主要用俄语	29	40
	不读文学作品	11	4
现在或以前有没有把俄语作为单独的课程学习?	没有	61	70
	以前也没有	39	30
现在或以前有没有把俄罗斯文学作为单独的课程学习?	没有	53	39
	以前也没有	47	61
是否由于语言问题给学习造成了困难?	造成了一定困难	21	11
	没有或几乎没有造成困难	79	89

从表5—3可见,已接受中等教育的毕业生继续积极使用俄语的比例较高(只用或主要用俄语与同学交流者占48%,阅读俄语文学作品者占40%)。但6—17岁儿童和少年与同龄人用乌克兰语交流和阅读者的比例也较高,从这点可以看出,乌克兰政府"去俄罗斯化",实施"乌克兰化"的政策在乌克兰青少年中已初见成效。

表5—3还显示,乌克兰这些毕业生把俄语作为单独一门课程学习的比例高于在校生,这说明,乌克兰中小学开设俄语课的学校越来

少，说明乌克兰政府注意从幼儿和青少年中实施"乌克兰化"的进程，其成效已经凸显。

另一方面，需要注意的是，有21%的中小学生在学校由于受语言的影响，在学习方面遇到了困难，不能完成教学大纲的要求。乌克兰教育科技部规定，从2010年开始实施高等教育入学考试一律用乌克兰语，这个规定给那些在中学接受俄语教育的学生带来了极大的麻烦和困惑，这也失去了教育的公平原则。

学者们还进行过这样一项调查，把乌克兰语和俄语学校的学生的语言水平进行了比较分析，其结果是，在俄语学校就读的学生较好地掌握了乌克兰语的学生占43%，能流利用乌克兰语交流者占27%，而在乌克兰语学校较好地掌握俄语者占68%，能流利用俄语交流者占64%。在俄语学校较好地掌握俄语者占78%，能流利讲俄语者占76%，在乌克兰语学校较好掌握乌克兰语者占57%，能流利用乌克兰交流者占50%。[①] 出现这样的差异，其责任不能完全归于学校，主要原因在于，这些俄语学校全部集中在东部和南部，这两个地区的居民的乌克兰语水平较低，而乌克兰语学校分布在乌克兰全境，东部和南部只有近一半是乌克兰语学校，而西部和中部几乎全部都是乌克兰语学校。

另一有趣现象是，父母为不讲乌克兰语的家庭的孩子和来自俄语学校的学生，在家里和同龄人交流时更愿意使用俄语，愿意阅读用俄语撰写的文学作品。如果孩子的父母讲俄语或同时讲乌克兰语和俄语双语，这些孩子在日常生活中通常使用两种语言交际，但更常用乌克兰语。

关于乌克兰民众对待中等教育领域使用语言的态度，以及对乌克兰政府在中等教育领域实施的语言政策态度，乌克兰社会学者作了广泛深入的实际调查，对我们充分、深入地了解乌克兰民众对待语言问题的态度，有一定裨益。以下将引用乌克兰学者的调查数据（详见

---

① Русский язык в Украине（социология и статистика）Харьков，2010.

表5—4），分析乌克兰教育领域的语言问题及公民的语言态度。

表5—4　乌克兰公民期望政府在中学实行的语言政策的社会调查（%，人）

问题	回答	在交际中最愿意使用的语言			受访人数
		俄语	俄语和乌克兰语	乌克兰语	
1	2	3	4	5	6
在中学是否需要确定某种语言为学生与老师、学生与学生之间交流的语言	需要	7	16	29	18
	不需要	85	75	57	72
您认为俄语和俄罗斯文学是否有必要作为独立的一门课程在中学开设	在各级各类中学必须独立开设该课	73	65	33	55
	可以作为选修课开设	23	31	51	36
	没有必要独立开设此课	1	1	10	5
在中学开设俄罗斯文学课合理的学时数应当是多少	应少于乌克兰文学的时数，多于外国文学的时数	23	34	39	31
	应等于或少于外国文学时数	5	15	32	18
	不需要开设俄罗斯文学课	0	1	2	1
在乌克兰语中学开设俄语课的合理学时数应当是多少	应与乌克兰语课的学时一样多	69	49	24	48
	应少于乌克兰语课时数、多于其他外语课时数	23	32	37	29
	应等于或少于其他外语课时数	4	16	32	18
	不需要学习俄语	1	1	2	1

续表

问题	回答	在交际中最愿意使用的语言			受访人数
		俄语	俄语和乌克兰语	乌克兰语	
如果您给自己孩子选择就读的学校，您选择用何种语言授课的学校	全部或大部分课程用乌克兰语授课	17	51	84	51
	用乌克兰语和俄语双语授课	39	37	10	27
	全部或大部分用俄语授课	40	6	2	18
您认为给孩子选择用何种语言授课是否很重要	很重要	83	76	87	82
	不重要	10	16	9	11
您认为在中学实行何种语言政策最符合乌克兰的实际	在乌克兰的所有中学的所有课程都应使用乌克兰语	4	15	47	24
	大部分课程用乌克兰语授课，俄语和俄罗斯文学应作为独立课程开设	21	42	29	28
	在每一个居民点应开办乌克兰语学校和俄语学校供家长和学生选择	71	42	19	44
您是否认为应保证乌克兰公民使用俄语接受教育的权利	应保证有意愿用俄语接受中等和高等教育的乌克兰公民的权利	72	46	26	49
您是否认为在教育领域有必要提供俄语教学	在中学应提供用俄语教学的需求，但高等教育应使用乌克兰语教学	13	23	24	19
	乌克兰公民在中等和高等教育中应全部接受乌克兰语教学	3	22	40	21

资料来源：Русский язык в Украине（социология и статистика）Харьков，2010。

在表5—4可以看出，认为在校园内规定交流语言的比例占18%，操乌克兰语者希望规定在学校的交流语言（乌克兰语），而操俄语者更愿意自由选择交际语言。受访者普遍希望把孩子送到家长自己已经熟练掌握的语言学校就读，希望孩子从小接受纯正的语言教育。回答在中学是否应开设俄语和俄罗斯文学课这一问题时，操俄语和乌克兰语的受访者存在较大分歧，而双语受访者则持中间态度。一半以上（65%）的乌克兰公民支持在乌克兰各类中学开设俄语和俄罗斯文学课。73%的操俄语的乌克兰公民赞同把上述两门课作为必修课开设，只有33%的操乌克兰语的公民赞同把这两门课程独立开设，大约有一半的操乌克兰语的公民认为，这两门课程应在中学作为选修课开设。大约有近一半（48%）的受访者赞同在乌克兰语中学学习俄语，只有19%的受访者认为，在乌克兰语学校俄语课的时数应等于或少于外语课。69%的操俄语的受访者和24%的操乌克兰语的受访者认为，俄语的课时数应与外语课时数相等。从这些数字可以看出，乌克兰民众对待乌克兰语和俄语的态度，以及对待乌克兰政府在教育领域实施的语言政策的态度和复杂心态。

第三节　乌克兰高等教育及其语言状况

一　基本情况

从乌克兰的人口数与高校数比例看，乌克兰高校数量较多，其中有多所大学具有100多年的历史，且具有一定知名度，如哈尔科夫大学、基辅大学、利沃夫大学等。

根据乌克兰国家统计委员会2010年的统计资料，通过乌克兰教育、科技、青年和体育部评估认可的具有办学资质的高等学校有861所（包括私立学校，但不包括有关高校开设的分校），其中综合性大学198所、专业性大学（如交通、音乐、美术等）59所、学院110所、大专231所以及其他类别学校。其中，经乌克兰教育、科技、青年和体育部评审，具有办学资质的私立高等学校187所（1995年为

123 所），包括 43 所综合性大学、9 所专业性大学、71 所学院、64 所大专及职业技术学校。

乌克兰的高等院校分为四个等级：一级为职业技术学校及同等学校，二级为高等专科学校及同等学校，三级为一般高等学校，四级为重点高等学校。乌克兰一级和二级高校有 511 所，其中 228 所为国立高校，204 所为州立高校，79 所为私立学校。三级和四级学校 350 所，其中 227 所为国立学校，15 所为州立学校，108 所为私立学校。

2010 年，乌克兰高校在读学生为 260 万（包括私立高校），大部分学生为 1988—1992 年出生。其中，私立高校在校学生为 35.6 万人（1995 年为 8.4 万人），每年毕业生约为 10 万人，在职教师近 2 万人，其中具有博士学位和教授职称的教师 0.13 万人，具有副博士学位和副教授职称的教师 1.2 万人。

据权威部门预测，今后 10 年乌克兰的出生率将大幅降低，这意味着入学人数将下降，这一局势导致学校教学工作量减少，将有一部分高校的专业由于生源不足被迫关闭。经乌克兰教育、科技、青年和体育部推算，10 年后乌克兰将至少有 1/3 的高校因生源不足可能被关闭。据此，乌克兰教育、科技、青年和体育部原则上不支持新开办学校，且鼓励高校根据自愿原则合并，提高学校资源的使用效率，提高办学质量，实行优胜劣汰制。近几年，乌克兰 20 所高校由于办学经费不足或专业不适应社会需求等原因关闭，其中包括 9 所私立学校，11 所公立高等技校。

二　高校管理干部状况及经费来源

在乌克兰一级、二级高校的校长中，只有 20 名校长具有博士或副博士学位，在三级、四级高校校长中，120 人具有博士学位、教授职称。一级、二级高校校长已达到退休年龄的占 34.4%，65 岁以上的占 10.7%，与 2009 年相比降低了 5.0%，三级、四级高校校长年龄达到 65 岁以上的占 17%，与 2009 年相比下降 1.7%。

三级、四级高校中的 115 所学校具有培养副博士的资质，现有在读副博士 18005 名，有 85 所高校具有培养博士的资质，现有 800 多名在读博士生。

乌克兰高等教育主要依靠国家财政拨款，以及学校自筹和社会捐助。2009 年教育经费在 2008 年的基础上增加了 1200 万格里夫纳，增长了 11.4%。乌克兰议会已通过了《2010 年乌克兰国家财政预算》，2010 年的教育经费在 2009 年财政拨款的基础上提高 23%。根据乌克兰教育、科技、青年和体育部最新信息，2011 年各类教师的工资将小幅上浮。中小学和中等技校教师每月的平均工资为 1644 格里夫纳，高校教师每月的平均工资为 2962 格里夫纳（目前美元兑换格里夫纳的汇率为 1∶7.8）。目前，乌克兰高等学校受经费制约，办学水平和办学质量严重下滑，其前景令人担忧。

三 国际交流与合作

截至目前，乌克兰教育、科技、青年和体育部与 70 多个国家签署了 146 项教育科技合作协议，其中 98 项为政府间协议，48 项为政府主管部门之间的协议，与 22 个国家签署了相互承认学历的协议，与 57 个国家签署了 90 项在各个领域进行合作的协议草案。有 33 个"TEMPUS"项目（此项目由欧盟资助，只限于与欧洲国家大学合作）正在执行。乌克兰有 6 所大学参与 2009—2010 学年的"ERASMUS MUNDUS"合作项目，有近 100 名大学生和高校教师在欧洲有关国家大学分别获得为期 3—34 个月的研修或攻读学位。乌克兰独立以来，高校共完成 315 项国际科研合作项目，经费为 1860 万格里夫纳。在 201 所高校中培养了来自 133 个国家的 4.28 万留学生，其中 2000 人获得乌克兰政府奖学金。

乌克兰高校把招收和培养国际学生视为国际交流与合作的重要标志。目前，在乌克兰的国际学生有 4.4 万人，根据前教育、科技、青年和体育部部长塔巴奇尼克的要求，2010 年 9 月，新学年开学时，留学生要达到 5 万人以上。乌克兰国际留学生最多的两个州是哈尔科夫（0.98 万人）和基辅（0.68 万人）。2008—2009 学年外国留学生为乌克兰高校缴纳学费总数为 7000 多万美元（不包括住宿费及其他费用），为 4000 多名教师提供了就业岗位。为吸引更多国际学生到乌克兰留学，2010 年 4 月 21 日部长塔巴奇尼克签署命令，取消只用乌克兰语授课的禁令，乌克兰所有高校给留学生授课的语言，按照留学生的意愿，既可以是乌克兰语，也可以是俄语，并鼓励有条件的学校用英语为留学生授课。

四 招生情况

乌克兰教育、科技、青年和体育部根据国家建设的总体需求，每年给公立高等学校下达一定招生指标，规定招生数量和专业，这些学生可享受公费生待遇。从 2010 年开始，要获得公费生资格，学生必须参加由乌克兰教育、科技、青年和体育部组织的统一入学考试和报考高校组织的单独考试，同时还要考虑考生的中学成绩。

2009 年，乌克兰教育科技部给一级、二级高校下达的公费招生指标为 6.81 万人；给三级、四级学校下达的四年制学士生招生数为 12.94 万人、五年制专家生的招生数为 8.19 万人、硕士生的招生数为 4.16 万人。与 2008 年相比学士生的招生数提高了 11%，专家生和硕士生的招生数量也有一定程度提高。

乌克兰各部属院校 2009 年公费生招生情况是：卫生部所属一级、二级院校学士公费生招生名额为 200 人、交通信息部为 148 人、财政部为 250 人、林业部为 96 人。农业政策部所属的三级、四级院校招收公费学士生为 497 人、专家生为 1271 人、硕士生为 167 人，财政部所属三级、四级高校招收公费学士生为 1541 人、专家生为 611 人、硕士生为 541 人。

乌克兰高校还可根据自己的办学条件，自主招收一部分学生，其招生数量和专业由学校自主决定，收费标准也由学校自主确定。

根据统计，2010 年，乌克兰十年制中学的毕业生从 2009 年的 35.82 万人增加到 57.91 万人，比 2009 年增加 22.09 万人，增长 61.7%，十一年制中学的毕业生从 2009 年的 41.56 万人减少到 38.72 万人，减少 2.84

万人，即减少6.8%。2010年乌克兰政府增加小专家生（即大专生）和学士生的招生数量，其中扩招小专家生的专业限定为文秘、旅游管理服务、美容美发、装饰艺术、酒店服务、酒店管理、影视音响生产与营销等，扩招学士生的专业限定为文秘与信息、旅游、实用装饰艺术、酒店管理、广告与传媒等。

五 毕业生就业情况

根据统计，2009年乌克兰国家计划内招生的专家生和硕士生的就业率为86.5%，2008年为89.7%，2007年为90.1%，2006年为92.0%，2009年与2006年相比就业率下降5.5%。专家生和硕士生就业率较高的州依次为哈尔科夫、卢甘斯克、切尔诺夫策、文尼察、波尔塔瓦、敖德萨、日托米尔及尼古拉耶夫等州，就业率较低的州依次为赫尔松、扎波罗热、罗夫诺和赫梅利尼茨基等州。

经统计，下列类型高校毕业生就业率较高，依次为：理工类高校毕业生的就业率为97.8%，经济类高校毕业生的就业率为93.0%，工艺制造类高校毕业生的就业率为92.7%，交通类高校毕业生的就业率为92.6%，建筑—艺术类高校毕业生的就业率为91.0%。毕业生就业率较低的学校依次为：综合性大学毕业生的就业率为77.3%，师范类高校毕业生的就业率为80.4%，机械仪表制造类高校毕业生的就业率为86.3%。乌克兰高校毕业生就业率最高的专业为医学和行政管理，就业率达到98.2%，就业率最低的专业为文化和艺术，就业率为74.6%。

六 乌克兰高等教育改革

逐步改革前苏联的高等教育体制，使乌克兰高等教育体制和结构逐步向欧洲的教育模式靠拢，乌克兰自加入博洛尼亚进程之后，这种局势更加明显，但从目前看，新旧两种教育模式仍然并存。

根据乌克兰前教育科技部的规定，从2008年开始，除艺术、体育和建筑设计专业外，所有想接受高等教育包括两年制大专教育的学生必须参加国家统一入学考试，各高校根据统考成绩择优录取学生，而不再自行组织招生考试。统考科目包括语文、历史、数学以及学生报考专业所要求的两门课程。乌克兰教育科技部表示，实行统一高考的主要目的是为了公正地选拔人才，根除乌克兰高校在自行命题招考过程中的腐败行为。统一考试在乌克兰已实施了两年多，但乌克兰议会就"统一考试"没有通过有关决议，因此，国家统一考试被认为没有法律依据。从2010年开始，学生能否被大学录取，要从三个方面对其进行考核，即国家统一考试成绩、中学成绩、大学考核成绩（高校可对考生面试，或对某些课程进行单项考核，或对考生的创新能力进行考核等）。

加大教育投入，加大学科专业结构调整力度，鼓励培养专业技能型人才，特别是工程技术类人才，限制就业压力大、社会需求小的学科和专业的招生规模，如法律类、经济类和金融类人才已供大于求，适当压缩招生数量。

乌克兰高等教育变化的另一特征是高校改名，即学院改为大学，专科大学改为综合大学。

七 乌克兰高等学校语言状况与问题

按照乌克兰政府的决议，乌克兰全部高校用乌克兰语教学，但实际情况是，乌克兰语和俄语并行使用。乌克兰各个地区高校根据实际情况，自主选择授课语言，学生选择自己喜好的语言听课，学生参加各类考试也可选择语言答题。但近几年强化乌克兰语、弱化俄语的现象越发明显，学生在高校选择语言的权利逐步被剥夺，在乌克兰西部和中部，大学入学考试全部是乌克兰语，其他地区的高校基本实现了全乌克兰语考试和授课。

如前所述，乌克兰的高等教育分为四个类别，高等职业技术学校及同等学校为一级，高等专科学校及同等学校为二级，一般高等学校为三级，重点高等学校为四级。下面将根据乌克兰基辅政府法律中心关于乌克兰高等学校语言现状的研究报告的内容（详见表5—5、表5—6），分析乌克兰高等教育领域语言使用状况与存在的问题。

表5—5　乌克兰一、二级高等学校在2008—2009学年语言使用情况（人，%）

	学生总数	学校俄语学生数	学俄语学生所占百分比	俄罗斯族学生所占百分比	母语为俄语学生百分比
全乌克兰	399332	45907	12	17	30
塞瓦斯托波尔	2573	2573	100	72	91
克里米亚	8600	8252	96	58	77
顿涅茨克	47275	26754	57	38	75
卢甘斯克	19747	3331	17	39	69
赫尔松	9893	1264	13	14	25
敖德萨	17409	1239	7	21	42
扎波罗热	13170	783	6	25	48
哈尔科夫	27395	1153	4	26	44
第聂伯罗彼得罗夫斯克	26982	558	2	18	32
尼古拉耶夫	8394	—	—	14	29
基辅市	33922			13	25
苏梅	5250	—	—	9	16
切尔诺夫策	10623			5	10
基洛沃格勒	10246	—	—	8	10
波尔塔瓦	11572			7	10
基辅	10170			6	7
日托米尔	18335			5	7
切尔卡瑟	11075			5	7
切尔尼戈夫	9877			4	5
文尼察	17112			4	5
赫梅利尼茨基	6946			4	4
利沃夫	24420			4	4
外喀尔巴阡	4844			3	3
罗夫诺	10933	—	—	3	3
沃伦	8596			2	3
伊万诺—弗兰科夫斯克	16772	—	—	2	2
捷尔诺波尔	7201	—	—	1	1

资料来源：Русский язык в Украине（социология и статистика）Харьков, 2010。

表5—6 乌克兰三、四级高等学校在2008—2009学年语言使用情况（人,%）

	学生总数	学校俄语学生数	学俄语学生所占百分比	俄罗斯族学生所占百分比	母语为俄语学生百分比
全乌克兰	2364541	280767	12	17	30
塞瓦斯托波尔	17323	15367	89	72	91
克里米亚	58981	52811	90	58	77
顿涅茨克	155315	75765	49	38	75
卢甘斯克	97229	31679	33	39	69
赫尔松	31948	3715	12	14	25
敖德萨	133309	21942	17	21	42
扎波罗热	98460	7500	8	25	48
哈尔科夫	255963	34796	14	26	44
第聂伯罗彼得罗夫斯克	161798	15171	9	18	32
尼古拉耶夫	35538	76	0	14	29
基辅市	593302	17598	3	13	25
波尔塔瓦	62124	—	—	7	10
基辅	31298	—	—	6	7
日托米尔	29000	1063	4	5	7
利沃夫	143160	—	—	4	4
外喀尔巴阡	23143	—	—	3	3
罗夫诺	45358	—	—	3	3
沃伦	27403	—	—	2	3
伊万诺—弗兰科夫斯克	44303	—	—	2	2
捷尔诺波尔	55955	—	—	1	1

资料来源：Русский язык в Украине（социология и статистика）Харьков，2010。

从表5—4和表5—5的统计可看出，在2008—2009学年，乌克兰高校用俄语授课和学习的学生占乌克兰学生总数的11.8%。这是一个比较高的比例，在塞瓦斯托波尔、克里米亚、顿涅茨克和卢甘斯克四个地区高等学校使用俄语的比例达到53.2%，其他地区高校使用的比例较低，占总数的4.7%。在三、四级高校俄语学生的比例超过10%，在上述四个地区俄语学生的数量不到俄语居民的1/2。

从表5—6还可以看出，乌克兰高校的"乌克兰化"远远超过中学。如果再看乌克兰初等教育领域的"乌克兰化"，就可以看出，乌克兰政府的"乌克兰化"已经从幼儿园到高校，形成了一个完整的链条，其宗旨是把俄语从各级教育中排挤出去，最终实现乌克兰语贯穿乌克兰各级教育。

乌克兰教育领域与其他领域一样，在实施"乌克兰化""去俄语化"的进程中，在2004年尤先科当选总统后，表现得最为突出。把俄语从乌克兰教育领域全面排挤出去是其教育改革的优先方向之一。尤先科确定，从2007年开始，经过三年过渡期后，除克里米亚地区高校外，在乌克兰其他地区高校全面实现用国语（即乌克兰语）教学。2008年乌克兰教育科技部制定了《修改乌克兰高等教育法草案》，5月31日提交乌克兰议会讨论并通过，按照此法案，乌克兰高等教育使用的唯一语言是乌克兰语。随后出台了一系列保证在高等教育领域推广和普及乌克兰语的配套举措。按照当时乌克兰政府的国家发展理念，要建立一个繁荣昌盛的乌克兰，必须首先在高等教育领域全面实现用乌克兰语教学，否则别无选择。

第四节 乌克兰职业技术教育及其语言状况

一 基本情况

在乌克兰的教育体系中，职业技术教育很有特色。过去，乌克兰职业教育的经费来自于需要相应人才的国家有关部门和所属工厂企业，但在乌克兰经济陷入困境的今天，乌克兰职业技术教育也受到严重冲击。

乌克兰现有公立职业技术学校991所，其中871所为乌克兰教育、科技、青年和体育部直属，75所隶属有关部门的职业技术中心，45所为有关高校设立的专业技术分校，这些职业技术学校涵盖35个专业类别。目前职校在校学生达41万人，教师4.7万人。私立职业技术学校924所，在校学生8.9万人，开设的专业主要有驾驶、理发、美容及文秘等。这些职业技术学校大部分为中等职业技术学校。

二 乌克兰职业技术教育存在的问题

乌克兰职业技术教育存在的问题，主要表现在以下几个方面。

（1）职业技术教育的质量与企业的现代化生产不相适应；（2）职校培养的技术工人与劳动市场的需求不相适应；（3）职业技术学校经费匮乏、管理不善、经费使用效率低下；（4）学校培养的学生与社会需求脱节；（5）职业技术学校教师专业水平跟不上社会发展的需要；（6）乌克兰职业技术教育行政主管部门没有建立完善的职业技术教育质量评估体系；（7）学校与用人单位的合作需进一步加强；（8）学校提供给学生的实习基地老化，不能满足教学需要。

三 乌克兰技术教育改革

在乌克兰教育、科技、青年和体育部的指导下，乌克兰职业技术教育科学研究机构同企业用人单位协作，对教学内容的改革做了大量卓有成效的工作，进一步完善并充实了教学内容，使其更符合在市场经济条件下，社会对职业技术人才的需求，主要表现在以下几个方面。

（1）对192个专业制定了职业技术教育国家标准并已付诸实施。（2）对服务、贸易、旅游、餐饮及酒店服务与管理等行业的22个专业制定了试用教学计划和教学大纲。这些新的计划和大纲在2010年9月分别在克里米亚自治共和国、利沃夫、伊万诺—弗兰诺夫斯克、敖德萨、扎波罗热、基辅等州试用。新大纲的特点是在教学中重视相关专业的关联性，拓宽专业面，突出实用性，重视培养学生一专多能。（3）完善充实机器制造、采矿、建筑等专业的职业技术水平的评价体系。（4）提高职业技术学校教学人员专业素养，重新修订学生实践环节教学计划和教学大纲。新的教学计划规定，教学实践环节的教学课时数将占全部教学总课时数的60%。新大纲由5个模块构成：职业模块、专业模块、心理—教学模块、社会—人文模块和监控—评价模块。2010年1—6月，按照新的教学大纲，对1000多名生产一线的班长和工长进行了培训,取得了良好的效果。(5)乌克兰专家与欧盟驻乌克兰代表一起制定了职业技术学校培养方案,该方案规定乌克兰职业技术教育标准与欧盟标准应一致,该方案在2011年正式启用。(6)制定了职业技术学校行为标准规范,该标准于2011年在技术学校开始试用。(7)建立了最新的"乌克兰职业技术教育"官方网站。(8)吸收社会人士参与职业技术教育改革和投资。乌克兰职业技术学校吸收社会合作伙伴积极参与职业技术教育的管理和教学大纲及教学实践内容的制定,对乌克兰职业技术教育的发展起到了很好的推动作用。这种合作既能从社会上获得资金,在一定程度上缓解了职业技术教育发展的资金困难,也能使职业技术教育更开放、更有效、更符合现实的要求。乌克兰职业技术学校与建筑公司及机器制造部门已进行了卓有成效的合作,实践证明合作办学是一条行之有效的方式。校企合作的另一种表现形式是,在实践教学环节中学生可以使用到企业最新的各种材料,建立创新型研究中心。截至2010年9月,这类研究中心已达64个,2010年职业技术学校从社会上吸收达250万格里夫纳资金。(9)乌克兰政府改革国有职业技术学校办学的自主权问题,进一步明确经费的灵活使用。以前,技术学校没有权利灵活使用国家拨款;无权将学校通过办学或其他方式获得的经费用于学校的建设,或用于给教师发奖金,激励和调动教师的积极性。改革的趋向是进一步扩大学校的办学自主权,鼓励学校积极吸收社会资金,用于学校发展或给教师发放奖金。

四 乌克兰职业技术教育发展纲要

为了进一步规范乌克兰职业技术学校的办学,提高办学质量,乌克兰教育、科技、青年和体育部制定了2011—2015年乌克兰职业技术教育国家发展规划纲要,其主要内容包括:

(1)建立职业技术教育质量评估体系;(2)多渠道筹措办学经费;(3)职业技术教育管理要现代化;(4)提高技术工人的社会地位;(5)修订完善职业技术教育标准和法律体系。

乌克兰教育、科技、青年和体育部要求，在此规划纲要框架内，职业技术教育司和教育与创新研究所同有关部门一起协调并做好以下工作：

（1）进一步深化职业技术教育理论与生产实践相结合；（2）在教学中使用最新技术手段，包括完善现有教学大纲、职业技能评价、现代教学材料等，地方教育主管部门、教育研究机构、职业技术学校应通力合作，广泛听取用人单位意见，保证职业技术学校毕业生的质量，落实毕业生的就业岗位。

纲要指出，提高职业技术学校的办学质量，教师的专业素养至关重要，因此，提高教师的整体素质，特别是专业素质刻不容缓。纲要规定：

（1）根据现代化生产的需求，进一步提高教师的专业素质，更新专业知识，通过各种培训提高教师的专业水平和教学水平；（2）教师在获取新技能的基础上，懂得使用新型材料的方法，理论与实践相结合；（3）优化理论课与实践课的有机结合，进一步提高教师的实践教学技能。

乌克兰前教育、科技、青年、体育部长塔巴奇尼克指出，解决上述问题需要中央政府和地方政府的通力协作，地方政府和地方教育行政主管部门应该发挥更大作用。

五　乌克兰职业技术教育领域的语言使用状况与问题

根据官方统计资料，乌克兰目前有职业技术学校 991 所，其中只有近 40 所学校的所有课程用俄语教授，即用俄语学习的学生人数约为 5.14 万人，占此类学生总人数的 12.5%。这些用俄语授课的职业技术学校只分布在东部和南部。主要分布在下列各州：第聂伯罗彼得罗夫斯克州 3 所，顿涅茨克州 19 所，扎波罗热州 11 所，卢甘斯克州 63 所，敖德萨州 13 所，哈尔科夫州 4 所。

另外，在乌克兰还有中等夜校职业技术学校，以 2009 年为例，这些学校的学生大约有 8.35 万人，其中 38.1% 的学生接受俄语授课。用俄语授课的夜校生大约分布在13个地区：克里米亚和塞瓦斯托波尔的职业技术学校全部用俄语授课，卢甘斯克州99.6%的职校用俄语授课，顿涅茨克州90.9%的职校用俄语授课，扎波罗热州72.1%的职校用俄语授课，哈尔科夫州59.9%的职校用俄语授课，敖德萨州54.7%的职校用俄语授课，第聂伯罗彼得罗夫斯克州38.9%的职校用俄语授课，尼古拉耶夫州27.5%的职校用俄语授课，波尔多瓦州的13.7%的职校用俄语授课，苏梅州12.2%的职校用俄语授课，赫尔松州11.1%的职校用俄语授课，基辅州4.2%的职校用俄语授课，基洛沃格勒州3.4%的职校用俄语授课[1]。

总之，从1991年乌克兰独立至今，乌克兰政府在教育的各个阶段不断挤压俄语生存空间，在普通中等学校利用俄语学习的学生人数从54%下降到17.3%。2009年在幼儿园接受俄语教育的学生占乌克兰适龄儿童总数的14.5%，在高校接受用俄语教学的学生占乌克兰大学生总数的11.8%。这些数字已远远低于2001年乌克兰人口普查时自称俄语为母语的人口数。

把俄语从教育领域排挤出去的做法和力度在乌克兰的各个地区的表现是不一样的。在东部和南部，中学俄语生的数量接近本地区俄罗斯族人的数量，而在西部和中部，俄语基本被从中等教育中排挤出去。在基辅俄语中学只占3%，在其他13个州（西部和中部）俄语学校还不到1%。乌克兰高等学校的语言状况与中等教育情况类似。据统计，在2009年，乌克兰语中小学把俄语作为一门课程学习的学生只有35.2%。乌克兰民众对待学校使用何种语言作为教学语言比较温和、比较务实。他们不希望在短时间内把乌克兰作为教育领域的唯一教学语言。但一些乌克兰的极端民族主义者，及其一些所谓的社会政治精英则与之相反，完全违背乌克兰的社会现实，违背多数乌克兰民众的意愿，采取极端的完全乌克兰化的政策，引起了乌克兰民众的不满，激化了民族矛盾，给西方国家和俄罗斯给了

---

[1] Русский язык в Украине（социология и статистика）Харьков, 2010.

可乘之机,导致乌克兰的国家安全受到极大威胁,民众矛盾升级,最终使乌克兰爆发国内战争,经济到了崩溃的边缘,人民生活质量严重下降,国家处于分裂状态。

第六章

乌克兰的语言生态与国民的语言价值取向

第一节 关于语言生态学的基本概念

语言生态是由语言、语言人和语言环境构成的自然—人文系统。这一概念由美国哈佛大学教授艾纳·豪根于1972年提出。语言生态研究涉及语言学和生态学两大领域，具有跨域性交叉研究的属性，可将其定义为"在人种语言学、人类语言学和社会语言学这些领域中对语言和环境之间相互作用的研究"①。语言生态学作为一个新兴学科，经过了一个被观察、被建构、被认同、被接受、被发展的过程。

菲尔对语言生态学研究进行了梳理，认为目前有两个语言生态学的研究范式，一个是豪根模式，另一个是韩礼德模式。"豪根把语言生态作为一种隐喻来看待，把语言和言语社团的关系比喻为生物与自然环境的关系，因此，他认为，语言生态学要研究的就是任何特定的语言与其环境的相互作用，豪根所说的环境是指使用某一语言作为语码的社会。豪根模式主要的关注点是语言的多样性、语言接触等，重点之一在于调查、记录及拯救地球上濒危的语言。韩礼德模式不把生态语言看作是隐喻，而是从生物的角度来看待语言与生态的关系问题，

---

① 张惠民主编：《语言逻辑辞典》，世界图书出版公司1995年版，第25页。

强调语言在环境保护与环境恶化问题上的作用和影响,对生态环境问题进行功能语言学诠释。人类是大自然的一部分,人类的所作所为、所思所想都是由人自己与其他人的关系和与自然的关系所决定的。人类通过语言来反映现实和对世界的认知,同时用语言来构建世界。豪根范式研究的是语言与语言、语言与自然、语言与社会文化以及语言与不同的认知系统形成的生态环境。韩礼德范式研究的是辩证语言学和语言—世界—系统模式视角下语言折射出的生态问题。"[1] 由此可见,这两种模式虽然都是用来研究语言与生态关系的,但视角不同,所关注的重点也不一样。豪根模式关注的是语言生态,而韩礼德模式则更加关注语言对环境的影响,因此有人认为韩礼德模式是环境语言学。

语言生态学研究的内容广泛,涉及的层面较多,可概括为以下几个主要方面:语言多样性、语言的保护、濒危语言、语言接触、语言融合、语言演化、语言的地位、语言的环境、语言的使用者、语言的使用、语言与意识形态、语言与历史变迁、语言地理信息系统、语系与语族成员之间的关系、语言与其所处环境之间的关系、语言政策、语言人权、语言导致人类对世界的不同看法、语言与人的所思所想,等等。本文试图运用语言生态学的原理,研究乌克兰的语言生态,分析乌克兰国民的语言价值认同,进而探讨乌克兰语言政策对构建和谐社会的影响。

第二节 乌克兰的语言生态状况

历史上,乌克兰历经征服、兼并,政治风云变幻,民族迁徙不断,从而构成了极其复杂而独特的民族结构。由于政治、经济、民族、周边关系等诸多因素而造成这片土地上历史人口的波动和变迁,使其民

---

[1] 孔江平、王茂林、黄国文等:《语言生态研究的意义、现状及方法》,《暨南学报》(哲学社会科学版)2016 年第 6 期。

族繁多、结构纷繁、语言状况复杂。乌克兰现有130多个民族，是一个典型的多民族、多文化的状态，语言生态呈现出多样性特征。如前文所述，乌克兰的主体民族是乌克兰族，占乌克兰总人口的77%以上，其次是俄罗斯族，占17.3%，其他少数民族约占总人口的5.7%，主要有白俄罗斯、犹太、鞑靼、摩尔多瓦、波兰、匈牙利、罗马尼亚、希腊、德意志、加告兹、保加利亚等民族。[1]

1920年乌克兰第二次与俄罗斯结盟，1922年乌克兰作为首创国之一与俄罗斯、南高加索联邦、白俄罗斯一起创建了苏联。从此，乌克兰作为苏联的一个加盟共和国一直持续到1991年8月24日宣布独立。可见，在乌克兰历史上，俄罗斯对其在政治、经济、文化、语言等方面的影响是长期且非同寻常的。因此，在谈到乌克兰的语言生态时，就不能不涉及俄语和俄罗斯文化。1991年乌克兰独立后，为了摆脱俄罗斯的影响，乌克兰政府实行了一系列去俄罗斯化的措施、政策、法律、法令。这其中相当一部分脱离乌克兰的实际语言生态状况，起到了适得其反的效果，使本来和谐繁荣发展的乌克兰，社会矛盾不断被激化，民族矛盾不断凸显，爆发国内战争，国家安全受到威胁，甚至到了分裂的边缘。

乌克兰当今的语言生态状况是，乌克兰语是国语，俄语是族际交际语。1989年乌克兰人口普查的相关数据表明，乌克兰各少数民族只有9.7%的人掌握乌克兰语，全国居民能熟练使用乌克兰语的人占乌克兰总人口的78%，这其中的72.7%是乌克兰人，22.1%是俄罗斯人，5.2%是其他民族。而熟练掌握俄语的人数与熟练掌握乌克兰语的人数基本相同，分别是78.4%和78%。但各个地区之间具有较大差异，在文尼察、日托米尔、基辅（不含基辅市）、切尔卡瑟、波尔多瓦等州掌握乌克兰语的人数达90%，在第聂伯、卢甘斯克、敖德萨等地区仅有56%—58%的人掌握乌克兰语。[2]

---

[1] 乌克兰国家统计委员会网站：http://2001.ukrcensus.gov.ua/rus/results/general/。

[2] Розподід населнуя української РСР за національністю і мовою \\ Політика і час. 1991（5）.

在20世纪90年代初，只有87.7%乌克兰族人掌握作为母语的乌克兰语，而12.2%的在乌克兰的俄罗斯人掌握乌克兰语，超过90%的俄罗斯人生活在乌克兰的南部和东部及第聂伯地区，这几个地方集中了绝大部分俄罗斯人（最少的达到20%，最多的达到40%）。[1]

在乌克兰南部以及东南部，俄语的普及率很高，这些地区是公认的俄语区，包括卢甘斯克州（讲俄语的人占99%）、顿涅茨克州（讲俄语的人占96.8%）、哈尔科夫州（讲俄语的人占87.4%）、敖德萨州（讲俄语的人占84.6%）、第聂伯罗彼得罗夫斯克州（讲俄语的人占79.7%）、扎波罗热州（讲俄语的人占78.4%）、赫尔松州（讲俄语的人占70.7%）、尼古拉耶夫州（讲俄语的人占68.1%）。事实上，在这样的语言生态环境中，这些地区俄语完全可以被认为是区域官方语言。

据美国舆论研究所及著名的盖洛普民意调查资料显示，在2008年有83%的乌克兰公民倾向于用俄语交际。乌克兰的《1+1》电视频道于2012年在20岁的乌克兰公民及同龄人中间进行的调查表明，79.8%的人倾向于用俄语交际，只有20.2%的人倾向于用乌克兰语。这间接地证明，乌克兰人的语言取向和语言价值认同，即俄语在乌克兰具有广泛的使用人群。在搜索引擎"Яндекс"中用乌克兰语搜索的比率为：捷尔诺波尔州用乌克兰语搜索的最大比率是32.9%，东部顿涅茨克州或卢甘斯克州有6%左右，中部一些州为13%—18%，也就是说在中部平均为20%左右，而如今有80%的乌克兰公民倾向于使用俄语引擎"Яндекс"。[2] 这再一次证明乌克兰公民使用俄语的广泛程度，表明俄语的地位及功能完全可以纳入到区域语言的框架内，但乌克兰的现实是，俄语仍然被视为少数民族语言。

乌克兰国家科学院社会学研究所于2007年5月进行的研究结果表

---

[1] Рудницька Т. М. Національніі мовні процеси в Україні \\ Філософська і соцірлогічна думка. 1992（5）.

[2] 乌克兰有1700万—1800万网民，25%使用"Яндекс"。

明，能够流利地说、读、写乌克兰语的人占71%，俄语则为79%，此外在家庭只用乌克兰语交流的人占总受调查人数的29%，只用俄语交流的为28%，使用其他语言的仅1%。在其他非官方领域使用俄语的情况如图6—1所示：

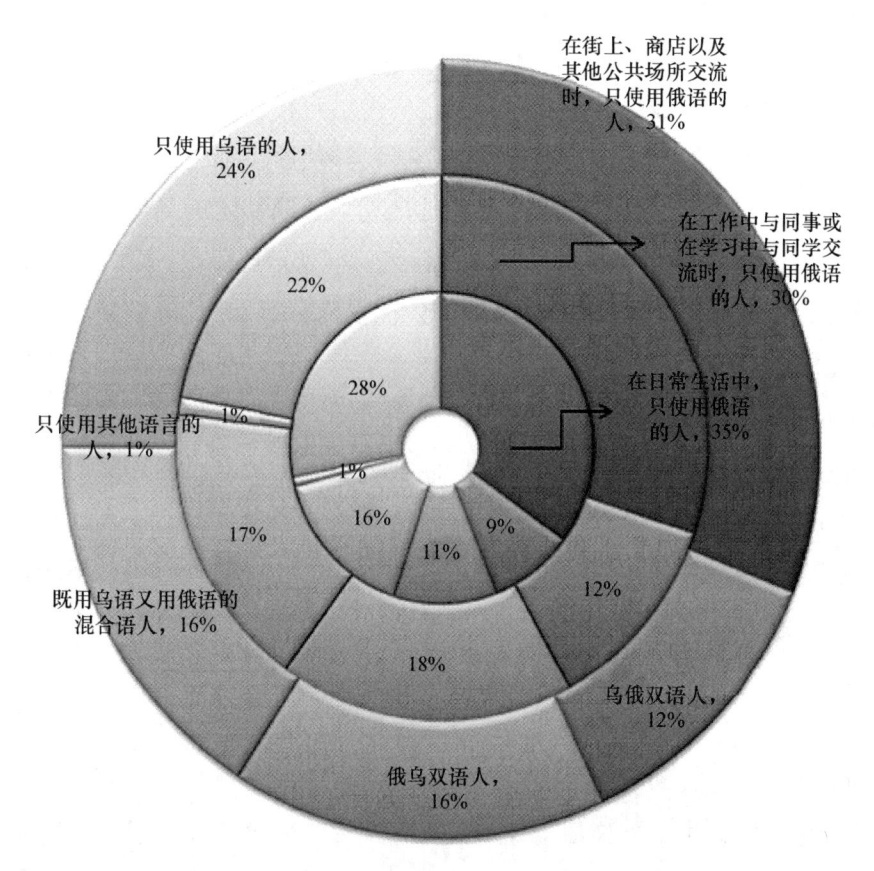

图6—1 在三种非官方场合操不同语言的人所占的百分比（%）

资料来源：乌克兰国家统计委员会网站：http：//2001.ukrcensus.gov.ua/rus/results/general/。

由图6—1可见，无论是"在街上、商店以及其他公共场所交流"的最外圈，还是"在工作中与同事或在学习中与同学交流"的中圈，或是在"日常生活中"的最里圈，都表明"只使用俄语的人"均超过30%，均占据了所有语言选项中的最大份额。

乌克兰国家科学院社会学研究所的调查还表明，居住在乌克兰的88.5%的希腊人、83%的犹太人、64%的德意志人、62.5%的白俄罗斯人、58.7%的鞑靼人、54.4%的格鲁吉亚人、14%的乌克兰族人也把俄语当作自己的母语。因此可以说俄语也是乌克兰其他民族使用的语言，这其中也包括乌克兰族人。

综上所述，乌克兰语言生态的基本特点可以概括为：第一，乌克兰语是国语，俄语是族际交际语，这两种语言在乌克兰社会占绝对优势，且在不同的领域里发挥各自的功能，其他语言都不能成为乌克兰社会的主流语言。第二，双语现象是乌克兰长期稳定的局面，即乌克兰语加俄语，或母语加乌克兰语或俄语，这是符合乌克兰国情的选择。第三，俄语作为世界性的语言也是乌克兰外交领域和经济领域中的常用语言，高等教育以及最先进的科技成果都要依赖俄语。因此，俄语将在乌克兰的国际交流中发挥重要作用，同时，俄语将在经济和对外贸易信息中长期占主要地位。这些因素都会影响到乌克兰国家语言规划的制定和实施。第四，从总体看，乌克兰的语言政策和语言规划是不符合本国实际的，不利于增强社会的凝聚力和民族的团结，不能保障乌克兰社会的安定与和谐，其经验教训是惨痛的，值得世人借鉴并铭记。

从语言生态学的观点看，"语言生态与语言生活息息相关，正常的语言生活需要和谐的语言生态，也是语言生活和谐与社会和谐的基本条件。语言生态系统是多种语言共存并与社会环境相互作用的动态平衡体系，最显著的特征是语言的多样性，而语言的多样性包括语种多样性、词汇多样性、语用形式多样性。健全的语言生态系统对于语言的生存发展有重要意义。物质世界与文化观念的千差万别，必然要求作为信息交流工具与民族文化载体的语言种类是多样的，多语种并存才使得世界上丰富多彩的民族文化得以保存流传。要建立世界新秩序就必须尊重各民族语言人权，尊重各民族使用自己语言的平等权利。同时，惟有保持语言多样性，使语言材料丰富多样，言语形式创新发展才能适应社会日新月异的信息交流需要"①。但乌克兰的语言生态与其现实是严重不协调的，政府一方面以法律、法令的形式规定乌克兰语为唯一的国语，把大众使用的语言（俄语）视为少数民族语言，另一方面，在教育等领域歧视操俄语的公民，在就业、仕途升迁等方面人为地制造不平等，引发民族矛盾、造成民族分裂，国家安全受到威胁。

第三节　乌克兰国民的语言价值取向

语言价值认同或语言价值取向是社会语言学的一个重要组成部分，属于语言的社会心理范畴，是人们对待语言的态度，也是民族认同的一种表现，或者说，"在双语或多语社会中，人们由于受社会或民族认同、情感、目的、行为倾向等因素的影响，会对一种语言或文字的社会价值形成一定的认识或评价，这种认识和评价通常称为语言态度"②。这种态度是指操用两种或两种以上语言的交际者面对语言时，对不同语言所持的偏爱或喜好；这种态度不仅影响着语言的选择，而且会影响语言的学习。语言资源的多样性是语言生态的基础，在多民族和多语言或方言地区，语言的认同十分重要，它影响到社会政治、文化和社会体系的管理与和谐发展，对社会的安定起重要作用。在国家和民族冲突中，语言认同是最为重要的因素之一，同时会导致民族和文化融合过程中的文化冲突，给社会带来不安定因素。由于民族问题涉及政治，在各个国家都是既敏感又棘手的问题，对一个国家和地区语言认同的研究是生态语言学研究的重要课题。③

---

① 黄知常、舒解生：《生态语言学：语言学研究的新视角》，《南华大学学报》（社会科学版）2004年第2期。
② 王远新：《中国民族语言学理论与实践》，民族出版社2002年版，第89页。
③ 周庆生：《国外语言规划理论流派和思想》，《世界民族》2005年第4期。

乌克兰是一个典型的多民族、多文化、多语言的国家，语言生态状况十分复杂，国民对语言价值的认同决定民族团结、社会和谐、国家安全与稳定。乌克兰国家科学院社会学研究所就公民对待语言的价值认同（即乌克兰人的语言价值取向、对待语言的真实态度以及这种取向在社会生活领域的表现）进行了调查，受访者倾向于使用的语言为：听广播、看电视新闻及社会政治广播节目只用乌克兰语的占乌克兰总人口的19%，只用俄语的为26%，使用其他语的仅占0.4%；看娱乐电视节目只用乌克兰语的为13%，只用俄语的为31%，使用其他语言的仅为0.1%；看俄罗斯电影只用乌克兰语的为8%，用俄语的为62%，使用其他语言的为零；看国外引进电影（除俄罗斯电影外）只用乌克兰语的为14%，只用俄语的占40%，其他语言的仅占0.2%。

从以上资料可以看出，在社会生活的各个重要领域中倾向于使用俄语的乌克兰人占大多数。然而当被问到自己的母语是什么语时，61%的受调查者称是乌克兰语，只有38%的受调查者称是俄语，其他语言仅占1%。这是一种比较奇特的"乌克兰现象"。在回答涉及母语的直接或间接（或隐蔽性）问题时，乌克兰人的语言价值认同为什么会有这么大的差异呢？原因在于从小就能说不同语言的乌克兰公民认为，祖国的语言就是国语（乌克兰语）。在独立后的20多年间整个政府权力宣传机构，如管理机构、学校、大众传媒等在很大程度上促使公民相信国语就是乌克兰语。乌克兰公民总处在一个不同寻常的需要选择的环境中。一方面，把俄语作为母语的公民认为，在社会上讲俄语，社会心理地位较低，使用俄语获得高等教育受限，仕途升迁受阻，在心理上受压抑，所以讲俄语的乌克兰公民要承受很大的心理压力；另一方面，乌克兰政府给乌克兰语赋予了一定的"特权"，即给予愿意在各种交际场合使用乌克兰语的人"优先话语权"。乌克兰政府还根据语言政策的实施情况，动用一切手段让公民做出所谓"正确的选择"，即"一个国家，一种语言"，乌克兰语是"有民族觉悟的公民"的语言。在这种环境下，越来越多的公民，尤其是知识分子在语言价值认同问题上表现出对权力当局忠诚的态度，这点在乌克兰所谓政治精英中表现得尤为突出，他们发表反对提高俄语地位的言论，公开承诺要学习乌克兰语。然而语言认同的进程证明，这一切恰好与现实相反。根据乌克兰科学院社科所编著的两卷本社会学研究著作《俄语在乌克兰》的数据资料显示：说乌克兰语的公民的数量呈现出递减的趋势，从1992年的66.5%减少到2009年的55.2%（减少了11.3%），而把俄语当作母语的受调查者的数量相比却增加了，从1992年的30.8%增加到2009年的42.4%（增加了11.6%）。不过这组数据的真实性和可信度，还有待进一步论证。

另据乌克兰国家科学院社会学研究所2006年进行的社会学调查资料表明，全乌克兰48.5%的受调查者愿意用乌克兰语填写各类表格，51.5%愿意用俄语，这实际上是一个涉及母语的隐蔽性问题。在南部以及东南部选用俄语填表的意愿更强，卢甘斯克州为99%、顿涅茨克州为96.8%、哈尔科夫州为87.4%、敖德萨州为84.6%、第聂伯罗彼得罗夫斯克州为79.7%、扎波罗热州为78.4%、赫尔松州为70.7%、尼古拉耶夫州为68.1%、基辅州为63.2%。这再一次证明，俄语在乌克兰得到了国民的广泛认同。

乌克兰国家科学院社会学研究所进行的更深入的调查也间接地证实了这一趋势。在日常生活中只用乌语交际的55岁以上的公民占34%，30—35岁的公民占30%，在乌克兰独立后的20多年里已形成语言个性的30岁以下的人当中，只用乌克兰语交际的人占22%。在只用俄语进行交际的人中呈现出一种恰好相反的趋势：55岁以上为30%，30—35岁为36%，30岁以下为40%。也就是说，30岁以下说俄语的年轻人的数量并没有减少，尽管国家语言政策的导向是去俄罗斯化。由此可见，语言价值认同的问题并不像乌克兰政府官员们所想的那样简单。

据此可以说，乌克兰的语言问题之所以被复杂化，这是一些政客为了自己的政治利益使之政治化的结果。反之，乌克兰民众对待语言的态度比较温和和客观。乌克兰社会学者的研究也印证了这一点。当被问及您是否遇到语言歧视的现象时，只有5%的受调查者回答经常遇到，8%的回答很少遇见，85%的回答是从未遇到，2%难以回答此问题。当被问及，如果您感觉到有语言歧视现象，主要发生在什么场合？回答情况详见表6—1：

表6—1　　　　　　　您在什么场合遇到语言歧视现象？（%）

遇到语言歧视现象的场合	百分比
在工作中，或在就业时	17
在公共场所	29
在平面或立体媒体中	29
在与行政官员的交际中	32
在法院	7
在教育领域	33
在日常生活中	14

资料来源：Русский язык в Украине（социология и статистика）Харьков，2010。

语言生态学把语言环境分为自然语言环境、局部语言环境和自我营造的人工语言环境，其中语言的母语生活环境就是自然语言环境，学习者的课余生活或学习该语言的环境就是局部的语言环境，学习者使用语言描述、重复、记忆或创造的场景就是人工语言环境。语言生态学十分关注人们的语言态度，因为语言态度对语言运用具有直接的内在影响，它也会引起语言生态的变化。语言态度主要表现为语言忠诚、语言嫉妒、语言特权和语言忧患等。具有语言能力的人是语言生态中最能够发挥作用的因素。人的语言能力、语言水平等都会影响到语言生态环境构建。人们的语言价值认同、语言价值取向会对语言生态产生直接影响，并引起语言生态的变化。乌克兰的语言环境异常复杂，乌克兰的语言生态是典型的多语言状态。虽然乌克兰政府规定乌克兰语是国语，但受历史的影响俄语在乌克兰具有广泛的认同，操俄语的族群遍布乌克兰的每一个地区，在乌克兰南部和东南部基本以讲俄语为主，俄语至少应具有地区语言的特点。但实际情况是，政府人为地操纵语言生态,不考虑公民的语言态度和语言价值认同,把俄语降为同其他少数民族语言同等的地位,由此伤害了俄语族群的民族感情,引发了他们的不满,最终爆发了民族冲突,使国家到了分裂的边缘。

乌克兰社会学者的下列问卷调查研究从另一方面证明乌克兰公民的语言价值取向。问题涉及两个方面:第一,在俄罗斯人和其他少数民族居民集中居住地区,是否应该赋予俄语和少数民族语言地区官方语言的地位?第二,在乌克兰是否应该赋予俄语第二官方语言的地位?回答情况详见表6—2:

表6—2　乌克兰公民对赋予俄语和少数民族语言地区官方语言地位的
态度及是否赞同赋予俄语第二官方语言的地位(%)

	问题1	问题2
完全支持	35	43
基本支持	22	11
难以回答支持或不支持	17	10
不完全支持	9	9
完全不支持	13	25
拒绝回答	4	2

资料来源:Русский язык в Украине(социология и статистика),Харьков,2010。

第四节　从语言生态学角度看乌克兰语言政策对构建和谐社会的影响

博纳德·斯波斯基主张从语言生态的角度研究语言政策,他指出:"从语言生态的角度来看待语言政策具有两重含义:第一,这意味着我们在研究某一社区的社会语言库时,不能仅仅考虑那些被制定为官方语言的方言变体或者那些仅代表了某些具体族群的语言变体,而要考虑到该社区的所有语言变体,因为语言变体是构成社会语言库的成分。……第二，这意味着我们要认识到语言政策存在于一个广泛的人类社会大环境中，这个环境由社会、政治、经济、文化、宗教和意识形态等元素构成。"① 具体来说，语言政策的制定要符合语言生态的实际；语言政策的制定要有利于良好的语言生态的构建；语言政策的制定必须具有前瞻性，形成和维护良好的语言生态是一项长期的艰巨的任务；语言政策的制定还要考虑不同语言的不同特性，应从保护语言生态、维护语言多样性的角度，制定强有力的保护措施，形成一些切实可行的语言政策。②

乌克兰社会有一个特点，就是地区主义盛行，这就使政权关系十分复杂，既有各个地区的关系，也有地区与中央的关系。在处理这些关系方面，语言具有十分重要的作用。

从理论上讲，地区主义和语言多样性不能直接影响国家和国家体制的形成，但语言是属于一定的意识形态范畴的东西，语言具有工具性。在乌克兰，语言问题毫无疑问是一个政治问题，同时语言的安全问题具有特殊的现实意义。自1992年以来，俄语开始逐渐被从乌克兰社会生产活动的所有领域排挤出去。尤其从2005年起"去俄罗斯化"达到空前程度。截至目前，乌克兰政府颁布了78条有关俄语的不公正法律法令，这还不包括总统与政府命令及其他文件。

乌克兰民众一般对语言持两种态度：语言一元论和语言多元论。一元论者认为，实行统一的国家，语言是国家统一、独立的象征，是保证国家主权的手段；语言安全是国家安全的重要组成部分，突出主体民族意识。一元论者还认为，地区主义的目标是分裂国家，不能有地区语言。语言多元论者则认为，国家是一个统一的联合体，国家的力量在很大程度上是由构成国家的各个部分组成，各个地区和团体的语言与国语应当是"共存"关系。语言的共存有两种情况，地区语言

---

① [以] 博纳德·斯波斯基：《语言政策——社会语言学中的重要论题》，张治国译，商务印书馆2011年版，第74页。

② 冯广艺：《论语言生态与语言国策》，《中南民族大学学报》（人文社会科学版）2013年第3期。

处于最下层，国语位于最上层，或者地区语言和国语存在同一层面、平行发展。

当然，这种语言的共存会导致语言相互竞争、相互排斥，甚至可能使地区语言在竞争中消失。语言多元论的核心观点是，在一个国家容许多种语言共同存在，在竞争中发展，此消彼长。而语言一元论与此正好相反，在一个国家国语必须一统天下，排挤地区语言，直至消亡。关于语言的安全问题，多元论者认为，保护任何一个民族集团语言的安全，应以对国语不造成威胁为前提，当然这也要以国语本身应具有强大的生命力为先决条件。

语言生态学认为，"语言价值认同是语言推广的前提条件。构成语言价值的元素很多，如语言的社会文化价值、实用价值等等。一种语言推广成功与否，要看这种语言的价值是否得到语言接纳者的认同或承认，世界上很多国家在制定语言推广政策时，都或多或少地考虑到了这一点。一般来说，充分考虑到了语言价值认同的语言推广政策，语言推广的成效就比较好，……从另一个方面看，争取语言接纳者的语言价值认同，是语言推广的一项重要工作"[①]。

乌克兰独立以来，政府一贯的语言政策是，在语言问题上一直坚持一元论的语言发展道路。这一点在乌克兰1996年通过的宪法中得到确认，宪法第10条规定，国语是乌克兰语，俄语的地位等同于乌克兰其他少数民族语言，这明显降低了俄语和其他民族语言的地位。然而在各个地区乃至全国，现实的语言现象表明，俄语所起的作用并不像乌克兰立法机构规定的那样。乌克兰政府推行的语言政策一个明显的倾向是，在最大限度内实现乌克兰民众对乌克兰语的认同感、实行乌克兰化，去俄罗斯化，这种观点，在尤先科执政后得到进一步强化。这种过激的语言政策在乌克兰社会引起巨大反响，特别是把民众对乌语的掌握和使用放在国家的法律层面，显有不妥之处。

---

① 冯广艺：《论语言生态与语言国策》，《中南民族大学学报》（人文社会科学版）2013年第3期。

乌克兰独立后一直实施有关俄语的不平等语言政策，完全忽视《语言法》（1988年），违反《宪法》（1996年）的相关规定。《宪法》第10条规定："保障俄语以及其他少数民族语言在乌克兰的自由发展和使用。"第53条规定："保障在国立和公立高校使用母语教学和学习母语的权利等。"乌克兰政府强制使俄语的使用范围急剧缩小，把俄语从官方事务、行政、社会政治、科学生产、卫生以及部分大众传媒（广播、电视）等领域彻底排挤出去。

乌克兰政府取缔使用俄语教学的国家学前教育机构、减少俄语中小学数量（从1992年占总数的50%减少到如今的5.9%），结果造成这些学校的学生数量减少到9%，而这并不符合俄罗斯族人和说俄语公民的真实需求和语言价值观；取消俄罗斯文化和历史课程，只有个别乌克兰语学校里才有俄语课，师范类大学不再为俄语中小学培养语言教师及学科教师，如数学、物理、化学老师等，不容许学生使用俄语获得职业或高等教育，不承认学生在俄罗斯获得的学位、文凭等等。

1999年12月24日乌克兰最高拉达批准《欧洲区域或少数民族语言宪章》（以下简称《宪章批准书》）。《宪章批准书》在法律上确立了俄语区域语言的地位，但乌克兰政府对此迟迟不予实施，直到2006年1月1日《宪章批准书》才在乌克兰生效。这一时期《宪章批准书》曾先后两次被修订，宪法法院认为其不符合《宪法》规定，限制乌克兰公民的语言权利。

现行的《宪章批准书》与乌克兰《宪法》规定的一些条款自相矛盾，其原因是它没有按照语言的普及程度和乌克兰的语言现实，来对语言进行划分并界定各种语言，因此在乌克兰俄语仅被界定为少数民族语言，政府给予俄语与加告兹语（占总人口的0.1%）、德语（占总人口的0.1%）、罗马尼亚语（占总人口的0.29%）、匈牙利语（占总人口的0.31%）、伊夫里特语（占总人口的0.007%）等少数民族语言同等的地位与待遇，这显然不符合乌克兰的真实语言生态状况和民众的语言价值认同。

《宪章批准书》生效以来，各州如卢甘斯克、顿涅茨克、哈尔科夫、扎波罗热、赫尔松州通过了实施《宪章批准书》条例的决议。随之有些州的检察长提起公诉，最终判定各州代表的决议不符合《宪法》规定，宣布其无效。乌克兰总统秘书处代表当局宣称地方委员会关于俄语的决议威胁乌克兰民族安全，前总统尤先科在谈到当时形势时说，"俄语不具有区域语言的地位"。所有这一切违背了乌克兰的实际语言生态状况和民众的语言价值取向，造成了乌克兰当今的乱局，民族情绪的对立，国家安全的不稳定。

乌克兰政府把乌克兰语作为国语在国内强制推行，是不符合乌克兰的实际语言生态现实的，是不明智的。据 2001 年的人口普查统计的结果显示，只有 67.5% 的公民认为国语（乌克兰语）是母语，29.6% 的公民认为俄语是母语。同时，在乌克兰俄语居民数超过国语居民数。根据基辅国际社会研究院的统计，2012 年 47.7% 的乌克兰人支持当地讲俄语的人有 50% 左右，即俄语被视为当地地区官方语言，25.7% 的乌克兰人赞同俄语为国语。①

语言一元论的观点与乌克兰多元语言生态的现实相悖，遭到除乌克兰族以外的其他民族的强烈反对，诱发了民族对立情绪，助长了民族分裂主义气焰。乌克兰政府为了遏制国家面临分裂的形式，为维护国家的统一，面对此起彼伏的民族运动，不得不作出让步。在 2012 年（亚努科维奇执政时期）通过了《国家语言政策基本法》。这部法律在乌克兰历史上具有里程碑意义，在乌克兰确立了实行多元语言的理念，确立了乌克兰语言的基本状况，容许有地区语言，即如果本地区有 10% 的居民承认某一种语言是其母语，那这种语言就可确立为本地区语言。如果赋予某种语言具有地区语言的性质，原则上在本地区这种语言与国语（乌语）具有同等作用。在法律上形成的地区语言毫无疑问具有政治色彩，有些少数民族语言逐步被同化，逐步实现民族的认同。这部语言法决定，在国内实行文化多元、语言多元，拒绝语言垄

---

① Думки населения України шодо статусу російсой мови та мисця російської мови восвити. 2012. URL：http：www. kiis. com. ua/22. 07. 2013）.

断。但遗憾的是，2013年年底乌克兰国内发生了自独立以来最严重的暴力流血冲突和极富戏剧性的政坛剧变，总统亚努科维奇被迫下台。2014年2月23日，乌克兰议会通过一项法律，废除《国家语言政策基本法》，剥夺俄语在乌克兰东部、南部等13个州的地区官方语言地位，俄语因此丧失了在乌克兰近半数行政区域内的地区官方语言地位，由此引发乌克兰语言冲突再度升温。因此在乌克兰，语言问题是乌克兰历届政府绕不开的话题，如果俄语问题不能得到及时合理解决，必将挑动民族神经，引起民族矛盾和民族不和谐，甚至成为诱发国家分裂的重要因素之一。

历史实践证明，一个国家语言政策的制定必须考虑国内的实际语言生态状况，应符合公民的语言价值取向和语言价值认同。从语言生态学的观点看，以语言环境公平为核心的语言生态环境观应当是："提倡平等相待，相互尊重的合作原则，以消除言语交际双方的不公平；提倡利益平衡的双赢原则，以消除交际利益主体的不公平；提倡个体整体协调一致的原则，以消除语用个体与社会整体利益的不公平；提倡当代人与后代人语用利益并重的原则，以消除跨代不公平。既要维护公平有序的语言交际环境，形成代内语言环境的公平，又要保证语言的可持续发展，确保代际语言环境的公平。"[①] 乌克兰政府实施的语言政策与其真实的语言生态背道而驰，由此激化了民族矛盾，给国家的安全稳定带来了巨大的且无法弥补的损失，造成了国内民族矛盾激化，民族冲突不断，国家处于分裂的边缘。这些血的教训是十分沉痛的。

因此，语言生态与语言政策的制定应紧密相连。一个国家的语言政策的制定应符合语言生态的实际状况，符合实际的语言政策有利于良好的语言生态的构建，同时在制定语言政策时应充分考虑不同语言的不同特点。作为语言国策之一的语言推广，既要充分考虑国民的语言价值认同和语言态度，同时还要考虑语言政策给语言生态带来的影

---

① 黄知常：《从言语奢化看语言环境公平问题》，《语言教学与研究》2002年第1期。

响，制定语言政策的出发点和落脚点均取决于语言生态的真实状况，什么样的语言生态决定应该制定什么样的语言政策，而语言政策的实施又对构建良好的语言生态起着至关重要的作用。

第七章

乌克兰多元文化环境下的语言认同问题

第一节 文化、多元文化和多元语言文化

文化是一个内涵和外延非常广泛并最具人文意味的概念。传统的观念认为，文化是一种社会现象，同时又是一种历史现象，是人类社会与历史的积淀物。具体说，文化是凝结在物质之中又游离于物质之外的，能够传承国家或民族的历史、地理、制度、艺术、风俗习惯、生活方式、文学艺术、行为规范、思维方式、语言符号和价值观念等的系统。它是人类相互之间进行交流的普遍认可的一种能够传承的意识形态，是对客观世界感性上的知识与经验的升华。文化随着民族的产生而产生，因此文化具有较强的民族性。

汉科特·汉默里把文化分为信息文化、行为文化和成就文化。[①]从哲学角度看，文化是哲学思想的表现形式；从存在主义的角度看，文化是对一个人或一群人的存在方式的描述；从文化研究的角度看，文化是意识形态，但不具有绝对的排他性。一般认为，文化由四个层次构成：一是物态文化，由物化的知识力量构成，是可感知的；二是制度文化，由人类在社会实践中建立的各种社会规范构成；三是行为

[①] [美] 塞缪尔·亨廷顿：《文明的冲突与世界秩序的重建》，周琪等译，新华出版社2010年版，第59页。

文化层，以民风民俗形态出现；四是心态文化层，由人类社会实践和意识活动中经过长期孕育而形成的价值观念、审美情趣、思维方式等。而人类学家将文化分为三个层次：高级文化、大众文化、深层文化。高级文化和大众文化均植根于深层文化，而深层文化的某一概念又以一种习俗或生活方式反映在大众文化中，以一种艺术形式或文学主题反映在高级文化中。尽管学者对文化层次的划分不尽相同，但可以看出，有些部分是重合的，只是划分的视觉和着眼点不同，因此，这些划分标准和内容应该说是大同小异，没有本质的差异。

可见，文化是一个非常复杂的概念，要给它下一个精确的定义是非常困难的。不少哲学家和社会科学家试图从各自学科的角度来界定文化的概念，但迄今为止，仍没有获得一个公认的、令人满意的定义。英国著名人类学家爱德华·伯内特·泰勒指出："所谓文化和文明乃是包括知识、信仰、艺术、道德、法律、习俗，以及包括作为社会成员的个人而获得的其他任何能力、习惯在内的一种综合体。"[1]

20世纪美国文化学家克鲁伯和克拉克对160多种关于文化的概念和定义加以厘清，将文化的定义分为六大类：（1）注重内容的描述性的；（2）强调传统的历史性的；（3）强调规则和价值的规范性的；（4）强调习得和习惯的心理性的；（5）强调模式结构性的；（6）起源发生论的。[2] 他们认为：文化是包括各种外显或内隐的行为模式，通过符号的运用使人们习得并传授，并构成了人类群体的显著成就。文化的基本核心是历史上经过选择的价值体系，文化既是人类活动的产物，又是限制人类进一步活动的因素。[3] 国内学者一般都遵从《中国大百科全书·社会学》的解释："广义的文化是指人类创造的一切物质产品和精神产品的总和。狭义的文化专指语言、文学、艺术及一切意识形态在内的精神产品。"

---

[1] [英]爱德华·泰勒：《原始文化》，连树声译，广西师范大学出版社2005年版，第74页。
[2] [美]克罗伯、克拉克洪：《文化：概念和定义的批判性回顾》，沈之兴译，中山大学出版社1999年版，第103页。
[3] 同上。

多元文化又称"多元文化主义""多元文化论""多元文化政策"或"民族多元主义",等等。这一概念是20世纪80年代美国学者提出的,到90年代,对多元文化的讨论达到鼎盛时期,有人甚至把多元文化主义及相关的争论称为"文化战争"。多元文化是不同维度下的不同文化,但不同于多样文化,因为多样文化是同一维度下的不同文化。

截至目前,多元文化的内涵尚未有一个明晰的界定。多数学者认为,多元文化是在人类社会越来越复杂,信息流通越来越发达的情况下,各种文化的发展面临着不同的机遇和挑战。王希认为,多元文化因不同领域的不同用途而有不同的内涵,它"既是一种教育思想、一种历史观、一种文艺批评理论,也是一种政治态度、一种意识形态的混合体"[①]。这种归纳法虽然全面,然而还是未能对多元文化下一个精准的定义,让人对其内涵有个简明扼要的把握。尽管如此,它可能仍是目前学界普遍认可的对多元文化基本概念的最全面描述。也有人认为,多元文化就是指一个国家或一个民族在其历史发展进程中,在继承本民族的优秀文化基础上,兼收并蓄其他国家或民族的优秀文化,从而形成以本国或民族文化为主,外来文化为辅的百花齐放、百家争鸣的和谐社会氛围。可见,多元文化与文化一样是一个内涵和外延十分广泛的概念,要给多元文化下一个精准的定义是相当困难的。可以说,多元文化既是一种文化观,也是一种历史观,同时也是一种教育理念。

多元语言文化是多种语言与多元文化结合的产物。在多元文化环境下必定是一个多民族的社会环境,在这种环境下自然形成一种多元语言文化现象,这种多元语言文化现象构成一个社会的特有现象,这种社会现象的本质较绝大多数人说一种语言的单一文化社会,以及由两种近亲语构成语言空间的双文化社会要复杂得多。多元文化内涵的丰富性源自其起源的复杂性,所以给多元文化下一个明晰的定义注定

---

① 王希:《多元文化主义的起源、实践与局限性》,《美国研究》2000年第2期。

第七章 乌克兰多元文化环境下的语言认同问题 / 173

是困难的。

在一个社会结构中，多元语言文化现象的形成并不是各个民族以及社会群体"拼合"的结果，而是体现了在多民族空间中出现的多元语言文化状况的一些特点，这个多民族空间拥有自己的文化背景、历史文化遗产、传统、文化观念，还拥有其独特的文化进程，即文化之间的相互作用、不同文化的认同化等。

从研究的范式看，多元语言文化现象与其说是比较语言文化学的成果，不如说是在不同空间中形成的，与各民族密切相关的语言思维特点的结合、相互融合、相互影响的产物。多元语言文化现象表现在一些特有的概念域中，如逻辑推理、言语行为定式等。

维克多·米哈伊洛维奇·沙克列伊恩认为，语言文化的范畴包含语言及其相关的文化之总和，而这种语言以及与其相关的文化的总和是处在一个动态平衡的社会区域，并处在一个相互作用的过程中，处在一个特定区域或行政政策结构的范围之内，以及一定的时间断面的框架内。[①]

在多元语言文化环境下民族之间必定要交流，这种交流的结果是语言文化的融合，这种融合的文化意义有超民族的特点和功能上的普适空间。在多元语言文化环境下，文化的对话性体现的是语言个性之间的彼此的认同。这里的认同指的是在一切个体与周围世界的关系中，个体所接受的和想要成为的一种样式，是一种同等的、认清"自我"的不变的感知，这种感知不以"我"与环境的变化为转移，是体现个体恰当地解决在其发展的每一个阶段出现的一些问题的一种能力。

如果在多元语言文化环境下某些定型的东西能够反映一些民族自己的特点，那么在这种多元语言文化环境下，依据共同的知识体系就会形成一些普遍的思维定式。

一个人，在其作为一个民族思维方式和语言的载体时，加入到与

---

① Богданович Г. Ю., Ефимов С. А. Серия "Филология" Таврического национального университета, 2006. 2.

其他民族代表一起的生产活动中，包容或者吸收其他民族文化的一些特点，并在现实的交际及话语策略中都有所体现。在复杂的多元语言文化相互作用的环境中，操不同语言和不同文化背景的人会形成一种特殊的共性思维结构，以及对世界图景的共同价值观念。

语言文化的认同性具有社会决定性和历史性，例如克里米亚地区居民的认同性不仅与其民族的历史有关，还与其半岛的历史有关。众所周知，克里米亚共和国位于俄罗斯西南部乌克兰以南的克里米亚半岛，其面积2.55万平方千米，人口约250万，其中俄罗斯人占60%，乌克兰人占24%。此外，这里还生活着少数克里米亚鞑靼人和白俄罗斯人等。克里米亚首府为辛菲罗波尔。1783年，克里米亚被俄罗斯帝国吞并，1918年归属俄罗斯苏维埃联邦社会主义共和国（即苏俄）。1954年5月，为纪念乌克兰与俄罗斯合并300周年，苏联最高苏维埃主席团下令将克里米亚划归乌克兰。2014年俄罗斯又重新占领了克里米亚。这里的语言文化带有其特殊的地域性和历史性。但在克里米亚半岛，多元语言文化状况下的语言文化的个性差异包含在克里米亚总的文化范畴内。

第二节　多元语言文化环境下乌克兰的语言现状与认同

乌克兰的历史如果从10世纪基辅罗斯形成算起，它已走过了1000多年的历程。14世纪各基辅公国脱离金帐汗国，之后基辅罗斯逐步分割为俄罗斯、乌克兰、白俄罗斯三个支系。在之前的数个世纪中，今日乌克兰版图的各组成部分并不是一个统一体，而是处于多个政治实体统治之下，有着不同的历史，经历了不同的发展轨迹。在乌克兰的历史进程中，曾遭受波兰、立陶宛、匈牙利、土耳其、俄国等的入侵或统治，也有其他民族的迁徙和加入，如希腊人、德意志人、法国人等。

可见，乌克兰的历史既是一部蒙受被侵略、被奴役、被压迫的历史，也是多民族杂居、融合的历史。这也是乌克兰多元语言文化形成的主要因素，因此乌克兰的语言问题与其独特的历史进程有着千丝万缕的联系，是乌克兰的独特历史决定了乌克兰语言文化问题的特殊性、复杂性、不可调和性。

乌克兰现在有4600多万人口，130多个民族，是一个典型的多民族、多元语言文化的国家。1991年乌克兰独立后，民族矛盾凸显、语言和文化冲突交织，从而引发国内矛盾和战争，国家安全受到严重威胁，其中语言问题引发的矛盾尤为激烈，在乌克兰语言认同问题已被政治化，成为乌克兰历届政府面对的最为棘手的问题之一。

关于"认同"有两种含义，一种指"身份"，是名词；另一种指"认同"，是动词。[①] 维基百科对"认同"这一词语作出的解释是：认同是人的一种心理属性，即回答他属于哪种社会、经济、民族、职业、语言、政治、宗教、种族等群体或团体，或是把自己等同于某种人，从而实现上述这些群体或团体所具有的一些属性。[②] 俄罗斯历史学家、民族学理论家古博格罗认为，"认同不是固定或随意变化的范畴，而是指一系列因环境、民族领袖及某种固有文化范畴内所创造的个性而变化的内在的观念、思想、特征、规范及行为方式"[③]。

国外学者有关"认同"的研究，迄今已有半个多世纪的历史，有关"语言与认同"的研究，则是近30年来的事。[④] 古博格罗认为："语言认同是一个人或一个群体语言特征的总和，包括一种语言或多种语言（语言能力）、语言使用（言语行为）、语言态度。"[⑤] 与世界上许多民族不同，在漫长的历史发展过程中的大部分时间里，乌克兰人没有自己的国家，乌克兰土地支离破碎，分属于比乌克兰强大的多个周边国家，乌克兰民族建立自己独立国家的夙愿终于在1991年12

---

① 周庆生：《语言与认同国内研究综述》，《语言战略研究》2016年第1期。
② https://ru.wikipedia.org/wiki/Идентичность.
③ Губогло М. Н. Идентификация идентичности：Этносоциологические очерки .М., 2003. С. 29.
④ 周庆生：《语言与认同国内研究综述》，《语言战略研究》2016年第1期。
⑤ Губогло М. Н. Указ. соч. С. 39.

月得以实现。乌克兰自独立以来,乌克兰人民为重新构建国家认同而不懈努力。历史原因使乌克兰国内形成两大主要语言团体,即西部乌克兰语区与东部俄语区,因而语言就成为乌克兰人民构建国家认同的一个关键因素。乌克兰独立已有二十几年的时间,了解现如今乌克兰公民的语言认同现状,使我们对乌克兰人民在构建国家认同过程中制定的一些具体的方针政策,如语言政策等,将会有一个更加清晰全面的了解和认识。随着中乌两国商业贸易往来、文化交流活动的增多,了解对方国家的语言国情具有极其重要的现实意义,是跨文化交际得以顺利实现的重要保证。

在乌克兰,乌克兰族与其他民族的分布很不均衡,在乌克兰的 24 个州中,"乌克兰族占比重较高的州有 17 个。其中,比重占 90% 以上的州有捷尔诺波尔(96%)、伊万洛—弗兰科夫斯克(95%)、沃伦(94%)、利沃夫(93%)及切尔卡瑟(90.5%)等。俄罗斯族是乌克兰最大的少数民族,他们主要分布在乌东部和南部,即卢甘斯克、顿涅茨克、哈尔科夫、扎波罗热、敖德萨、第聂伯彼得罗夫斯克和赫尔松等州"[1]。进入 21 世纪,乌克兰族人在 14 个州有所增长,其中基辅和敖德萨增长最快,前者增长了 13.3%、后者增长了 7.6%。这主要是乌克兰国内人口迁徙造成的,但敖德萨的总人口减少了 6.4%。当然乌克兰族人这样大幅增长既有俄罗斯人的语言认同发生变化的因素,也有人口流动的原因。[2] 乌克兰各州人口的变化对语言状况的影响是十分明显的。

1991 年乌克兰独立后,乌克兰各个地区人口和语言族群发生了一系列变化。与俄罗斯相邻的边境地区人口明显减少,如切尔尼戈夫、苏梅、哈尔科夫、卢甘斯克等州,与首都基辅接壤地区的人口也有明显降低,如日托米尔、文尼察、切尔卡瑟、波尔塔瓦、基洛沃格勒、

---

[1] 李发元:《论乌克兰国家层面语言政策制定对国内民族团结和睦的影响》,《西南民族大学学报》2017 年第 9 期。

[2] Шульга Н. А. *Великое переселение народов: репатрианты, беженцы, трудовые мигранты.* К., 2002.

第聂伯罗彼得罗夫斯克、扎波罗热、敖德萨等州。这些地区居民减少的主要原因是居民的迁徙造成的，一方面是向国外迁徙（大部分涌向俄罗斯），根据有关材料统计，1994—2000年在乌克兰的俄罗斯人减少了32万多人。这些人中的大部分不是在乌克兰土生土长的俄罗斯人，大部分是从其他国家，特别是从苏联各加盟共和国迁徙至乌克兰的俄罗斯人。根据俄罗斯内务部统计，1991—2000年从乌克兰迁徙到俄罗斯的人口超过60万，其中大部分是俄罗斯族人。[1] 另一方面是国内迁徙，大部分迁往基辅等经济较发达地区。在两次人口普查中（1989年和2001年），沃伦、伊万诺—弗兰科夫斯克，捷尔诺波尔、切尔诺夫策等州的人口基本没有发生变化，罗温基和外喀尔巴阡州的人口稍有增加。

2001年人口普查数据表明，在乌克兰的俄罗斯人的绝对或相对人数都有明显减少。伊万诺—弗兰科夫斯克和利沃夫州俄罗斯人比以前减少了两倍，文尼察、沃伦、日托米尔、罗温基和基洛沃格勒、捷尔诺波尔、赫梅利尼茨基等州俄罗斯人减少了40%以上，在基辅市、外喀尔巴阡、基辅州、波尔塔瓦、苏梅、赫尔松、切尔卡瑟、切尔尼戈夫、切尔诺夫策等州俄罗斯人减少了三分之一以上。捷尔诺波尔和苏梅州俄罗斯人减少人数超过了乌克兰族人增加的人数，在切尔卡瑟州俄罗斯人减少与乌克兰族人的增加持平。在其他地区，如基辅，乌克兰族人的增长稍微超过了俄罗斯人的减少数。

据此，可以断定，俄罗斯族人数的减少不只是人口的迁徙造成的，主要原因是俄罗斯人的文化认同方面发生了变化，这些俄罗斯人大多来自乌克兰—俄罗斯人混合组成的家庭，或能与乌克兰族人扯上关系的俄罗斯人，随着乌克兰政府"去俄罗斯化"的不断升级，他们的民族认同也发生了变化，在这些文化认同发生变化的人群中，语言认同也随之发生变化，这也是乌克兰讲乌克兰语人数上升的主要因素之一。

---

[1] Прибыткова И. М. Структурные изменения демографического потенциала Украины. По данным переписи населения 2001 г.

据有关调查表明，在乌克兰认为乌克兰语是母语的人数近年来增长了 2.8%，但认为乌克兰语是母语的乌克兰族人则下降了 2.5%，认为乌克兰语是母语的居民人数的增长主要在 23 个州，其中在第聂伯罗彼得罗夫斯克、日托米尔、基洛沃格勒、利沃夫、尼古拉耶夫、敖德萨、苏梅、赫尔松等州这个数字超过了 5%，而基辅则为 14.6%。毫无疑问，这种现象表明，在乌克兰的俄罗斯人的语言认同发生了变化：在乌克兰各个地区，认为乌克兰语是母语的俄罗斯族人的数量都有不同程度的增长，其他少数民族认同乌克兰语为母语的人数也有不同程度的增长。这种现象说明，乌克兰独立后实行的一系列关于乌克兰语作为唯一国语、打压俄语在各个领域的使用，排挤其他少数民族语言的语言政策开始奏效，在乌克兰的俄罗斯人和其他少数民族的语言文化认同正在发生变化。

虽然把自己的民族语言认作母语的乌克兰公民在 16 个地区有一定增长，但波尔塔瓦州的数量仍保持未变，而在第聂伯罗彼得罗夫斯克、顿涅茨克、扎巴罗热、卢甘斯克、尼古拉耶夫、敖德萨、哈尔科夫、赫尔松等州及克里米亚等 9 个地区则有所下降，而在这几个地区把俄语认作母语的乌克兰公民则有明显提高。[①]

上述 16 个地区语言状况发生变化的原因，可能是民族认同发生了变化，如一些土生土长的俄罗斯人或乌克兰—俄罗斯人组成家庭的混合民族家庭，为了就业、入学、仕途或在社会上不受歧视等原因，自愿加入乌克兰族行列，但其中一部分人的语言认同没有变化，即仍然认为，俄语是其母语。诚如库利钦茨基所言，这些人在人口普查时轻而易举地宣称是乌克兰族人，但又不承认母语是乌克兰语。[②] 需要指出的是，有些州把乌克兰语认作母语人数相对有所下降。例如，顿涅茨克下降了 6.6%，卢甘斯克下降了 4.8%。需要指出的是，语言认同受各种因素的影响，更愿意把俄语作为交际语言人数的增长是受乌克

---

① Ефимов С. А. Серия "География", Том17. №4. Таврического национального университета, 2004.

② КУльчицкий С. Третий Переяслав. ——Зеркало нелели, №5, 14февраля 2003.

兰近几年来政治、经济和科学技术等因素的影响。① 但从整体看，乌克兰族人和俄罗斯人语言认同的变化并不大，或者说，基本相同，对于绝大多数地区来说，没有超过 0.1%—0.2%，人们对语言认同的调查或评价带有很大的主观因素和情感色彩。在苏联时期，生活在乌克兰的人大多以是俄罗斯人为自豪，只要是与俄罗斯族扯上关系的通通认为是俄罗斯人。1991 年独立后，正好相反，凡是能与乌克兰族人扯上关系的人都把自己划归乌克兰族群，以自己是乌克兰族人为荣。

乌克兰的语言问题与其说是语言政治问题，不如说是民族认同或国家认同问题。"许多乌克兰公民的语言认同与民族认同是不统一的，尽管他们盼望两种认同自然统一。民族语言身份和语言群体界定的模糊性使乌克兰明显有别于大多数欧洲国家，虽然乌克兰试图推行那些欧洲国家的民族国家模式，但是这种模糊性使实施过程前后不一、冲突不断。"②

根据乌克兰一些社会学研究机构的调查③，俄语和乌克兰语在社会的使用情况是大概有 1/3 的受调查者倾向根据交际环境来选择交际语言（详见表 7—1）。

表 7—1　　　　　　　　交际语言的选择（%）

结论	1994 年	1995 年	1996 年	1997 年	1998 年	1999 年	2000 年
只说乌克兰语	36.7	31.9	36.9	38.2	37.7	36.3	39.1
只说俄语	33.2	32.8	33.1	34.4	33.4	33.6	35.9
其他语	0.7	0.9	0.4	0.6	0.5	1.1	0.2
根据交际环境来选择语言	29.4	34.4	29.6	26.8	28.4	29.0	24.8

资料来源：Богданович Г. Ю., Ефимов С. А. Серия "Филология" Таврического национального университета，2006.2。

---

① Аза Л. О. Тенденції етномовного розвитку в Україні，Інститутсоціології НАН України，2001.
② 戴曼纯：《乌克兰语言政治及语言生活现状》，《中国社会语言学》2013 年第 2 期。
③ 乌克兰族人占受调查者的 76.1%，俄罗斯族人占 21.4%，其他民族占 2.4%。

在乌克兰快速提升乌克兰语在社会生活的各个领域的使用还是非常困难的,受调查者普遍认为,这是由于已经形成了这样一种思维定式,即俄语优先,其次,俄罗斯统治乌克兰300多年,乌克兰语长期被边缘化,通晓乌克兰语的人不多,加之乌克兰语本身的发展缓慢,乌克兰语本身的标准化程度较低,缺乏乌克兰语教材等。

事实表明,民族语言的分化具有区域性特点。据乌克兰国家科学院社会学研究所的研究数据显示,来自乌克兰南部60.7%的受调查者认为自己是乌克兰族人,但其中只有34.7%的人认为母语是乌克兰语,并且只有17.9%的人在家庭内部交流中使用乌克兰语。由此可见,在乌克兰南部俄语仍是族际交际语。格罗万哈和帕尼娜所作的关于乌克兰各地区家庭内部交流语言的社会调查资料很具说服力(参见表7—2)。

表7—2　　　　　　家庭内部交流语言的使用情况(%)

区域	家庭内部交流语言			
	只用乌克兰语	只用俄语	其他语	根据交际环境选择语言
基辅	18.0	48.0	0	34.0
北部	66.1	9.9	0	24.0
中部	64.0	11.1	0	24.9
东北部	14.8	41.4	0	43.8
东部	5.5	81.1	0.3	13.1
西北部	85.5	1.5	0	13.0
西部	86.6	2.8	0.1	10.5
西南部	75.3	1.4	1.9	21.4
南部	13.8	51.7	0.6	33.9
东南部	22.2	62.6	1.1	14.1
克里米亚	0.0	84.4	1.5	14.1
乌克兰全境	39.1	36.6	0.2	24.1

资料来源:Головаха Е. И. Панина Н. В. Українське суспільство: Моніторинг, 2000.5。

关于俄语在乌克兰的地位问题,以及乌克兰公民对待俄语的态度问题，乌克兰科学院两位研究员格罗万哈和帕尼娜进行了深入细致的调查分析，具体内容参见表7—3：

表7—3　　　　　　　　乌克兰的俄语地位（%）

区域	您认为在乌克兰是否有必要赋予俄语官方语言的地位？		
	有	没有	很难回答
基辅	27.3	55.6	17.1
北部	30.7	46.2	23.1
中部	31.1	41.8	27.1
东北部	53.7	25.3	21.0
东部	77.0	10.5	12.5
西北部	16.0	66.4	17.6
西部	10.6	83.2	6.2
西南部	18.6	61.4	20.0
南部	57.6	17.5	24.9
东南部	50.5	21.7	27.8
克里米亚	85.7	2.1	12.2
乌克兰全境	44.2	36.4	19.4

资料来源：Головаха Е. И. Панина Н. В. Українське суспільство：Моніторинг, 2000.5。

学者们的研究成果显示，乌克兰双语现象形成的历史因素并不像去俄罗斯化理论家们所说的那样简单。乌克兰目前的现实是，年长的一辈人经常用乌克兰语交流，而年轻一辈恰好相反。当代的年轻人，与年长的一辈人相比，受教育程度更高，思想更活跃、更开放、更务实。他们愿意学习任何一门语言，只要这门语言能够帮助他们实现自我价值。比如在用俄语交际时，他们能够找寻到有利于文化和精神发展的动因，利用俄语可以查阅科研资料，使用俄语比乌克兰语更方便学习科学知识。他们并不认为用俄语进行交际会对民族的自我认同，以及积极地表达他们热爱祖国的立场带来什么威胁。

2001年人口普查数据表明，乌克兰各地区乌克兰族人所占的比率处于普遍上升的趋势（除克里米亚地区外），同时也反映出一个事实，即说乌克兰语的俄罗斯族人的数量处于绝对或相对递减的趋势（乌克兰各地区都有这种趋势）。通过分析已知的数据资料，可以确定，出现这种趋势，并不只是移民造成的，而是由于出身乌克兰—俄罗斯族混合家庭的那一部分俄罗斯族人的民族自我认同正在发生转变。在乌克兰选择乌克兰语还是俄语作为母语，不仅是对民族文化的认同，而且带有强烈的政治色彩。1922—1991年，俄罗斯和乌克兰两个民族的居民普遍混居、相互通婚，形成了由不同民族组成的混合家庭。在20世纪70—80年代，这种混合家庭约占当时全国新婚家庭总数的30%。乌克兰独立后，虽有近300万的俄罗斯族居民回到俄罗斯联邦，但俄罗斯族仍然是乌克兰的第二大民族，并在乌克兰东部和南部地区继续生活。① 有时人们并不刻意把他们自己归属于哪个民族，他们把经常使用的语言当作母语。

　　在乌克兰族人和俄罗斯族人的语言文化自我认同发生转变的同时，学者们应当关注与之相关的一系列问题，如民族认同、文化认同、语言认同、国家认同等。需要说明的是，乌克兰每一次人口普查的结果都会引发一些争议，或招致一些群体的不满，特别是民族语言的统计方面。比如1989年人口普查结果受到乌克兰民族主义者的怀疑甚至不满，2001年人口普查结果遭到乌克兰说俄语的政客们的不满，使乌克兰的俄罗斯人失望，甚至出现民族矛盾。在千年之交之际乌克兰国内进行的人口普查是乌克兰历史上最大规模的一次社会学调查，其结果基本真实地反映了乌克兰居民的民族语言自我认同性，普查中得到的一些资料还是有一定价值的。

　　总体来看，目前乌克兰存在两种关于语言问题的倾向：第一，试图把乌克兰宪法或教育政策中明确给予乌克兰语唯一国语地位的特权

---

① 乌克兰统计委员会，http://2001.ukrcensus.gov.ua/eng/results/general/nationality/，2016 - 01 - 05。

进一步加强；第二，支持一些学者和讲俄语者坚持使用俄语的权利，即给予俄语一定使用空间。因此，在乌克兰，宪法确定主体语言（乌克兰语）为唯一国语与少数民族语言（俄语）之间的矛盾越发突出，由此引发的社会矛盾日益尖锐。

第三节　多元语言文化对乌克兰民族团结、社会稳定的影响及启示

在现代社会制度下，一个国家由单一民族、单一语言文化构成的社会体系已非常少见，一般都由几个民族构成，由多个民族构成的社会体系，一般都是多元语言文化的状况。在这种复杂的社会结构下，必然需要各种不同的语言、文化服务于社会的发展。诚如前文所述，乌克兰是一个典型的多元语言文化的状况，如何避免多元语言文化对民族团结、社会和谐、国家稳定造成的负面影响，发挥多元语言文化的优势，把多元文化语言变成一种社会财富，促进民族团结和谐，推动社会安全稳定，推动文化繁荣昌盛，这是当下乌克兰政府和人民需要认真思考，谨慎面对的问题。

第一，从历史的角度看，多元语言文化是推动社会进步、社会繁荣的动力。在全球化的背景下，世界文化格局发生了新的变化，这种变化的突出特点是呈现了世界多元文化融合的总体趋势。一个负责任的政府，应把各种不同的语言文化用于服务社会的发展，当这些多种语言文化服务于社会的发展时，就造就了语言文化的多元化，也就是复杂社会背景下的多元语言文化。

历史证明，在单一语言文化的社会，不可能出现多姿多彩的人类文化。众所周知，欧洲文化发展到今天之所以还有强大的生命力正是因为它能不断吸收不同文化的营养，使自身不断得到丰富和发展。欧洲面积约1000万平方千米，约占世界陆地总面积的6.8%，是世界第

六大洲，共有 37 个国家和地区，人口 7.23 亿，约占世界总人口的 13.4%，居世界第二位，是人口密度最大的一洲，共有大小民族 160 多个。①

可见，欧洲的民族成分相当复杂，语言和文化是极其复杂多元的，但欧洲的多元语言文化没有引发欧洲的民族矛盾，相反这些民族和谐相处，不断吸收彼此文化中先进的东西，从而成就了欧洲的繁荣昌盛。同样，中国文化也是不断吸收外来文化而得到发展的。印度佛教传入中国促进了中国哲学、宗教、文学、艺术的发展。同时，佛教形成了新的中国佛教宗派。这些新的佛教宗派不仅影响了宋明新儒学的发展，而且又传入朝鲜和日本，给那里的文化带来了巨大影响。显然，不同文化的差异构成了一个文化宝库。

实践证明，如果对多元语言文化处理不当，就会引发民族冲突甚至战争。从乌克兰的现状（经济下滑、人民生活水平下降、民族矛盾激化、爆发国内战争、国家安全受到严重威胁）可以看出，语言文化冲突（民族、宗教、权力野心等）是引发战争的主要因素之一。目前，乌克兰面临的主要问题是民族认同、文化认同和语言认同。由于苏联解体，乌克兰得到了前所未有的机缘，在没有民族斗争的情况下，自然获得独立，但独立后，乌克兰政府和人民对如何管理自己的国家，显得无所适从。政府没有根据自己国家的特点，领导人民构建民族、文化和语言认同，把多元语言文化变成一种财富，而是采取了相反政策，导致乌克兰经济衰退、民族矛盾凸显，国家出现分裂局面。乌克兰如果利用文化的力量，团结各族人民，构建和谐的社会环境，乌克兰的国家面貌肯定是另一番景象，因为语言文化作为一种精神力量，能够在人们认识世界和改造世界的过程中转化为物质力量，对社会发展和个人成长产生深刻的影响。乌克兰的混乱局面在很大程度上是由于多元语言文化的认同造成的，语言文化的认同是构建民族团结及和谐社会的基础，乌克兰的乱局给世人留下了极其惨痛的教训和启示。

---

① https://zhidao.baidu.com/question/872132873238474692.html.

第二，多元语言文化是一个民族和国家的重要资源，对国家、民族的繁荣昌盛具有助推作用。多元共存是指各种文化都有平等的生存权利和发展空间，互相之间应该平等共处、和谐发展。它是文化多元化的价值追求和基本特征，也是文化发展的内在规律和内在要求。多元文化是一个民族或国家的重要资源，它可以造福子孙后代。在世界范围内，各民族各地区的传统文化多姿多彩，构成了独具魅力的人文风景。因此，文化多元化虽然在一定程度上给民族文化带来一定冲击，但总的来说，文化多元化有利于世界民族和文化的繁荣与发展。多元文化是特定时代的产物，是与特定时代下社会的巨大变化，包括家庭、婚姻、宗教、教育和种族关系等领域的新变化，甚至与国际大背景紧密相关。多元文化能够促进文化之间的交流，多种文化的发展，丰富人们的生活。文化与政治经济相互交融。文化命运的背后是民族命运、国家前途和社会走向的问题，文化争论的背后是经济实力和政治制度的竞争，文化变革的背后是物质生产方式的变革。

一个和谐、繁荣、进步、发展的多民族社会，肯定是多元现象共存的社会，即各种语言文化都有平等的生存权利和发展空间，互相之间平等共处、和谐发展。这是文化多元化的价值追求和基本特征，也是文化发展的内在规律和内在要求。因此，文化多元化虽然在一定程度上给民族文化带来一定冲击，但总的来说，文化多元化有利于世界民族和文化的繁荣与发展。如果乌克兰充分利用多元文化语言的优势，促进乌克兰各民族之间的文化交流，繁荣民族文化，丰富人们的生活，这对民族的团结和谐有百利而无一害。但遗憾的是，乌克兰的所谓政治精英们没有充分利用这一大好资源，忽视了文化在一定程度上能决定一个民族命运、国家前途和社会走向的规律，而是让极端民族主义大行其道，导致了乌克兰目前的混乱局面。

第三，文化是凝聚社会的黏合剂。文化虽然说属于精神范畴，但它可以依附于语言和其他文化载体，形成一种社会文化环境，对生活在其中的人们产生同化作用，为他们的价值观、审美观、是非观、善恶观涂上基本相同的"底色"，也为他们认识、分析、处理问题提供大致相同的基本点，进而化作维系社会、民族生生不息的巨大力量。

在现代社会体制下，一个健康稳定、繁荣的多民族国家语言文化一定是多元的，政府应为国家的稳定、民族的和谐、文化的繁荣、国家的长治久安创造有利于多元语言文化发展的环境。先进的健康的多元文化语言对社会发展产生促进作用，同时，多元文化语言建设可为经济建设提供不竭的精神动力和强大的智力支持。文化语言还具有对社会的凝聚作用，也是综合国力的重要组成部分，因为文化语言的力量，深深熔铸在民族的生命力、创造力和凝聚力之中，民族的认同是在语言的基础上形成的。乌克兰是一个典型的多元文化语言环境，政府应充分发挥语言文化的作用，并将其视为一种精神财富，借此维护民族团结、国家统一。

第四，乌克兰的语言文化的状况是错综复杂的，因为在乌克兰，乌克兰语、俄语、克里米亚鞑靼语、保加利亚语、亚美尼亚语、希腊语、白俄罗斯语及其他一些语言文化共存，并在社会的各个领域发挥着各自的作用，而俄语、乌克兰语起着主导作用。但要强调的是，不能把操某种语言者的数量与民族属性及民族认同性完全对等起来。主体语言的交际意义也不尽相同，它受一系列语言外部因素的影响。首先，无论是过去还是现在，俄语作为族际交际语，在各个方面发挥着重要作用，比如在学校、生产活动以及家庭生活方面，甚至大多大众媒体也都使用俄语。乌克兰大多数居民已经习惯用俄语思考，习惯说俄语，习惯通过俄语获得一些信息。乌克兰语作为国语，多半用于事务来往、教育、法庭审理及大众传媒，旨在提高乌克兰语的社会威望。

乌克兰的特点是典型的多元语言文化生态景观，乌克兰政府没有充分发挥多元语言文化的作用，整合国内资源，利用多元语言文化优势，促进乌克兰经济社会发展，而是把多元语言文化的劣势暴露无遗，并发挥到极致。因此乌克兰的民族矛盾激化、国家安全受到威胁，甚至到了分裂的边缘，这是乌克兰留给世人的沉痛教训，值得深思。

第五，语言和文化就像是一对孪生兄弟，共同形成，共同成长，它们之间相互依赖、相互影响、不可分割。语言作为文化的载体和传播媒介，是文化的外在表现形式，在一种具体的民族文化中必然蕴含着形态万千的抽象语言系统，在文化的发展进步过程中，与之相对应的语言又会得到不同程度的发展，所以语言和文化是相互依存，互相影响，共同发展的。[①] 具体讲，文化包括语言，语言是一种特殊的文化现象；语言是文化的载体，语言作为文化的一部分，它不仅是一种文化现象，更是文化的载体，语言也是文化的传播方式。语言是人类思维方式和文化交流的一种最主要的方式，人类的思维方式和文化交流实际上也是文化形成和传播的表现，人类因有思维而在不断的社会实践中逐步创造了文化，又在不断的语言交流中互相传播各自民族的文化；语言的形成和文化的发展相互制约。语言政策的制定，必须符合国情，为构建国内民族团结和谐创造有利环境。因此，一个负责任的政府在制定语言政策时，必须考虑本国的实际情况，从本国的国情和历史文化现实出发，制定符合本国实际的语言政策。乌克兰独立以来，为全面"去俄罗斯化"，实施"乌克兰化"的政治主张，政府制定了一系列脱离本国文化实际的语言政策，导致乌克兰民族矛盾不断激化，经济下滑，人民生活质量不断恶化，国家安全受到威胁，甚至爆发国内战争。这给世人留下了刻骨铭心的教训和启示，值得世人深思。

---

① https://wenku.baidu.com/view/d77747d0c77da26924c5b01a.html.

第八章

乌克兰的民族认同、文化认同、国家认同

乌克兰在其形成、发展的历程中，经历了被异族统治、被殖民、被奴役的漫长过程。从其历史进程可以看出，这个民族的历史充满坎坷、多灾多难，且十分复杂。如果从9世纪东斯拉夫部落形成到14世纪后罗斯公国分割为俄罗斯、乌克兰和白俄罗斯算起，在经过1000多年后，直到1991年苏联解体，乌克兰才实现了真正的独立。

乌克兰独立后不久，又陷入国内政治、经济、民族危机的深渊，人民生活水平急剧下降，各种矛盾日益凸显、冲突不断，最后爆发国内战争，国家处于分裂边缘。这引起了世人的广泛关注和深入思考，政治家、学者纷纷探求答案，仁者见仁，智者见智。但他们普遍认为，目前乌克兰这种分裂局面的成因，既有国内因素，也有外部势力以经济和政治手段干涉的因素。他们认为，乌克兰国内因素是：经济大幅度下滑，资源配置不合理，贫富悬殊；党派林立、政治不稳定、贪污腐化，政府无所作为，没有形成成熟的政治体制，没有出现一个真正有能力、真正为国家和老百姓谋福祉的政府。这引起了乌克兰民众的普遍不满，对政府感到失望，对未来失去信心并感到迷茫。这样一来，乌克兰国内的民族矛盾由隐性转向显性，国内的政治、经济、民族等矛盾日趋激烈，中央和地方政府之间的矛盾、地区之间的矛盾开始凸显并不断加剧。

关于乌克兰爆发危机的外部因素，很多专家说是地缘问题，即俄

罗斯和西方大国的博弈。以俄罗斯和美国为首的西方采取拉拢和打压并举的方式在乌克兰国内寻找并培植自己的代理人，这就自然而然出现了亲俄罗斯势力和亲西方势力，以及非主流的第三方势力在西方和俄罗斯之间游荡，这一切自然加剧了乌克兰内部的矛盾。从乌克兰的地理位置看，它又处在欧盟和俄罗斯之间，同时处于三大宗教之间①，所以它的地缘政治和经济位置特别敏感。

其实，乌克兰国内矛盾的形成有多方面的原因，如果追根溯源，可以清楚地看到，乌克兰问题有着复杂的历史经纬和现实因素，因此不能简单地把乌克兰危机解释为大国地缘政治博弈的结果。由于乌克兰复杂的历史、文化、宗教、语言等因素，导致乌克兰国民缺乏基本的民族认同、文化认同和国家认同，这才是导致当今乌克兰危机的重要因素。因此，乌克兰要彻底走出目前的危机，必须具备三个要件，即民族认同、文化认同和国家认同。

第一节 乌克兰的历史进程导致其民族、文化认同缺失

根据学者的观点，民族认同是民族成员对自我身份归属的认知和认同，是民族成员个体对本民族的信念、态度和民族身份的承认，以及在心理上对本族群的依附感。民族认同的基础是文化，文化也是民族存在的基础、民族认同的基石。② 总体来看，民族认同应包括这样一些要素：民族自我认同、民族归属感、民族态度和民族社会参与和文化实践等。

在现实社会里，由单一民族构成的国家很少见，一个国家往往由数个民族构成，通常由一个民族在政治、经济、文化诸方面起主导作

---

① 在乌克兰周边的三大宗教是指以欧洲为代表的天主教集团、以俄罗斯为代表的东正教集团、南边以土耳其为代表的伊斯兰教集团。

② 谢立忱：《乌克兰国家的民族构建问题：根源、成就与挑战》，《史学集刊》2010年第6期。

用,这个民族就被称之为主体民族。在一个多民族国家内,民族的认同就是构建主体民族主义。民族构建就是民族作为文化—政治共同体的构建过程和民族认同的形成过程,"国家民族主义是本国公民超越自身狭小的民族、部族、种族、宗教的局限而对所在国产生的一种效忠和认同的情感,是民族共同体成员在民族意识的基础上对本民族至高无上的忠诚和热爱,是民族国家在保障民族成员的身份后,公民对国家的一种认同感和归属感。国家民族主义发挥着维系民族团结和国家统一的重要整合和构建作用"[①]。

在乌克兰独立之前的数个世纪中,乌克兰版图的各组成部分并不是一个统一体,而是长期处于不同的政治实体统治之下,长期处于多民族、多文化、多语言、多宗教的状态。

乌克兰的鼻祖是大约9世纪前后建立的基辅罗斯。13世纪30年代蒙古鞑靼人入侵基辅罗斯并获得胜利,建立了金帐汗国。14世纪初立陶宛成为东欧大国后,金帐汗国统治下的一些王公开始投靠立陶宛公国,最终使乌克兰的大部分地区被纳入立陶宛的统治之下。由于封建王公割据势力的扩大,罗斯部族出现分裂,在东北、西北和西南地区分别形成了俄罗斯人(大罗斯)、乌克兰人(小罗斯)和白俄罗斯人三个支系。

据史料记载,大约从16世纪起,乌克兰人在基辅、切尔尼戈夫、加利西亚、沃伦尼亚、外喀尔巴阡山、波多利亚、布科维纳等地逐步形成具有独特语言、文化和生活习俗的单一的独立民族,而乌克兰现代民族的形成大约始于17世纪。

1569年波兰与立陶宛合并组成一个联盟,乌克兰在1658年与波兰签订了《加利奇协定》。根据该协定,乌克兰与波兰和立陶宛组成一个具有联邦性质的国家。其实,波兰人是真正的统治者,乌克兰人在该联邦中没有话语权,其文化、语言受到压制和排挤。与此相反的

---

① 谢立忱:《乌克兰国家的民族构建问题:根源、成就与挑战》,《史学集刊》2010年第6期。

是，波兰文化在乌克兰却得到大力弘扬，天主教成了当地的主要宗教，波兰语得到大力推崇。可见，乌克兰从其民族形成起，就受异族文化、语言和宗教的深刻影响。

15世纪中期以后，乌克兰北部与俄罗斯的历史联系日益紧密，特别在东北部的苏梅州、哈尔科夫州、切尔尼戈夫州、波尔塔瓦州等地，东正教得到推广，从此俄罗斯的文化、语言逐步渗入乌克兰大地。

面对俄罗斯对乌克兰领土的占领，波兰加强了对西乌克兰的统治，并采取非常严酷的手段，这引起了第聂伯河流域中部地区哥萨克人的强烈不满，终于在1648年，哥萨克人在赫麦尔尼茨基的领导下揭竿而起，发动了一场史无前例的反抗波兰人的起义。为对付气势汹汹的波兰人，赫麦尔尼茨基曾试图寻求外部力量的帮助，但未成功，面对岌岌可危的严峻形势，不得不向强邻俄罗斯求助。于是1654年，乌克兰与俄罗斯在乌克兰的佩列亚斯拉夫达成了《佩列亚斯拉夫协议》。根据这一协议，俄罗斯可在乌克兰与波兰的边境地区驻军，以保障乌克兰的安全，哥萨克人受沙俄的保护。从此开始了乌克兰和俄罗斯的第一次结盟史。此次结盟是乌俄的双赢，俄罗斯获得了梦寐以求的黑海出海口，并在经济和文化等领域加强了与欧洲的联系，乌克兰的部分地区摆脱了波兰的统治。1667年，沙皇俄国和波兰达成停战协定，根据该协定，以第聂伯河分界，右岸属波兰，左岸归俄国①。从此两种不同的外来文化和宗教在乌克兰东西部开始竞争、角逐，这为日后乌克兰东西部地区在文化、语言、宗教等方面的差异埋下了隐患，这也是今天乌克兰西部地区居民信仰天主教、东部地区居民信仰东正教的主要原因之一，也是日后不断发展的民族矛盾和宗教矛盾的根源之一。

17世纪中叶，乌克兰人在"东正教"共同信仰的联合下反对波兰的"天主教化"运动，进而发动起义，这是乌克兰历史上第一次爆发的宗教冲突。乌克兰历史上的宗教矛盾由此开始并不断激化，这为以后乌克兰的民族宗教矛盾埋下了祸根。

---

① 何卫：《乌克兰危机的历史因素》，《光明日报》2014年3月26日第4版。

需要指出的是，随着奥斯曼土耳其势力不断发展壮大，16世纪后期，奥斯曼土耳其北上扩展到乌克兰中部，并大量修建清真寺，乌克兰一度出现伊斯兰化的现象。但在1683年奥斯曼土耳其军队在与奥地利帝国的战争中失败，前者在东欧的势力随之衰落，特别在乌克兰的势力更是日落西山，并很快退出了乌克兰。① 虽然奥斯曼土耳其在乌克兰的时间比较短，但其影响力是深远的，尽管伊斯兰宗教文化不是乌克兰的主流宗教，但伊斯兰文化从此在乌克兰的土地上播下了种子并生根、发芽，为乌克兰以后的宗教问题埋下了伏笔。

18世纪末，俄国、普鲁士、奥地利分别于1772年、1793年和1795年三次入侵并瓜分波兰—立陶宛王国，最终后者以灭亡而告终。在第一次瓜分中，加利西亚被并入哈布斯堡家族的奥地利；在第二次瓜分中，沙皇俄国获得第聂伯河右岸和沃利尼亚东部地区；在第三次瓜分中，俄罗斯又兼并了沃利尼亚的其余地区。沙俄前后兼并了原来波兰—立陶宛联合王国62%的疆域，其中在第二次和第三次瓜分中，俄国获得的领土中很大一部分就是原来波兰统治的乌克兰中西部地区，包括今天乌克兰的切尔卡瑟州、文尼察州和日托米尔州。奥地利从波兰分得了乌克兰人占多数的加利西亚部分地区（今天的乌克兰利沃夫州等地）。到1795年，除加利西亚以外（1772—1918年属奥地利），乌克兰其余地区均在沙皇俄国统治之下。1867年，奥匈帝国成立后，西乌克兰的一些地区被划归匈牙利管理，这也是后来乌克兰境内一直存在匈牙利族的原因。为了加快乌克兰的开发、巩固其统治，俄国政府鼓励德意志人移民到新占领的土地上②，所以直到卫国战争爆发之前，德意志人一直是乌克兰的主要民族之一。可见，乌克兰的多民族状况就是在这样被占领、被统治的过程中逐步形成的。

俄罗斯在其所兼并的乌克兰地区不遗余力地实施"俄罗斯化"、去异族化的政策，即加大对乌克兰实施"俄罗斯化"的力度，使乌克

---

① 何卫：《乌克兰危机的历史因素》，《光明日报》2014年3月26日第4版。
② 乌克兰历史发展阶段简介 https：//www.lszj.com/shijiefengyun/28530_2.html. 2015 - 12 - 26.

兰人尽快放弃其民族特性和文化传统，从"小俄罗斯人"变为真正的俄罗斯人。由此，俄罗斯文化、语言、宗教席卷了大部分乌克兰，并深深植入乌克兰大地，这就是为什么大部分乌克兰人对俄罗斯文化那么痴迷的原因。

沙皇俄国侵占乌克兰后，为了对乌克兰人进行有效的俄罗斯化，首先从教育领域寻找突破口。叶卡捷琳娜二世决定建立所谓的"民族中学"，其目的就是建立俄语学校，取代当时乌克兰地区的传统乌克兰语学校。根据女皇的计划，"民族中学"将全面实施俄语教学。沙皇政府为了让俄语民族学校的推行顺利进行，营造社会氛围，进行舆论宣传，说服当地的上层人士递交关于对当地中学和宗教学校机构进行改革升级的请求书，把推广俄语教学说成是对当地乌克兰人和乌克兰父母祈求的回应，把在学校开设俄语课描述成是对他们的一种赏赐。同时，对乌克兰宗教人士软硬兼施，把部分僧侣编入文官队伍。

基辅—莫吉良斯基大学的俄化是由沙皇政府培养的乌克兰民族叛变者，基辅的两位法院院长——克里米聂茨基和他的继任者米斯拉夫斯基推动实行的。后者完全按照沙皇的指令进行学校的教学与管理。学校的一切教学计划、教学方案、管理规定等全部用俄语发布。之后，在1784年，又发布了推行俄语拼写和语音的法令。学校教授学生在日常生活和教会活动中使用纯正的俄语发音。为此，他们还从莫斯科订购了大量俄语教科书运到乌克兰的学校，并且派学生去莫斯科大学学习纯正的俄语。

为了分化所有反对在乌克兰实行俄化的社会力量，沙皇政府还制定了惩治措施，并提醒相关宗教人士，如果他们忽视所有俄化的法令，他们将被开除神职。随之，所有教堂的书记和神甫都被要求阅读俄罗斯的宗教书籍。

政府给宗教中学提供物质方面的帮助，同时，叶卡捷琳娜二世要求，这些学校的教学方式应完全符合沙皇政府的要求。

最终，于1804年，叶卡捷琳娜二世全面禁止了乌克兰语教学，乌克兰语的有关教材被禁。学校完全按照沙皇政府的意图管理学校。教师按照上层的意图教授学生俄语。沙皇俄国在教育领域的俄罗斯化政策对乌克兰人民造成了极其悲剧性的后果。关闭乌克兰语学校并不只是简单地将其替换成俄语学校，而是彻底铲除了乌克兰语学校的生存土壤。

众所周知，在波格丹·赫梅利尼茨基时期和盖特曼统治时期，乌克兰文化语言得到了回复和发展，几乎每个乌克兰相对大的城市都有乌克兰语中学，而到了19世纪初，根据官方数据，这些学校的数量已经不及原来的十分之一。根据1740年和1748年的文献记载，在盖特曼统治时期的波尔塔瓦州和切尔尼戈夫州，1904个乡镇共有866所教授乌克兰语的中学，每所学校平均有746人。但是，1897年的记录显示，由于俄国实施有关抑制乌克兰文化的措施，乌克兰人已经从比较有文化的民族变成了文化水平最低的民族。1897年，乌克兰人的文盲率大约为80%。

如此一来，俄国摧毁的不只是乌克兰语学校，更重要的是，俄国完全毁灭了乌克兰的普通教育和乌克兰文化。俄国人通过这种手段颠覆了乌克兰教育基础体系，并不断扩展俄罗斯民族文化及其文化影响范围。从18世纪末到19世纪，乌克兰的俄罗斯化不仅完全渗透到了教育领域，同时还影响了国家管理和宗教事务这些本就由乌克兰上流人士掌控的领域。在苏联科学院编纂的苏联大百科全书中，就乌克兰这样写道："在十八世纪下半叶，政府对社会压迫的加剧导致了教育的衰败……乌克兰人无法获得母语授课。"

现在乌克兰的有些学者认为，1654年俄罗斯与乌克兰的结盟，对乌克兰民族是一种莫大的悲哀。其实，这是所谓的乌克兰民族的精英（即哥萨克军官、中小贵族和牧师）对乌克兰的背叛。他们丢弃了乌克兰人自己的立场，与俄国贵族、僧人们同流合污。[①] 彼得大帝在波尔塔尔战之后就开始采取了对乌克兰的贵族和神职人员进行分化的政策。沙皇政府对基辅—莫吉良斯基科学院和乌克兰教堂人员软硬兼施，

---

① Константин Свиржецкий. Русский в Украине. Запорожье, Дикое Поле, 2008.

实施俄罗斯化政策，对不服从者判刑、流放，同时将大规模的哥萨克人赶去种地、修建要塞。这一切彻底摧垮了乌克兰上层的道德感、乌克兰的哥萨克人的崇高的战斗精神，摧毁了乌克兰自主武装反对沙皇的意志，同时也破坏了乌克兰传统国家的管理体系。而这一政治谋划的形成在伊万·斯科洛巴茨基首领和彼得一世统治时期的戈利岑大公写给俄国最高文官戈洛夫金的信中得到体现："为了我们在乌克兰的安全，首先应先挑起上校和首领之间的争端，然后，当人民知道他们的首领就像马泽帕（不可靠的人）一样没有能力掌握权力的话，那我想，他们就会向我们靠拢。而在这种情况下靠拢者不会表现得很坚定，但这一切的前提是，在每座城市都要培养和首领意见不一的上校。"[1]

在18世纪后期，乌克兰政府机构被彻底摧垮了。在新的帝国机构中，从俄国派来的政府官员们都说俄语，并很快要求其他人都讲俄语。就这样，"上司"的俄语逐渐渗透到了乌克兰的所有语言环境中。

这个过程的推动主要依靠普及俄语普通中学、贵族学校和大学。同时，它还靠俄国军人和政府官员、地主和东正教教士中的迁移来到乌克兰的人员，这个过程开始于彼得一世，彼得二世时期达到了鼎盛。

乌克兰精英的俄化不仅是通过教育和建立只讲俄语的国家政府，同时还通过婚姻。1687年的《利洛马茨基条例》规定，乌克兰的首领和军官有义务去帮助乌克兰人和俄国人通婚。并且，当时沙皇政权是反对乌克兰人同除了波兰—立陶宛王国（乌克兰第聂伯河右岸）和立陶宛（白俄罗斯）人通婚，除非他们是俄国人。这个时期的俄化政策的目的是扼杀乌克兰人的民族意识。

长期以来，俄国人在乌克兰不断推动去民族化的进程。为此，他们用尽浑身解数鼓励乌克兰人接受沙皇的俄罗斯化政策。令人难以置信的是，乌克兰展示了自己的慷慨，不仅满足了沙皇政府、官员、军人和工业精英们的意愿，还不折不扣地把俄国文化引入乌克兰。如高加索人的后代，尼古拉一世时期的议长科丘别依就是去乌克兰民族化

---

[1] Константин Свиржецкий. Русский в Украине. Запорожье, Дикое Поле, 2008.

的典型代表，他直言不讳地说："虽然我的祖先是乌克兰人，但我要更像俄国人。"

沙皇政府的移民政策也是对乌克兰进行同化的重要手段。这一特点早在18世纪的后30多年就表现出来了。比如，在乌克兰南部，在边疆地区、新塞尔维亚和斯拉夫—塞尔维亚地区，俄国就已经在查波罗什的哥萨克人的土地上安置移民了。在部分地区，比如新俄罗斯州，那里的国外移民者会分到30卢布，而从乌克兰第聂伯河右岸来的乌克兰人就分到12卢布。在新塞尔维亚和斯拉夫—塞尔维亚，乌克兰人可以自由地将自己的房屋卖给搬来的塞尔维亚人，为此，沙皇政府会提供给乌克兰人一笔可观的收入。到18世纪末，在乌克兰的人口达到1000多万。其中，俄罗斯人有780万，奥地利人为220万。在人口数量和国土面积方面，乌克兰跨入了欧洲的大国之列。

乌克兰的人口增长导致了其民族构成的改变。在18世纪末（旧历），并入俄国的乌克兰地区人口中有89%的是乌克兰族人，但是100年后，这个数值则降到了72.6%，其重要原因就在于俄国对乌克兰实行的移民政策。

沙皇对乌克兰实施的俄罗斯化的另一举措是，对乌克兰精英阶层强制推行俄罗斯化，最终导致乌克兰民族文化的消失。而俄罗斯民族文化和语言则在乌克兰大行其道。在这种情形下，正如尼古拉·特卢别斯基所称，是否使用大俄罗斯语言，即莫斯科政府机构公文语体，成为体现"全俄罗斯"特点的必要条件。

在19世纪中期，俄罗斯强制推行俄罗斯化，否定乌克兰民族文化，禁止使用乌克兰语。从官方角度来看，乌克兰人被视为大俄罗斯族（或全俄罗斯族）的一部分。在现实中，则把能够表明乌克兰人和俄罗斯人不同的一切，都全面抹杀了。乌克兰语渐渐成为一种土语，成为俄语的一支方言。

"全俄罗斯"这一术语，成为一个成功的意识形态的产物。在俄罗斯帝国时代，俄罗斯主义者常使用这一词汇同乌克兰人的民族自我意识作斗争，以及将乌克兰民族精英潜在的自我觉醒意识引入迷途。

事实上,"全俄罗斯"并非另一形式的事物,它只是一次巧妙的概念偷换。在苏联时期,"全民族"或"超民族"这两个概念代替了这一术语的意识形态地位。事实上,对应到俄罗斯帝国时期,这两个新的说法正对应"大俄罗斯"或者"俄罗斯"。

虽然在19世纪前半期乌克兰民族实际上已经基本丧失了民族意识,但依然会出现新的精神和政治领袖。塔斯拉·舍甫琴科诗歌的出现成为当时最令人印象深刻的事件。他的诗歌在乌克兰、俄罗斯引起了文化和思想上的轰动。读舍甫琴科的诗歌,让受全俄罗斯主义影响而精神堕落的乌克兰人振奋起来。因为弹科布扎琴的民间歌手以有力的艺术语言表明了乌克兰语言的独特和完美,以及它所反映的乌克兰文化的能力。

人们清楚地认识到,舍甫琴科的诗歌破坏了"全俄罗斯"这一概念,恢复了乌克兰语,并唤醒了"为了乌克兰的独立"这一梦想。正是从这一时期开始,在乌克兰,爱国者和俄罗斯主义中心论者展开了激烈的思想斗争,俄国政府于是采取了各种强制手段甚至是种族灭绝。在这样的斗争中,对于乌克兰民族来说,牺牲的不仅仅是成百上千人的生命,而是自己的文化语言,丢失了自己的民族意识和国家意识。

塔斯拉·舍甫琴科成了这场斗争的第一个牺牲品。与苏维埃国家历史文献的主张相反,据说,舍甫琴科因革命观点和革命活动被镇压。俄罗斯史料证明,镇压的主要原因是从这位杰出的乌克兰人身上,俄当局感受到了舍甫琴科及其作品唤醒了乌克兰民族的自我意识。[①] 持这种观点的学者大部分来自乌克兰,当然这种观点不一定完全正确,其片面性和主观性在所难免。

1856年,著名的俄罗斯历史学家米哈伊尔·波戈金在自己的一篇文章中指出,乌克兰民族和乌克兰语言已经不复存在。俄罗斯文学家和政论家以极大的热情回应了这一说法。《莫斯科小报》的编辑卡特科夫斯基将波戈金的思想总结为一条定义,这成为了一代代俄罗斯沙

[①] Турченко Ф. Мороко В. Історія України. Кінець; XVIII—початок XX ст. к. , 2001.

文主义者的座右铭和信条，其内容为："不会，也将不可能存在任何形式的独立的乌克兰语言。"

1857年，乌克兰历史学家、基辅大学首任校长米哈伊尔·马克西莫维奇指出了波戈金观点的荒谬性。1861年，历史学家、民族学家尼古拉·科斯特马洛夫也持类似观点。此外，还有早先伊凡·科特连列夫斯基、塔拉斯·舍甫琴科以及其他19世纪前半期作家的作品都指出波戈金观点的错误性。但与之截然相反的是，从当时俄罗斯的角度来看，波戈金的假理论被视为抹杀乌克兰民族文化的依据。

虽然俄罗斯对乌克兰的俄罗斯化政策越来越严格，但一些有民族感的乌克兰人仍在不遗余力地宣扬乌克兰文化语言。19世纪50年代末，半合法的非党同盟成为恢复乌克兰民族运动的组织形式，这些同盟获得了村社的称谓。1859年，第一个村社在彼得堡诞生，这里生活着大量乌克兰人，具有爱国主义思想的乌克兰作家和社会活动家对这里的乌克兰人产生了很大的影响。

在一次村社团体的秘密集会上，他们通过了自己的行动纲领：乌克兰民族是一个独立的民族，任何一个有民族意识的乌克兰人都应该将自己的所有力量付诸民族自我意识的觉醒，对所有的斯拉夫兄弟，乌克兰人应该和他们友好相处，帮助他们同压迫者作斗争。

随之，村社在各地相继成立，在基辅、切尔尼戈夫、文尼察、叶卡捷琳诺斯拉夫、奥德赛、波尔塔瓦、哈尔科夫，以及莫斯科、叶卡捷琳堡等。他们活动的主要方向之一是为成年人创办星期日业余学校，用乌克兰语教学。社员们为出版教学资料筹集资金，编写乌克兰语教材，开办全日制学校，举办公共讲座，新建图书馆，培养民族教师，发起成立古典中学，等等。他们在民众间推广乌克兰作家作品，组织培训和出版大众读物。车尔尼科夫斯基公社甚至出版了周刊《车尔尼科夫斯基小报》，该报纸的文学版面用乌克兰语书写。

乌克兰村社社员们主导文化教育活动的尝试引起了俄罗斯沙文主义者和俄政府的担忧。随之，乌克兰民族运动遭到俄官方有组织的阻挠和破坏，波尔塔瓦和车尔尼科夫斯基的公社被摧毁，《车尔尼科夫斯基小报》停办，所有的星期日业余学校被关闭。在基辅和哈尔科夫大肆逮捕相关人员。一大批乌克兰知识分子在被捕之列。例如，帕维尔·丘别斯基和亚历山大·科尼斯基，在审讯判决后，他们被流放到俄罗斯北部地区。

结果，在1863年6月20日，瓦卢耶夫在一份通报中宣布，"不会，也将不可能存在任何形式的独立的乌克兰语言"。这样一来，卡特科夫斯基的说法成了俄罗斯对乌克兰问题的官方立场。这一通报禁止用乌克兰语在学校和宗教刊物上出版。沙皇政府不允许在乌克兰人中间传播一些学习乌克兰语的书籍，沙皇政府不给发展乌克兰文化教育提供机会，不容许将少数知识分子的活动发展成为一种大众现象，他们想方设法使乌克兰语逐渐退出各交际领域。

在沙皇政府严厉推行俄罗斯化政策的影响下，乌克兰民族的发展振兴被严重滞后，乌克兰民族运动遭受了毁灭性的打击。但是乌克兰知识分子以及乌克兰民族新的社会精英们的精神，没有被压垮。一些有民族意识的乌克兰知识分子收集、整理和出版乌克兰历史、民族和民间口头创作的材料。在他们之间，一些政治问题、民族复兴问题得到讨论。但这一行为引起了俄罗斯沙文主义者的愤怒，他们再次就乌克兰分离主义势力猖獗向彼得堡政府报告。当时的俄国沙皇亚历山大二世于1875年8月成立了专门委员会，目的是"为与'热爱乌克兰'活动作斗争的人士提供资金"。1876年，在德国城市埃姆斯休养的亚历山大二世签署了关于全面禁止使用乌克兰语的法案，法案名为《埃姆斯法令》，其中包括俄罗斯政府进一步、更大范围地抑制乌克兰语的内容。

《埃姆斯法令》不仅禁止用乌克兰语出版书籍，而且用乌克兰语出版乐谱也是不被允许的。为了更充分地发挥作用，该法令以更加严厉的方式禁止任何用乌克兰语出版的国外书籍、手册等不经批准进入俄罗斯境内。乌克兰的戏剧、含有乌克兰歌曲的音乐会同样被禁止演出。譬如，如果有谁想要组织一场有乌克兰歌曲的音乐会，那么音乐会上所有的乌克兰歌曲都必须翻译成俄语进行演唱。俄罗斯文学协会西南分会的关闭对于乌克兰的科学和文学来说是一次沉重的打击。分会会长帕维尔·楚宾斯基也被罢免了职务。这是亚历山大二世亲笔签署的《埃姆斯法令》的附加命令。根据专门委员会的建议，基辅大学数位教授被辞退，《基辅电报》也被禁止出版。①

在斯托雷平土地改革时期，大量俄罗斯农民迁到乌克兰东部、南部地区，俄罗斯政府及沙文主义者力图使这些俄罗斯人在乌克兰成为施行俄罗斯化政策的工具，而且在这一方面俄罗斯取得了极大的成功，俄语成了这些地区的通用语言。

大多数俄罗斯自由主义者认为，"大俄罗斯人"与"小俄罗斯人"之间的差别微乎其微，乌克兰人总的说来只是俄罗斯人南部的一个分支。1912年彼得·斯特鲁维的文章《全俄罗斯的文化与乌克兰的割据主义》在乌克兰和俄罗斯受到大肆宣扬，其主要观点是，淡化乌克兰的民族特性和语言的独立性。

如此一来，如果要归纳俄罗斯与乌克兰在十月革命之前的关系，就会明晰地看到，俄罗斯对乌克兰人民采取的是一贯的全方面限制政策、积极同化政策以及强制的俄罗斯化政策。俄罗斯先是汲取了乌克兰的所有文学成就，然后再阻碍其文化的发展，破坏其刊物出版和大众教育制度，麻痹并同化乌克兰精英分子。通过排挤和迫害那些违背俄罗斯的人来把乌克兰人列为低素养之人，最终拒绝承认乌克兰民族和乌克兰语言存在的事实。如果乌克兰能够作为一个独立的国家存在，那不是依靠俄罗斯，而是没有了俄罗斯的干预。如果说俄罗斯过去在文化上施惠于乌克兰，那也是在其多次夺取乌克兰文化成果而禁止其发展之后发生的。

可见，在乌克兰大地上，虽然乌克兰民族占大多数，但乌克兰人从来没有形成其独立的民族意识，没有行使过主导自己民族命运的权利，没有行使过主人翁的权利；没有自己民族的政治家和民族领袖带领乌克兰人争取民族独立、自由和幸福。由于乌克兰人的命运长期掌

---

① Константин Свиржецкий. Русский в Украине. Запорожье, Дикое Поле, 2008.

握在异族人手中，乌克兰族人长期处于被统治的地位，国土长期处于被割据的状态，本民族的文化长期没有得到有效的继承和发展，民族意识难以形成，乌克兰语长期得不到发展，其使用范围、使用领域受限，它既没有成为主流社会的语言，也没有成为乌克兰上层社会使用的语言，而长期是乌克兰下层、农村地区使用的语言。

可见，在乌克兰的历史进程中，由于其文化、语言、宗教的多样性和复杂性，其民族意识和文化认同远未形成。诚如学者所言："它作为国家、甚至作为一个民族目前还没有形成。无论从政治还是从经济角度看，乌克兰都没有独立生存的经验。乌克兰不同地区的居民没有感觉到自己是有统一文化和民族价值观的统一民族。由于各地区间的巨大差别，有相当多的东西可以使乌克兰的各个区域分离，加之其历史文化的复杂性，独立后的乌克兰并没有形成乌克兰民族思想，这也为日后乌克兰地区之间的隔阂埋下了祸患。"[1]

从乌克兰的历史发展进程还可以看出，乌克兰民族是个松散的、内部矛盾重重的集团。从其地理位置看，大致可划分为四大部分，东部以哈尔科夫为中心，人口占全国25%，以俄罗斯族或者文化上的俄罗斯人为主；中部以基辅为中心，人口占全国的30%，以俄罗斯和乌克兰人为主；南部以敖德萨为中心，人口占全国大约20%，是一个俄罗斯人、犹太人等多民族混居的地区；西部以利沃夫为中心，人口主要为乌克兰人、波兰后裔或者波兰血统者，占全国的25%。300多年前，东部、中部和南部绝大部分地区已并入俄罗斯。[2] 1922年12月30日，苏维埃社会主义共和国联盟成立，东乌克兰、白俄罗斯、外高加索等成为苏联的创始国，建立了苏维埃联邦社会主义共和国，这是乌克兰历史上和俄罗斯的第二次结盟。

众所周知，乌克兰是一个以乌克兰族为主体的多民族国家，共有130多个民族，这给国民的民族认同和文化认同客观上造成了许多困

---

[1] 刘显忠：《乌克兰危机的历史文化因素》，《当代世界社会主义问题》2015年第1期。
[2] 《乌克兰内部冲突不断的几个主要根本原因》，2015年8月17日，铁血网（bbs. tiexue. net/post_ 9401295_ 1. html）。

难。同时，作为国家第二大民族的俄罗斯族与乌克兰族在语言、文化、宗教、种族、历史等方面的同源性或相似性，这也在客观上使相当多居民在民族文化认同上持有双重或多重标准，这是长期困扰乌克兰构建民族认同和文化认同的难题。因此在乌克兰民族构建面临的诸多困难和挑战中，主要是民族、文化认同的缺失。可以说，在乌克兰构建民族、文化认同上，首先是主体民族主义的构建，这是问题的关键，这在一定程度上关系到乌克兰国家的民族属性和持续存在。

乌克兰由于长期被异族殖民与统治，而且其领土被不同民族交替占领，在乌克兰这片土地上客观形成了多民族、多文化、多语言、多宗教的局面。乌克兰独立后，政府本应拿出强有力的举措构建民族认同和文化认同，但遗憾的是，乌克兰政府在民族和文化建构上没有拿出多少有利于民族团结的政策措施去强化民族认同，反而在文化、宗教和语言等方面出台一些不利于民族团结和国家稳定的政策，严重损害了民族之间的情感与利益。乌克兰政府采取了一些极端的措施，颁布了一些与乌克兰国内实际不相符合的法律法令。政府"不但将复兴主体民族语言作为恢复本民族语言文化传统的重要途径，同时将其作为提高民族意识、缓解国家认同危机的有力武器。由于乌克兰从属于俄罗斯比从属于其他国家的历史更长，乌克兰民族文化的发展已经被严重俄罗斯化。另一方面，独立之初的乌克兰在民族文化认同上存在很大差异，这种认同差异在政治家激烈言行的动员下很有可能演化成国家认同危机，并成为影响乌克兰作为民族国家的主权完整和社会稳定的深层次因素。因此，为了明确地把自己与俄罗斯族区别开来并彻底脱离俄罗斯的束缚走上独立发展道路，获得新生的乌克兰开始强调乌克兰民族语言文化的独特性并划清与俄罗斯的界限，而语言作为民族边界的主要标志和民族认同的重要基础，便成为乌克兰去俄罗斯化的有力武器。正如乌克兰前总统尤先科所说，俄语终结的地方就是俄罗斯影响终结的地方"①。

---

① 侯昌丽：《试析乌克兰语言政策的去俄罗斯化》，《西伯利亚研究》2012年第6期。

第二节 乌克兰的历史进程导致其
国家价值观认同缺失

根据学者普遍的观点，国家价值观是国家统治阶级对国家体制、国家形式和国家职能等取向作出的选择，是全体国民所接受的共同观念，是长期历史、文化积淀的产物，是一个国家的国民长期形成的具有共同认知的一种精神力量，是把所有国民联系在一起的纽带，是国家生存发展的内在动力，是民族团结、国家统一的基石。简言之，国家价值观就是这个国家国民所持有的共同价值体系，是凝聚国民精气神的向心力。

一般情况下，国家价值认同的基础是历史、文化、语言的认同。当然文化、语言的认同首先是一个国家内部的各个民族要认同主体民族的文化和语言，但这并不意味着要限制或排挤少数民族的文化与语言。[①] 相反，一个负责任的政府要从国家层面保护少数民族并继承和发展少数民族的文化与语言，唯有这样民族才能团结和谐，国家才能稳定、健康发展。

实践证明，民族国家是现代社会的基本体系，"民族国家体现了具有民族的文化属性和国家的政治属性的统一。人类社会在发展演变过程中，经历氏族、部落、民族、国家等从血缘到地缘的一系列变迁过程。可是不管共同体如何变迁，根源于人类社会性的那种对归宿的探寻并不会随着共同体范围的变化而变化；相反，有时甚至会得到强化。特定群体中的人在长期的历史演化过程中会形成一整套属于自己的生产与生活方式和群体意识，这种基于共同的想象，历经岁月变迁、逐渐沉淀为连接民族群体内不同个体命运共同体的纽带，就是民族意识，这种意识一旦形成，在很长一段时间都会成为维系群体成员关系

[①] 常士誾、郭小虎：《后发多民族国家建构如何避免国家失败：以乌克兰为例》，《理论探讨》2016年第3期。

的精神纽带"①。民族意识和国家价值观往往是同时形成并同时发展的，但国家价值观或国家意识通常高于民族意识。乌克兰在漫长的几个世纪中，受异族的奴役统治，外族不但在政治、经济方面统治乌克兰，同时外族的文化、语言、宗教不断渗透到乌克兰，并长期占据主导地位。因此乌克兰长期处于一个典型的多民族、多文化、多语言、多宗教状态。在这种情况下，乌克兰很难形成自主、独立的民族意识和国家意识，很难形成统一的国家价值观。

由于历史的原因，乌克兰长时期处于被割裂的状态，乌克兰统一的文化价值观和国家价值观没有得到形成，主体民族主义没有形成。在乌克兰盛行的是地区主义，盛行的是以地域为特征的地区文化，所以乌克兰各个地区的文化、语言等面貌差异很大，这在很大程度上导致了乌克兰各个地区民族文化成分复杂，缺少国家价值观的心理认同。在乌克兰形成了一种在世界上绝无仅有的现象，这就是，不管是政治家、商界精英还是普通民众，认同自己的民族胜过这个国家，认同自己的地区胜过这个国家，导致乌克兰今天出现这样混乱的局面，即民族矛盾激化、国家安全和国家统一受到严重威胁。乌克兰不同地区的居民没有感觉到自己是有统一文化和国家价值观的统一民族。②

正因为如此，乌克兰独立后，如何保证国家的统一、民族和谐和领土完整、构建乌克兰统一的国家价值观成了乌克兰独立后面临的主要问题之一。从大局域看，乌克兰的文化、语言的差异表现在东西部，东部地区曾长期处于俄罗斯的统治之下，西部地区处在波兰，甚至是瑞典、立陶宛的统治之下，在文化、宗教、语言方面深受波兰的影响。但在经历了急剧变化的时期后，乌克兰的大部分地区逐步实现与俄罗斯的一体化，诚如著名的历史学家古奇马神所言，乌克兰已经不是一

---

① 常士䦉、郭小虎：《后发多民族国家建构如何避免国家失败：以乌克兰为例》，《理论探讨》2016 年第 3 期。

② 刘显忠：《乌克兰危机的历史文化因素》，《当代世界社会主义问题》2015 年第 1 期。

个边界地区,而是俄罗斯的后方。①

19世纪,俄罗斯与波兰在第聂伯河右岸地区的战争不只是对土地的争夺,还包括文化、宗教和语言的激烈竞争。波兰视乌克兰西部为其固有领土,而沙俄的官方文件则把第聂伯河右岸(即西部)地区称为自己的西部省或西南地区。历史上,波兰语、拉丁语、教会斯拉夫语、乌克兰语、俄语等多种语言曾在乌克兰西部地区使用,并相互竞争。当一种语言在该地区占主导地位时,其文化也随之在该地区成为主流文化。波兰文化和语言曾在该地区长期占据主导地位。这造成了乌克兰东西部在文化、语言、宗教等方面的巨大差异,这为东西部的民族矛盾、民族对立埋下了隐患。

乌克兰经过1000多年的漫长历史进程,当今乌克兰的文化和语言面貌虽发生了变化,但仍是一个多文化、多语言的状态,国家意识和国家概念的构建尚在进行之中,有学者指出:"当下的乌克兰社会是西方文化、俄罗斯文化和乌克兰本土文化长期碰撞和交融的产物。长达数世纪的异族统治和民族压迫政策产生了诸多不利后果,即乌克兰人缺乏政治意识和国家观念,乌克兰由不同的地区组成,每个地区都呈现出独特的历史发展状况,从而造就了今日乌克兰色彩斑斓的政治地图。然而在这些表象的背后却也隐含着不同人群之间的交流,交流产生了如今理不清的混合和杂糅。加之,独立革命的极不彻底性,因而使分裂和混杂更加成为独立后乌克兰社会的真实写照,严重阻碍了乌克兰的国家构建。"②

从历史的角度看,乌克兰在漫长的历史进程中,长期被异族奴役和殖民,在其历史进程中从未作为真正独立的主权国家而存在,只是到了1991年,由于苏联的解体,乌克兰才第一次获得了真正的独立。

---

① Kohut Z. E. Russian Centralizm and Ukrainian Autonomy. Imperial Absorbtion of the Hetmanate \\ укр. перевод: Зенон Когут. Російський централізм і українська автономія. Ліквідація Гетьманщини 1760 – 1830. Ки в, 1996.

② 谢立忱:《乌克兰国家的民族构建问题:根源、成就与挑战》,《史学集刊》2010年第6期。

这是一次没有经过民族斗争的民族独立，加之其历史文化的复杂性，独立后的乌克兰缺乏国家价值观的认同，缺乏统一的民族思想，缺乏独立领导国家的经验，面临着民族构建和国家构建的双重任务。"独立之初的乌克兰国家显然缺乏民族国家所具备的领土完整、中央集权、主权人民化、国民文化同质性、统一的民族市场等特征。"[1]

历史表明，"现代大多数国家都是由一个主体民族和数个少数民族构成，要把一个多民族的国家建构为一个统一的国家要有许多构成要素，其中一个重要的条件是需要以国家认同为基础的心理认同"[2]。当下的乌克兰缺少的就是民族认同基础上的国家认同。这是由乌克兰的历史发展轨迹决定的。乌克兰每个地区各有自己的历史，严重缺乏文化认同和国家价值认同。这种认同的缺失不仅表现在东西部之间，在其他地区这种状况也存在。18 世纪末乌克兰的加利奇的大部分被奥地利占领。由于该地区长期脱离乌克兰而被异族占领，俄罗斯文化和乌克兰文化在这里的影响都不大，由此它的文化特征既不是乌克兰文化，也不是俄罗斯文化，它的文化价值观是典型的欧洲文化价值体系，所以这个地区的居民很难形成与其他地区的乌克兰人一样的民族意识和国家认同。

这种状况在敖德萨也同样存在。"敖德萨从 18 世纪末建立时起，虽然是乌克兰的一个州，但乌克兰族人口数并不占多数，乌克兰语也不是主流语言，而是一个典型的多民族混杂的城市，流行语主要是俄语。根据历史文献记载，在敖德萨的居民中居主导地位的是犹太人，既不是俄罗斯人，也不是乌克兰人。这里的犹太人是'中性化'了的且不带有极端宗教情绪的犹太人。因此这里是一个典型多民族、多文化、多语言的地区，在这里看不到民族歧视、文化相互包容、语言使用自由，各民族和谐相处，构成了一个典型的多民族和睦大家庭。这

---

[1] 杨雪冬：《民族国家与国家构建：一个理论综述》，2003 年 11 月 7 日，土豆网（http://www.ccforum.org.cn/viewthread.php?tid）。

[2] 常士訚、郭小虎：《后发多民族国家建构如何避免国家失败：以乌克兰为例》，《理论探讨》2016 年第 3 期。

种独特的历史原因对现在的敖德萨人影响仍很明显。自1991年乌克兰独立以来，发生的几次大的革命对敖德萨影响不大，包括诸如2004年的颜色革命、2013年的乌克兰国内冲突，最终导致的国内战争，国家分裂，敖德萨人面对这些国内重大事件，好像处于麻木或半麻木状态，对敖德萨触动不大。发生在乌克兰国内的每一次革命，敖德萨人每一次都是有节制地参与，且范围较小，并很快恢复平静，回到生活的原点，过平静的生活。他们既不认为自己是俄罗斯爱国主义者，也不认为是乌克兰的爱国主义者，他们是敖德萨人。"①

下面将以敖德萨为例，分析其语言、文化的特点及其与乌克兰其他地区的异同。

敖德萨（Odessa）是乌克兰南部城市，乌克兰共和国第二大城市，黑海沿岸最大的港口城市和重要工业、科学、交通、文化教育及旅游中心，位于德涅斯特河流入黑海的海口东北30千米处。

敖德萨建于1415年，原是鞑靼人的一个居民点，称卡吉贝伊。1795年起改称敖德萨。1805年为诺沃罗西斯克边疆区行政中心。

敖德萨气候宜人，温度与湿度适中，由于天然海港常年不冻，在水路运输中占有重要地位，被誉为"黑海明珠"。它同世界上60个国家的200多个港口有来往，曾承担着苏联50%以上的对外贸易货运任务。

语言状况是受社会制约的，其制约因素包括城市化水平、各民族的分布和迁徙、民众教育水平、社会职业构成等。这些因素在一定程度上促成或阻碍民族和谐相处、共同发展的进程。例如，关于各个民族的城市化水平这一因素，应当关注少数民族分布的程度，不同文化是否能够相互碰撞、相互包容，以及城市的社会异质程度这些问题。

敖德萨历史上便形成了独特的"带有欧洲乌克兰口音的俄罗斯民族语，该语言在其形成之日起便带有浓厚的大俄罗斯主义色彩"。敖

---

① 刘显忠：《乌克兰危机的历史文化因素》，《当代世界社会主义问题》2015年第1期。

德萨市和敖德萨州的俄语普及程度较高,据 1989 年统计数据,47.4%的敖德萨州人、72.6%的敖德萨市民认为俄语为母语(基辅的情况为56%的居民认为俄语为母语,而乌克兰全境有 32.8%居民认为俄语为母语)。但这一情况无法用当地的民族构成比例来解释,因为敖德萨州乌克兰族比例为 56.6%,俄罗斯族仅占 27.4%;敖德萨市的乌克兰族比例为 48.9%,俄罗斯族为 39.4%。[1]

上述情况的形成不能简单归咎为强制推行俄罗斯化的结果。相较乌克兰其他地区及城市,19 世纪 20 年代敖德萨地区及敖德萨市乌克兰族比例为最低,城镇居民中乌克兰族人口数量少于俄罗斯族和犹太族。据 1926 年统计数据,敖德萨仅有 7% 的乌克兰族,俄罗斯族为 45%,犹太族为 41%,而俄语是敖德萨地区 50 个民族的族际交际语。德莫夫指出,革命前由于沙皇政府推行的俄罗斯化政策,以及社会经济发展,居民生活水平进步,以及共同生活的各民族相互交流的客观需要使该地区的民族同化进程积极发展。[2]

在苏联推行工业化时期,生活在敖德萨农村的乌克兰族接触到已成形的俄语文化,由于乌克兰文化和俄罗斯文化相近,但他们并没有经历"文化休克"的感受,因此,敖德萨市半数的乌克兰族,敖德萨州四分之一的乌克兰族认为俄语是他们的母语。

敖德萨市 24.2% 的乌克兰族不掌握本民族语言(敖德萨州为 12.8%)。敖德萨州掌握乌克兰语的居民数量与顿涅茨克(56.1%)、卢甘斯克(58.1%)数量相近。而克里米亚自治共和国掌握乌克兰语的居民数量相对较少,仅为 25.3%。[3]

---

[1] Вторичный анализ материалов переписи населения, а также статистических данных, результаты которого приводятся здесь и далее, осуществлен Г. П. Бессокирной.

[2] Дымов К. С. Одесщины в 20 – е годы: численность, национальный состав, уровень грамотности \\ Тезисы Второй областной историко-краеведчесыской научно-практической конференции, посвященной 200 – летию Одессы и 25 – летию создания Украинского общества охраны памятников истории и культуры. Одесса, 1991.

[3] Распределение населения УССР по национальности и языку. Численность населения УССР, свободно владеющегоукраинским и русским языкам\\Полттика и время. 1991. 1.

因此在评估乌克兰敖德萨市及敖德萨州的语言状况时应考虑以下因素：该地区的多民族构成情况、居民的教育水平相对较高、族际通婚比例相对较高、人口迁徙等特点。表 8—1 是关于敖德萨地区人使用语言的基本情况。

表 8—1　　　　　　　　　交际语与倾向交际的语言

交际语	敖德萨州		敖德萨市	
	交际语言	倾向交际的语言	交际语言	倾向交际的语言
乌克兰语	24	32	3	13
俄语	65	57	88	78

资料来源：Распределение населения УССР по национальности и языку. Численность населения УССР, свободно владеющегоукраинским и русским языкам \\ Полттика и время. 1991. 1。

这里需要注意三个方面的问题：第一，敖德萨州和敖德萨市的民族迁移问题，这个地区的人口流动和迁移比较频繁，从其他共和国迁入敖德萨州的居民数量高于迁入乌克兰其他州的数量；第二，出生后常住在该州的乌克兰族和俄罗斯族的比率问题，即出生且常住于敖德萨州的乌克兰族和俄罗斯族的比例相差不大，城镇居民中俄罗斯族所占比例更高（见表 8—2）；第三，这个地区族际通婚相对普及，民族之间的界限相对模糊，一般不以民族论异同，敖德萨州的族际通婚比率为 34.8%（乌克兰全境为 25.3%）。较高的族际通婚率也是民族同化和族际交际语普及度高的重要因素，这一方面体现了社会的一体化进程加快，另一方面，这些家庭传承本民族文化的能力降低，这是民族同化的内在动因。

上述因素决定了敖德萨地区更多居民使用俄语交际，且该地区居民的民族意识淡薄、模糊，对大多数居民来说族际交际语就是他们的母语。表 8—2 是反映敖德萨俄罗斯族和乌克兰族人城乡居民比例的情况。

表8—2　出生且常住乌克兰敖德萨州的俄罗斯族、乌克兰族（%）

人口	乌克兰族	俄罗斯族	总计
城镇居民	47.4	48.6	47.5
农村居民	68.9	51.4	68.6
全州	55.6	49.0	54.7

资料来源：Распределение населения УССР по национальности и языку. Численность населения УССР, свободно владеющегоукраинским и русским языкам \\ Полттика и время. 1991. 1。

1991年乌克兰社会学者就敖德萨的语言问题进行了问卷调查，问卷的数据对我们了解敖德萨地区的语言特点，有一定的帮助。问卷数据表明，该州40%居民视乌克兰语为母语，41%居民视俄语为母语，而敖德萨市的情况为24%居民认为乌克兰语为母语，61%居民认为俄语为母语。

家庭交际中使用乌克兰语的居民比例远低于使用俄语的比例（敖德萨州乌克兰语为家庭交际语的居民比例为30%，俄语为50%，敖德萨市这一情况的相应比例为7%和77%）。而乌克兰语和俄语的这种使用差距在工作和公共场所交际中则体现得更为明显。母语、家庭交际语、工作及公共场合用语，这三者使用情况并不相符。例如，对于那些认为乌克兰语为母语的居民（33%），他们更倾向于使用俄语为工作交际语。

家庭交际语为乌克兰语的居民中有21%更倾向于使用俄语。而在工作和公共场合更倾向于使用乌克兰语的居民比例高于实际使用该语言交际的居民比例。

在被调查者中8%的敖德萨州居民和15%的敖德萨市居民认为自己被迫使用俄语进行交际，相比现在（当前数据为敖德萨州8%，敖德萨市10%），接受问卷调查时，有更多的被调查者更希望用乌克兰语交际。其实，敖德萨州居民倾向于使用的语言取决于他们的教育水平及职业属性，而敖德萨市则不存在这样的情况，因为该市的社会文化环境为所有居民创造了用俄语交际的条件。

一般情况下，某些领域的专家或工人更倾向于在工作中及公共场所使用俄语交际，因为他们的行业性质要求他们具有专门的行业语言。对语言的这种倾向不仅取决于他们掌握俄语的程度，更取决于俄语在社会各领域的交际价值。为了证实这种假设，社会学家的问卷中还包含这样的问题："在工作及公共场合您更倾向于用哪种语言进行交际？""您掌握乌克兰语是为了在工作中和公共场所用它进行交际吗？"事实情况是，掌握乌克兰语的人数远高出使用它的人数（敖德萨州掌握乌克兰语的人数为49%，倾向于使用它的人数仅为25%，敖德萨市的相应情况为41%、9%）。

毫无疑问，语言的掌握情况影响语言使用的倾向性。例如，在那些掌握语言是为了在工作中使用它的人中，有46%的人更倾向于在工作中使用乌克兰语，5%的人不掌握乌克兰语，11%的人很难回答他们是否掌握乌克兰语。然而，掌握乌克兰语的人中有37%更倾向于在工作中使用俄语。

就此问题，1992年乌克兰社会学家在敖德萨进行的问卷调查表明，在掌握乌克兰语的居民中仅有10%更倾向于在工作和公共场合用它交际。这样，敖德萨掌握乌克兰语和愿意使用乌克兰语交际的人数之间存在巨大差距。这种情况的形成不仅取决于敖德萨独特的语言环境，还取决于该市的更多工作职位要求工作人员有高水平的职业技能，要求他们在获取专业知识的同时掌握相应的俄语术语，因为大量的专业文献都用俄语出版，这些情况决定了更多的工作人员更倾向于在工作中使用俄语。

上述列举的数据证实，交际语的倾向性决定了这一地区居民的文化定位。

事实证明，掌握某种文化和专业知识的前提是掌握该种语言，这在很大程度上影响了高校青年的语言学习态度。在哈尔科夫进行的问卷调查结果表明，仅有7.7%的大学生愿意转用乌克兰语学习。那些不掌握乌克兰语的学生有41.1%不愿用乌克兰语学习，那些能用乌克兰语流利交流的学生情况也是如此（46.8%），前者人数甚至少于后者。研究证明，在被调查者中，大部分掌握乌克兰语的大学生更倾向于读俄语书籍、报刊，听俄语广播，这种自由选择的结果体现出了个人的倾向和意愿。[①]

大部分被调查者更倾向于阅读俄语文献（科技、艺术类）、听俄语广播，这说明相对于乌克兰语来讲，俄语有更强的文化竞争力。例如，波杰布尼亚语言学院的乌俄双语研究者指出，甚至在利沃夫、乌日哥罗德这样讲乌克兰语的城市，半数的居民更倾向于收看俄语节目。在基辅，倾向于用俄语获取信息的民众数量是倾向用乌克兰语获取信息数量的一倍。乌克兰社科院艺术理论、民俗与民族学研究院民族社会学问题研究处的研究员们，于1997年对乌克兰的10个州进行调查研究后，得出以下结论：电视节目是否具有吸引力是选择该节目的主要动因，而民族属性因素影响并不明显。

研究资料表明：当前环境下，如何看待一种语言以及这种语言的使用范围并不是由掌握该语言的程度决定的，而是取决于居民群体的文化定位、该语言在文化大背景中的参与程度。教育领域（尤其是专门教育领域）、工作和消遣（阅读，听广播电视节目）范围内的语言倾向最能展现个体的文化定位，是文化定位的显著特点。

作为表明个体典型特点以及个体文化定位的语言倾向，其特殊意义在于，语言倾向影响民族政治观念以及对待民族文化的宽容度，这种影响相比民族属性及母语的影响要更大一些，表8—3中的相关比率可以说明这一点。

在评价联邦体制时（这种评价在乌克兰族和俄罗斯族，或者说掌握乌克兰语或俄语的人当中是一致的）表现出的差异，是由接受调查的人在工作或公共场合倾向于使用哪种语言而定的。

在绘制一幅关系图表时（根据指示关系方向的比率），通常倾向

---

① Внукова И. Н. Леонитьева В. Н. Реальное двуязычие в украинском в вузе \\ Социол. исслед. 1991. 6.

用语要素最为关键,证明了倾向用语在个体认知和自我意识体系中的重要性。只有在回答"是谁捍卫了人民的利益?"或"权利属于谁?"这样的问题时,倾向用语要素才屈居次位。敖德萨国立梅奇尼科夫大学研究员胡金栝预测:这只是一种主观臆断,还需现实的检验。但是所得资料清晰地表明这种认知及倾向交际语的典型特点。

表 8—3　敖德萨州居民的民族政治与文化概念取决于其民族属性与语言趋向(%)

回答	民族属性 乌克兰族	民族属性 俄罗斯族	差值 Δ	母语 乌克兰语	母语 俄语	差值 Δ	工作中倾向于使用的语言 乌克兰语	工作中倾向于使用的语言 俄语	差值 Δ
支持乌克兰独立	53	40	13	55	39	16	57	39	18
面向联邦联盟	25	35	10	21	37	16	15	40	25
当地民族文化发展的优势	-62	-65	3	-53	-84	31	-48	-81	33
面向独联体	46	70	24	43	60	17	26	58	32
支持联邦制体制构想	54	55	1	54	53	1	70	50	20
认为乌克兰民族的利益高于一切,有必要掌控国家政权	-60	-85	25	-57	-83	26	22	-80	102
创造条件发展当地乌克兰民族	-52	-78	26	-50	-77	27	13	-71	84

注:Δ 表示各种回答之间两种语言所占百分数之差。

资料来源:Распределение населения УССР по национальности и языку. Численность населения УССР, свободно владеющего украинским и русским языкам \\ Полттика и время. 1991. 1。

通过分析可以得出如下结论,应保持语言政策与倾向交际语信息之间的协调性。倾向交际语信息在回答这个问题时十分必要:多民族环境中在不限制个人权利的前提下,在如何提高国语地位的前提下,应扩大其使用范围。

瓦英斯泰在其涉及语言问题的书目简介中向社会学家们提出："为什么语言是国家政策的一部分？对官方决策者来说语言的哪些特点对其具有一定的吸引力？他们所作的决策会对社会和国家造成怎样的影响？"他认为，对语言的争论，与狭隘的交际问题相比，更加能够体现和影响社会政治的发展。[①]

只有弄清族际关系中社会地位因素所发挥的作用，我们才能得出相应的答案。与明显的歧视（人为地制造一些障碍来妨碍某些特定民族和民众获得某种社会地位）不同的是，不掌握国语被看作是一种天然的障碍（比如无法进行某种社会活动或者实现必要的交际活动）。其实，在这种情况下，语言发挥的不是其交际功能，而是作为一种理解国家权威的手段。而乌克兰的现实也直观地说明了这一点：掌握俄语的民众与掌握乌克兰语的一样多，不懂后者并不影响交际，通过俄语就可完成交际。社会学家们是正确的，他们认为像乌克兰这样的国家，因为其国家名称是乌克兰，便把乌克兰语定为国语，这是给予统治民族特权的行为，是反民主的行为。

如何提高主体民族的语言威信，扩大其使用范围，克服过去这种公开的不公平？在民主国家只有使其成为倾向用语才可实现。调查资料表明，完全行政的手段只会适得其反。例如，自 1991 年 11 月至 1992 年 8 月，乌克兰推行利于乌克兰语的语言政策，然而敖德萨市居民在工作和公共场合中倾向于使用国语的人数并未增加，反而有所下降（从 9% 下降到 5%），甚至在一些群体中减少了二分之一到三分之一。

一些研究乌克兰语言情势的学者指出：当下最明智的语言政策是创造条件实现双语制（其中包括在高等教育领域）。实现双语制的价值不仅在于这是多语现象的前提和文化间相互丰富的手段，更是防止因使用行政手段干预国语在社会各领域使用而带来的乌克兰语文化水

---

① Weinstein B. Book reviws\\American journal of sociologe. 1991/MT. 97/3/.

平下降。

倾向语和在社会研究中体现出的文化定位之间的紧密联系说明，提高乌克兰语威信最有效的途径，一是要让俄语居民了解乌克兰民族文化，二是要提升乌克兰文化水平，构建符合国际标准的、多样的乌克兰文化。波波维奇认为，当前我们要谈论的并不是乌克兰语文化的复兴，而是当代乌克兰语文化的建构。①

要通过了解文化来了解语言，而不是用强制手段或是通过语言来限制公民的社会地位，这是保证乌克兰各民族团结，确立乌克兰主权和独立的关键所在。

要保证乌克兰各民族的团结，就要让俄语居民用其母语适当了解乌克兰文化。"任何时候乌克兰化都不能始于语言，而只能始于历史和文化，也就是说要始于能够引起俄语居民兴趣的、能够联合各民族的要素。在一个自由的国家语言不应该也不能够成为爱国主义的象征……爱国主义的象征不是语言，而是一种自我意识……因此在所谓的乌克兰化（将其称为文化传播活动更为合适）的过程中应重点关注的是居民的自我意识。"

由此可得出结论：正如社会研究结果表明的那样，在所有语言特征中倾向语是个体文化定位和融入某一文化环境最显著的特征。而扩大主体民族语言使用范围最有效、最民主的途径是提高该民族文化水平，激起人们掌握这种文化的兴趣，而要掌握这种文化的基础首先则是要掌握语言。

可见，乌克兰各个地区有各自不同的历史，历史文化面貌差别很大，这使乌克兰各个地区民族文化成分极为复杂，缺少民族文化上的真正认同，长期难以形成统一的民族价值观和国家价值观，这也可能是导致乌克兰民族矛盾凸显、国家分裂和安全受到威胁的原因之一。

从民族文化角度看，"乌克兰可以清晰地划分为三个人数大致相

---

① Попович М. В. В обстановке безразличия опасны любые случайности \ \ Век xx и мир. 1991. 3.

等的群体。第一个群体是以乌克兰语为母语、在乌克兰文化熏陶下成长起来的乌克兰族人，西部乌克兰的所有居民以及中部地区的大多数农业居民属于这一群体。第二个群体是从童年就说俄语、受的是俄罗斯文化教育的乌克兰族人，这部分人主要居住在第聂伯河沿岸城市。第三个群体是以俄语为母语，在俄罗斯文化中生长的俄罗斯族人。就政治取向看，笼统地讲，东部和部分南部居民保留了苏联政治文化的特点，在独立初期反对市场化改革，拥护国家对大工业的监督。东部居民的大多数主张与俄罗斯紧密合作或一体化，主张俄语为第二国语，坚决反对乌克兰加入北约。西乌克兰居民在内政上支持自由市场经济和政治改革，主张限制国家对经济的干涉，在外交上支持乌克兰融入西欧，主张加入包括北约在内的西方组织，反对乌克兰和俄罗斯一起参加任何一体化集团"[1]。

乌克兰官方语言是乌克兰语，通用俄语，但语言的地区特点非常明显，东部、南部地区的居民说俄语，北部和中部地区乌克兰语和俄语通用，西部地区讲乌克兰语。这两种语言虽然属于同一个语系，但也有一些差异。另外，乌克兰东西部的宗教信仰也不一样，东部地区主要信仰东正教[2]，西部地区信仰天主教[3]。除了上述主要宗教派别外，在乌克兰还有一些其他教派，如在东乌克兰有不少新教团体及犹太教、伊斯兰教等。众所周知，宗教信仰差别对人的分化作用要比民族属性的分化作用影响更大、更深远。民族宗教的复杂性是当今乌克兰难以形成国家认同的重要因素之一，也是乌克兰东部和西部无法形成文化认同的主要因素之一。

综上所述，乌克兰各个地区历史上长期分属于不同国家的统治之下，导致了各个地区的文化、语言、宗教面貌差别很大。乌克兰各地区根本就没有统一的文化和统一的语言，没有形成民族认同，这就是乌克兰很难形成统一的国家价值观认同的原因之所在。诚如乌克兰前

---

[1] 刘显忠：《乌克兰危机的历史文化因素》，《当代世界社会主义问题》2015 年第 1 期。
[2] 乌克兰东正教会可分为莫斯科管区东正教会、基辅管区东正教会、乌克兰自主东正教会。
[3] 天主教有东仪天主教与拉丁仪天主教之分。

总统库奇马所言:"目前公民往往不是把国家看成是自己的家,而只是把自己的城市、自己的州、自己的地区看成是自己的家,因为那里居住着像自己一样的人,他们有相似的问题和生存方式。"[①] 因此,乌克兰地域文化差异是国家内部冲突的根源,也是阻碍国家价值观构建的主要因素。

由此看见,乌克兰危机不仅仅与美国、俄国、欧盟的地缘战略博弈有关,也与乌克兰内部的政治危机有关,更与乌克兰的特殊历史进程有关。从克里米亚和乌克兰东部地区亲俄的分离运动来看,作为一个非常年轻的国家,乌克兰的国家认同出现了严重问题。要实现乌克兰的民族和解,国家的长治久安,首先要解决的问题是培养乌克兰公民的国家意识和家国情怀,提高公民国家利益至上的认识,政府在制定民族政策和语言政策时,应充分考虑乌克兰的历史与现实,充分考虑乌克兰各民族的民族感情和民族情怀。

第三节 乌克兰未来走向展望

1991年苏联解体,乌克兰首次实现了真正独立,迄今已有20多年的历程。这20多年来唯一让世人认可的是,乌克兰在其1000多年的历史发展中第一次实现了真正意义的独立,当然,这是苏联解体给予乌克兰的一次机遇。但遗憾的是,乌克兰没有很好地把握这次历史赐予的机会,无论在政治和经济建设方面,还是在维护民族团结、国家发展、国家独立方面都没有任何建树,而呈现在世人面前的乌克兰是一个经济衰退、人民生活水平日益下降、政治腐化、民族矛盾不断被激化、国家安全受到极大威胁、国家面临分裂的一个让人极度担忧的危机丛生状态。乌克兰的危机可以说是冷战结束以来最为最广泛、深刻的危机。这既是乌克兰民族和国家建构过程中的危机,表现为

[①] [乌]列昂尼德·库奇马:《乌克兰:政治、经济与外交》,路晓军、远方等译,东方出版社2001年版,第77页。

"一元主义"和"多元主义"的角力,也是国内矛盾国际化,反映在欧洲的深层次危机,其背后是建立"大欧洲"还是"泛欧洲"思想的深刻分歧。同时,与之伴随的还有深层次的经济和社会矛盾。那么,乌克兰到底将来会向何方发展,目前的国内乱象何时结束,会以什么方式结束,国家能否维护统一?笔者就此作一尝试性分析。

第一,民族文化认同是维护乌克兰民族团结、国家统一的前提。

乌克兰内部的东西分裂是事实,但仅是一个方面,其背后是更为复杂的地区、阶层、种族和文化因素。

乌克兰这个民族从诞生的那一天起,就受到外族侵略,之后长期处于被异族统治的状态。在漫长的历史长河中,长期没有真正作为一个独立的民族站立起来,没有以主人翁的身份行使过管理自己国家的权利。蒙古、波兰、立陶宛、匈牙利、俄罗斯等多个民族曾先后兼并乌克兰,这些外族不但强占乌克兰的土地和财物,还强行推广他们的文化、语言、宗教,并挤压乌克兰文化和语言。因此,长期以来在这块土地上乌克兰人自己的文化没有得到发展,也没有形成自己独立的文化特性,自己本民族的文化没有起到凝心聚力的作用,更谈不上文化认同和民族认同。因此,在乌克兰的土地上长期存在的是一个多民族、多文化、多语言、多宗教的状况,乌克兰语长期以来没有成为通用语言和官方语言。当1991年苏联解体,乌克兰第一次真正独立的时候,当乌克兰人要自己管理自己的国家、要行使主人翁权利的时候,乌克兰人表现得不知所措,找不到把自己民族连起来的文化根基,各个地区各行其是,离心离德。乌克兰普通人、政治精英仍然站在各个地区或各自集团的立场上看待独立后出现的各种问题,因此乌克兰各个民族之间、地区之间、地区与中央政府之间的矛盾愈演愈烈,最后发展到对立、对抗的状态。诚如阿纳托尔·利文所言,"乌克兰本身包含着不同的身份认同,我们不能用某一单独的认同来统治它,或者冒着分裂国家的风险,将其拖上某一单独的地缘政治方向"[①]。

---

① [英]萨科瓦:《乌克兰的未来》,刘畅译,《俄罗斯研究》2015年第1期。

乌克兰真正要走上团结、统一发展的道路，首先要走一条寻根之路，寻自己文化的根，寻求文化认同。弥合东西部人民在文化和民族认同观念上的差距将是一个长期的任务，因为数百年来铭刻在乌克兰东西部居民心中的文化和民族烙印已根深蒂固，需要花费很长的时间和巨大耐心去抚平。各族人民要以国家利益为重，求大同存小异，形成共同的文化价值观和共同的民族意识。在内部联邦化，在外部中立化，只有通过国内包容性的制度安排，才能解决目前的社会乱象。只有满足了这个前提条件，乌克兰国家的和谐与统一才能真正实现，当然这条路注定是艰辛且漫长的，目前无法预期未来的这条路何时是尽头。

第二，国家认同是乌克兰摆脱当前危机的基本要件。

在多民族国家，国家认同是较民族认同更高层次的认同。乌克兰是一个典型的多民族国家。实践证明，"在多民族和多语言或方言地区，语言的认同十分重要，它影响到社会政治、文化和社会体系的管理与和谐发展，对社会的安定极为重要。民族认同一直是当今社会管理的一个重要命题。经济的发展导致了人类经济文化活动的接触和融合，同时也导致了民族和文化融合过程中的文化冲突，给社会安定带来不安定因素。在国家和民族冲突中，语言认同是最为重要的因素之一，由于民族问题涉及政治，在各个国家都是既敏感又棘手的问题，对一个国家和地区语言认同的研究是生态语言学研究的重要课题"[1]。从乌克兰的历史看，乌克兰长期受异族统治，乌克兰人习惯了逆来顺受的被统治地位，当异族入侵到其领土时，哪个民族强大，就跟着哪个民族走，就依附于哪个民族，已习惯了服从，习惯了被统治、被压迫，在乌克兰的文化中长期没有形成国家概念。

在乌克兰历史上，虽然有过几次反对异族入侵的运动，但规模很小，没有形成影响力，没有唤醒乌克兰民族自强、自立的意识。当真

---

[1] 孔江平、王茂林、黄国文等：《语言生态研究的意义、现状及方法》，《暨南学报》（哲学社会科学版）2016年第6期。

正独立了，乌克兰人自己管理自己的民族事务，管理自己的国家，就显露出能力不足、经验缺乏的问题，面对各种错综复杂的形势显得力不从心。在乌克兰的历史进程中，生活在这块土地上的乌克兰人从来没有形成民族凝聚力和向心力，在他们的观念中从来没有形成统一的国家价值观。缺少国家认同与制度约束的"民主运动"直接导致了乌克兰的国家分裂，乌克兰被分解乃至走向国家分裂的可能性在逐渐上升。在这块土地上没有诞生杰出的政治领袖人物，引领乌克兰人民走民主、统一、富强、独立、和谐之路。1991年乌克兰独立后这样的人物也没有产生。刚独立时，由苏联培养的一批以克拉夫丘克、库奇马为代表的政治精英勉强维持了乌克兰短暂的领土完整与统一。但好景不长，这两位总统下台后，以后所谓的民选总统带给乌克兰人民的是贫穷，经济下滑，民族矛盾凸显，国际地位日渐下降。乌克兰的所谓政治精英既无海纳百川的胸怀，也无驾驭国际国内复杂局势的能力，也无为乌克兰全体人民和国家谋福祉的情怀，而只是某些势力和集团的代言人，当权力和利益在本集团分配不均而又极大地损害乌克兰全体人民或其他集团利益的时候，自然遭到各方的反击，出现民族矛盾、国家分裂则是难以避免的事。

乌克兰虽然独立已20多年了，但截至目前仍然没有完全解决国家认同问题，这从历年的总统大选中看得更清楚。例如，2004年的总统大选就演变成了东部和西部之间的竞争。因此，这一问题如果处理不好就有可能直接威胁到乌克兰国家稳定和民主转型。乌克兰的政治领导人之间要权力共享，防止他们之间相互倾轧。可以说，乌克兰出现的危机，追根溯源是乌克兰各个地区、各个民族没有形成统一的国家价值观所造成的。乌克兰要想彻底摆脱危机，要达到国家统一、民族团结、消除内乱、御敌于国门之外，唯一有效的途径是，乌克兰人应尽快形成以民族文化认同为基础的国家认同。当然，这条路对现在的乌克兰人来说注定是一条充满坎坷、布满荆棘之路。

第三，国际社会的支持是乌克兰走出危机的有效途径。

众所周知，乌克兰陷入危机最为直接的原因是国内和国际因素错综地交织在一起,历史恩怨与地缘安全等因素长时间影响乌克兰局势及俄罗斯与美国等西方大国的关系。乌克兰成了美、俄等主要大国利益博弈的牺牲品。当前,在美国和俄罗斯介入乌克兰局势的情况下,乌克兰出现了东西部民族分裂的状况。

乌克兰要实现民族团结和国家统一的局面,就要营造一个良好的国际环境。西方和俄罗斯要摒弃冷战思维,放弃争夺势力范围的狭隘民族主义观点,维护并支持乌克兰的民族利益和国家统一,不应把乌克兰作为博弈的对象。乌克兰人民要凝聚共识、化解民族矛盾、结束国内战争。乌克兰政府和人民要慎重选择自己的发展道路,正确处理好与欧盟、北约及俄罗斯的关系,克服极端民族主义,逐步化解乌克兰国内亲俄和亲西方两派之间的矛盾。

乌克兰政治家要对自己的国家有个准确的国际定位。目前,乌克兰在国际上仅仅是地缘政治支轴国家,但大多数乌克兰领导人在选择盟友时往往非黑即白,而忽略了灰色地带。乌克兰要学会走平衡外交的路线,首先要修复与俄罗斯的关系;其次要保持与欧盟和美国的特殊关系,确保乌克兰不加入与俄罗斯敌对的军事联盟;最后乌克兰不应成为任何一个军事联盟的成员国,要走多元外交路线,不能被一元主义所左右。乌克兰应建立一个包容的立场,相互理解,多方协商,必要时有所妥协,这是解决危机的最佳途径。

乌克兰在处理好与周边国家和世界其他国家的关系的情况下,乌克兰人要尽快形成统一的民族意识、形成文化认同和国家价值观认同,不给图谋不轨的外国势力可乘之机。乌克兰各个民族只有团结起来,一致对外,才是结束目前分裂状态的一条有效途径。因此,乌克兰要摆脱危机,需要国际国内各方共同努力。

第四,乌克兰各地区的团结是其摆脱危机的重要条件。

乌克兰的历史决定了乌克兰难以形成共同的文化价值观。乌克兰分裂和内乱的根源之一在于民族文化问题,这一直是俄罗斯和乌克兰国家间矛盾的导火索,在二战期间和苏联时期表现得尤为突出。

长期以来,乌克兰人都是以自己的居住地为核心,在乌克兰人的认识中缺乏统一的民族意识，甚至没有国家这个概念。在乌克兰盛行地区主义，盛行狭隘的民族主义。各个地区各行其是，与中央政府之间矛盾重重，地区之间的矛盾也日益激化并愈演愈烈。因此在乌克兰很难形成统一的民族意识和国家意识。"未来乌克兰政治发展前景还不明朗。东部地区的战争尚处于冻结状态，政治稳定发展面临的困难还很多，政治现代化注定要经历长期的过程。乌克兰政治的良性发展取决于内外两方面条件改善。内部需要弥合政治分歧，加强团结，实现东部地区的和平，巩固司法独立，打击腐败，促进经济发展；外部需要俄罗斯与西方为乌克兰提供互利合作的可能性和空间。"①

在当下，要结束乌克兰目前的国内乱象，重要的是乌克兰各地区、各阶层要摒弃前嫌，以国家利益为重，以民族团结为第一要务，放弃狭隘的民族主义，消除极端民族主义、地区主义，形成统一的以乌克兰族为主体民族的国家民族主义。将乌克兰语和俄语共同作为官方语言，满足俄语地区人民的需求，在理想状态下，保证俄语居民自由使用俄语的权利，把其多文化、多语言问题转变为文化财富和语言财富。乌克兰主导国家的精英必须改变所持的一元主义理念。各方回到谈判桌前，商议民族和谐发展、国家统一大业。另外，乌克兰政府应尽快唤醒国民的民族意识和国家意识，形成共同的民族认同和文化认同，摒弃狭隘的地区主义和小集团利益，共同维护民族团结和国家统一，共同建设和谐的家园。乌克兰政治家、经济学专家要认真研究国内经济问题，解决乌克兰社会严重的贫富差异、腐败等一系列影响社会和谐和团结的问题。只有这样，乌克兰才能消除地区之间、集团之间的矛盾，构建起民族意识、文化认同和国家认同，唯有这样，一个国家统一、民族团结、和谐安宁的乌克兰才会屹立于世界民族之林。

---

① 赵会荣：《当前乌克兰政治基本特征与影响因素》，《俄罗斯学刊》2016年第2期。

附件一

乌克兰历史发展过程中一些重要的时间节点

8世纪至9世纪，东斯拉夫国家——基辅罗斯形成。

862年，基辅罗斯公国建立。

981年，基辅大公弗拉基米尔兼并切尔文诸城。

988年，基辅罗斯接受基督教为国教。

约1049年，第一部基辅编年史成书。

1054年，罗斯土地分割为分封的诸侯国。

11世纪末，匈牙利人首次入侵加利西亚。

1187年，编年史中首次提及"乌克兰"这一名称，指罗斯南部的边境地区。

1240—1480年，蒙古金帐汗国统治基辅罗斯，只有加利西亚—沃伦公国未遭受蒙古统治。

14世纪50年代，立陶宛占领了乌克兰第聂伯河左岸数个定居点。

14世纪50—60年代，立陶宛人占领了基辅周围和沃伦公国的大部地区。

1366年，波兰占领了加利西亚和沃伦公国的西部。

1386年，波兰和立陶宛合并，建立波兰—立陶宛联合公国，从此乌克兰的领土逐渐被其蚕食。

1471年，基辅以及周边领土正式成为波兰王国的普通行政省。

1475年，奥斯曼土耳其入侵克里米亚，将克里米亚汗国置于其附属地位。

15 世纪 90 年代，出现关于乌克兰哥萨克的最早的文字记载。

16 世纪 40 年代，波兰统治者设立哥萨克为特定的阶层。

1569 年，波兰和立陶宛签订《卢布林合并协定》，根据该协定，波兰—立陶宛公国诞生，波兰几乎兼并了乌克兰。

1596 年，波兰—立陶宛王国的东正教会与天主教会合并，两教会之间的斗争开始。

1647 年 12 月赫梅利尼茨基同克里米亚汗国结成反波兰联盟。

1649 年 8 月，乌克兰和波兰签订合约，波兰承认乌克兰为独立的行政区，同意建立一个实质上的哥萨克公国。

1651 年，波兰出兵基辅，重新统治乌克兰。

1654—1667 年，俄国与波兰爆发战争。

1654 年乌克兰与俄罗斯签订《佩列亚斯拉夫协议》，乌克兰成为莫斯科沙皇的保护国。

17 世纪下半叶，乌克兰沿第聂伯河被划为两个势力范围：波兰控制右岸及西部地区，莫斯科控制包括基辅在内的左岸地区，奥斯曼土耳其势力在南部有一定影响。

1671—1672 年，波兰与奥斯曼土耳其为争夺第聂伯河右岸乌克兰爆发战争。

1677—1681 年俄国与奥斯曼土耳其为争夺第聂伯河右岸乌克兰爆发战争。

1685 年，基辅都主教辖区归属于莫斯科主教区。

1783 年，克里米亚汗国并入俄国。

1772 年、1793 年、1795 年，俄罗斯、奥地利、普鲁士三次瓜分波兰，俄国得到了乌克兰除加利西亚以外的所有土地。

1805 年，创立哈尔科夫大学。

1834 年，创立圣弗拉基米尔大学（即后来的基辅大学）。

1890 年，第一个乌克兰政党（乌克兰激进党）成立。

1891 年，西乌克兰居民的第一次移民潮开始，乌克兰第一个地下政治组织"塔拉斯兄弟会"成立。

1905年,俄国对乌克兰语的限制被废止。

1906年,全乌克兰教师联合会在基辅成立。

1914年9月,乌克兰解放同盟在利沃夫成立。

1917年3月,乌克兰中央拉达成立。

1917年11月20日,乌克兰人民共和国在基辅宣告成立。

1917年12月12日,乌克兰苏维埃共和国在哈尔科夫宣告成立。

1918年4月29日,乌克兰中央拉达召开最后一次会议,通过了《乌克兰人民共和国宪法》。

1918年11月1日,西乌克兰人民共和国在利沃夫宣告成立。

1918年12月1日,西乌克兰人民共和国与乌克兰人民共和国合并。

1918年12月24日,全乌克兰苏维埃第一次代表大会宣布建立苏维埃政权,组成乌克兰苏维埃的中央执行委员会及首届苏维埃政府。

1918—1920年,西乌克兰(东加利西亚和西沃伦)被波兰占领。

1919年1月,成立乌克兰苏维埃社会主义共和国,并于1922年加入苏联(西部乌克兰1939年加入)。

1919年3月10日,乌克兰苏维埃社会主义共和国的第一部宪法诞生。

1920年4月,签订《华沙和约》,根据该和约的条款,彼特留拉放弃了对加利西亚和沃利尼亚西部的领土要求,作为对波兰军援的回报。

1921年3月,波俄签订《里加和约》,两国再度瓜分乌克兰,波兰进一步承认了苏维埃乌克兰,但获得了西乌克兰地区。

1922年12月,第7次全乌克兰苏维埃代表大会倡议成立苏联。

1922年12月30日,苏维埃社会主义共和国联盟成立,乌克兰成为苏联加盟共和国的一员。

1939年,二战爆发,波兰被德、苏瓜分,西乌克兰并入乌克兰苏维埃社会主义加盟共和国。

1940年，苏联割占罗马尼亚比萨拉比亚与北布科维纳，北比萨拉比亚与乌克兰境内的摩尔达维亚自治共和国（今为独立的德涅斯特河沿岸共和国）合并后升格为摩尔达维亚苏维埃社会主义加盟共和国，其余部分并入乌克兰。

1945年初，曾属于捷克斯洛伐克的喀尔巴阡省被划归乌克兰苏维埃社会主义共和国；1945年6月29日，苏联政府同捷克斯洛伐克共和国签订了《外喀尔巴阡乌克兰条约》，将外客尔巴阡乌克兰划归乌克兰。至此，统一乌克兰全部领土的历史进程得以完成。

1945年8月16日，苏联又与波兰签订了关于波兰—乌克兰边界的条约。这样，战后乌克兰与波兰及捷克斯洛伐克的边界划分问题得以重新界定。

1954年2月19日，在庆祝乌克兰与俄罗斯重新统一300周年时，由赫鲁晓夫提议，苏联将克里米亚地区从俄罗斯划赠给乌克兰。

1989年9月成立的拥有百万之众的乌克兰人民争取改革运动（简称"鲁赫"）对推动乌克兰独立发挥了极重要的作用。

1990年7月16日，乌克兰最高苏维埃通过《乌克兰国家主权宣言》。

1991年8月24日，乌克兰脱离苏联，宣布独立。

1992年，恢复乌克兰独立时的蓝、黄两色旗为国旗。

1996年6月28日，乌克兰议会通过独立后的第一部宪法，确定乌克兰为主权独立、民主的法治国家，实行共和制；总统为代表国家的最高元首；最高拉达（议会）为立法机关；政府为行政机关，对总统负责。

2014年克里米亚举行全民公决，90%居民要求重归俄罗斯，俄政府趁机把克里米亚收回。

附件二

附　　表

附表2—1　　乌克兰独立前居民的民族与语言特征一览

民族	该民族人数 1979年	该民族人数 1989年	1989年对1979年的百分比	该民族人口总数中1989年的百分比 本民族语作为母语	流利掌握第二语言 俄语	流利掌握第二语言 乌克兰语	流利掌握第二语言 其他语言
全部居民	49609333	51449479	103.7	87.8	45.5	13.3	0.5
乌克兰人	36488951	37370368	102.4	87.7	59.4	6.9	0.001
俄罗斯人	10471602	11340250	108.3	98.3	1.2	32.7	0.3
白俄罗斯人	406098	439858	108.3	35.4	33.5	18.6	13.2
乌兹别克人	9862	27753	281.4	75.1	58.8	7.3	7.4
哈萨克人	7171	12120	169.0	62.7	50.9	11.8	7.5
格鲁吉亚人	16301	23689	145.3	52.9	50	11.3	10
阿塞拜疆人	17235	59149	343.2	75.5	55.7	6	6.9
立陶宛人	9658	11385	117.9	48.1	45.9	13.9	12.3
摩尔达维亚人	293576	324480	110.5	77.9	55.6	12.2	6.6
拉脱维亚人	7167	7169	100.0	34.6	34.5	18.5	12
吉尔吉斯人	2370	3881	163.8	71.9	38.7	7.9	5.1
塔吉克人	2415	10476	433.8	75.3	52.4	3.4	6.4
亚美尼亚人	38646	60047	155.4	49.9	44.1	10.9	11
土库曼人	1696	3990	235.3	70.1	67.3	5.2	6.9
爱沙尼亚人	4111	4208	102.4	30.7	29.7	16.1	14.8
阿布哈兹人	941	993	105.5	52.6	52	9.6	10
阿瓦尔人	1211	5771	476.5	46.1	30.7	3.7	8.7
巴尔卡尔人	152	478	314.5	43.7	39.5	11.5	10.8

续表

民族	该民族人数 1979年	该民族人数 1989年	1989年对1979年的百分比	该民族人口总数中1989年的百分比 本民族语作为母语	流利掌握第二语言 俄语	流利掌握第二语言 乌克兰语	流利掌握第二语言 其他语言
巴什基尔人	5361	7787	145.3	41.8	42.4	10	14.1
布里亚特人	701	911	130.0	40.5	37.7	13.5	10.3
达尔金人	595	1659	278.8	68.6	60.6	5.7	5.7
印古什人	306	570	186.3	66.6	63.3	7.1	5.6
卡巴尔达人	673	1055	156.8	51.3	47.1	11.2	6.7
卡尔梅克人	508	708	139.4	45.7	40.8	6.7	12
卡拉卡尔帕克人	164	377	229.9	65.5	62.5	4.2	7.4
卡累利人	1981	2271	114.6	26.9	25.8	11.8	16.9
科米人	3071	3953	128.7	39.6	34.6	11.2	12.9
库梅克人	313	1087	347.3	68.4	60.5	5.8	6.5
拉克人	662	1326	200.3	62.1	54.2	7.4	7.7
列兹根人	2354	5366	228.0	58.7	55.6	6.7	7.9
马里人	5229	7406	141.6	45.2	43.3	8.3	13.8
摩尔多瓦人	16545	19330	116.8	32	30.6	11.2	14.2
诺盖人	248	496	200.0	71.5	64.9	5	5.8
奥塞梯人	5257	6342	120.6	40.8	40.9	12.3	12.2
塔巴萨兰人	300	1195	398.3	77.5	68.9	3.6	4.8
鞑靼人	83906	86789	103.4	48.9	46.2	9.5	13.6
乌德穆尔特人	6562	8603	131.1	36.2	33.2	12.5	13.1
车臣人	1046	2573	246.0	59.9	53.9	9.7	4.7
楚瓦什人	16456	20310	123.4	42.1	40.2	9.1	14.7
雅库特人	479	759	158.5	40.7	38.2	12.9	10.1
阿第盖人	458	706	154.1	49.7	49.2	8.1	11.8
阿尔泰人	94	201	213.8	34.3	34.7	12.4	6
犹太人	632610	485975	76.8	7.1	7.3	46.5	4.7
卡拉恰耶夫人	203	808	398.0	54.3	50.7	16.1	6.8
哈卡斯人	208	608	292.3	53.3	34.7	15.8	6.7
切尔克斯人	463	451	97.4	48.6	46.6	13.3	7.1

续表

民族	该民族人数 1979年	该民族人数 1989年	1989年对1979年的百分比	本民族语作为母语	流利掌握第二语言 俄语	流利掌握第二语言 乌克兰语	流利掌握第二语言 其他语言
科米—彼尔米亚克人	1979	2146	108.4	34.4	31.7	11.1	13.3
阿巴兹人	159	275	173.0	77.1	69.1	4	5.5
维鲁斯人	362	231	63.8	39.8	35.9	13.9	13.9
加告兹人	29396	32017	108.9	79.4	66.8	2.6	6.2
山地犹太人	190	740	389.5	21.8	20.7	28.1	6.9
格鲁吉亚犹太人	33	116	351.5	28.4	31.9	21.6	7.8
中亚犹太人	44	388	881.8	14.2	16.2	38.9	6.2
卡拉伊姆人	1845	1396	75.7	9.4	9.2	17.7	4.4
克里米亚犹太人	1277	678	53.1	20.9	21.1	5.6	9.9
克里米亚鞑靼人	6636	44025	663.4	92	83.4	0.6	2.8
塔特人	266	336	126.3	40.2	39.3	11.3	13.7
乌定人	190	281	147.9	50.9	46.3	8.5	10.3
茨冈人	34411	47908	139.2	58.6	46.6	15.3	5.1
奥地利人	87	146	167.8	60.3	37.7	21.2	4.1
阿尔巴尼亚人	3874	3392	87.6	53.2	50.7	8.5	0.6
阿拉伯人	1352	2198	162.6	87	75.4	1.6	0.4
亚述利亚人	2991	2844	95.1	43.7	40.6	14.1	2
阿富汗人	148	683	461.5	72.6	65.7	4.8	0.6
保加利亚人	238217	232217	97.5	69.5	61.8	8.5	1
匈牙利人	164373	163288	99.3	95.5	42.7	11.8	0.1
越南人	742	2489	335.4	98.2	44.2	0.4	0.1
希腊人	104091	98578	94.7	18.5	18.6	23.7	0.7
东干人	163	177	108.6	35.6	41.8	15.3	2.3
印度人与巴基斯坦人	149	293	196.6	79.2	78.2	3.1	0.7
西班牙人	737	893	121.2	35.4	35.1	17.4	1

续表

民族	该民族人数 1979年	该民族人数 1989年	1989年对1979年的百分比	本民族语作为母语	俄语	乌克兰语	其他语言
意大利人	307	316	102.9	19.3	22.2	24.4	0.9
中国汉族人	1109	680	61.3	19.7	24.1	21.6	1.3
朝鲜人	6061	8666	143.0	34.1	31.9	7.7	1.6
古巴人	844	1115	132.1	70	78.5	1.7	0.4
库尔德人	122	401	328.7	52.6	45.6	9	9
德国人	34139	37912	111.1	23.1	22.7	20.7	0.9
波斯人	171	395	231.0	24.6	26.8	21	2.5
波兰人	258309	218891	84.7	12.5	46.1	17.8	0.7
罗马尼亚人	121795	134676	110.6	62.3	50.3	7.1	4.5
塞尔维亚人	644	769	119.4	36.7	47.5	14.7	1.4
斯洛伐克人	8744	8046	92.0	35.4	51.3	27.8	0.2
土耳其人	257	441	171.6	40.4	38.1	17.5	4.3
中国维吾尔人	135	426	315.6	42.3	46.7	10.3	5.2
芬兰人	1082	1192	110.2	25.2	25.1	14.3	3.6
喀尔喀蒙古人	477	473	99.2	90.5	87.3	2.3	0
霍尔瓦特人	99	191	192.9	44	45	16.2	0.5
捷克人	10589	9122	86.1	35.5	37.9	33.6	0.6

资料来源：Госкомитет СССР по статистике. *Национальный состав населения. Часть2*. Москва. Информационно-издательский центр, 1989, стр. 59－61。

附表2—2 乌克兰独立前苏联各加盟共和国内的乌克兰族人数

苏联各加盟共和国	人数（以千为单位）1979年	人数（以千为单位）1989年	1989年对1979年的百分比	占全部居民的百分比 1979年	占全部居民的百分比 1989年
乌克兰	36489	37419	102.5	86.1	84.7
俄罗斯	3658	4361	119.2	8.6	9.9
哈萨克	898	897	99.8	2.1	2
摩尔达维亚	561	600	107.1	1.3	1.4
白俄罗斯	231	291	126	0.5	0.7

续表

苏联各加盟共和国	人数（以千为单位）		1989年对1979年的百分比	占全部居民的百分比	
	1979年	1989年		1979年	1989年
乌兹别克斯坦	114	153	134.6	0.3	0.3
吉尔吉斯斯坦	109	108	98.8	0.3	0.2
拉脱维亚	67	92	138.1	0.2	0.2
格鲁吉亚	45	52	116.4	0.1	0.1
爱沙尼亚	36	48	133.9	0.1	0.1
立陶宛	32	45	140	0.1	0.1
塔吉克斯坦	36	41	115.5	0.1	0.1
土库曼斯坦	37	36	95.9	0.1	0.1
阿塞拜疆	26	32	122.5	0.1	0.1
亚美尼亚	8	8	93.7	0.02	0.02

资料来源：Госкомитет СССР по статистике. *Национальный состав населения. Часть2*. Москва. Информационно-издательский центр, 1989, стр. 59-61。

附件三

附　　图

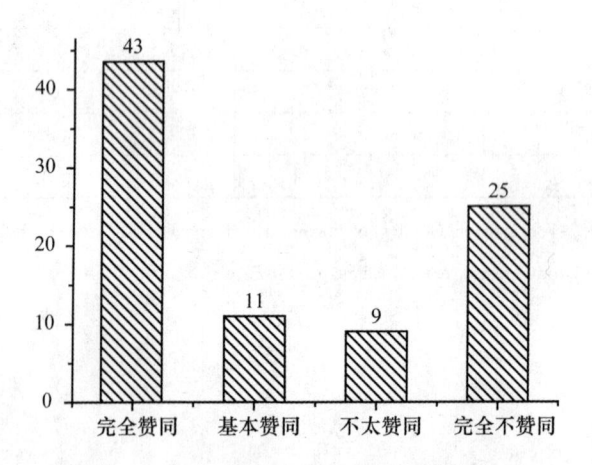

附图3—1　是否赞同赋予俄语第二国语的地位

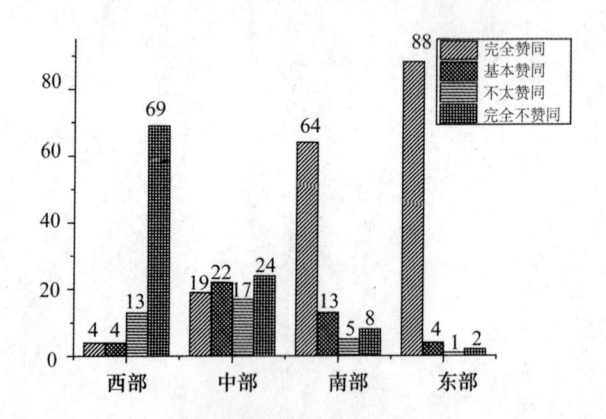

附图3—2　是否赞同赋予俄语区域层面上第二国语的地位

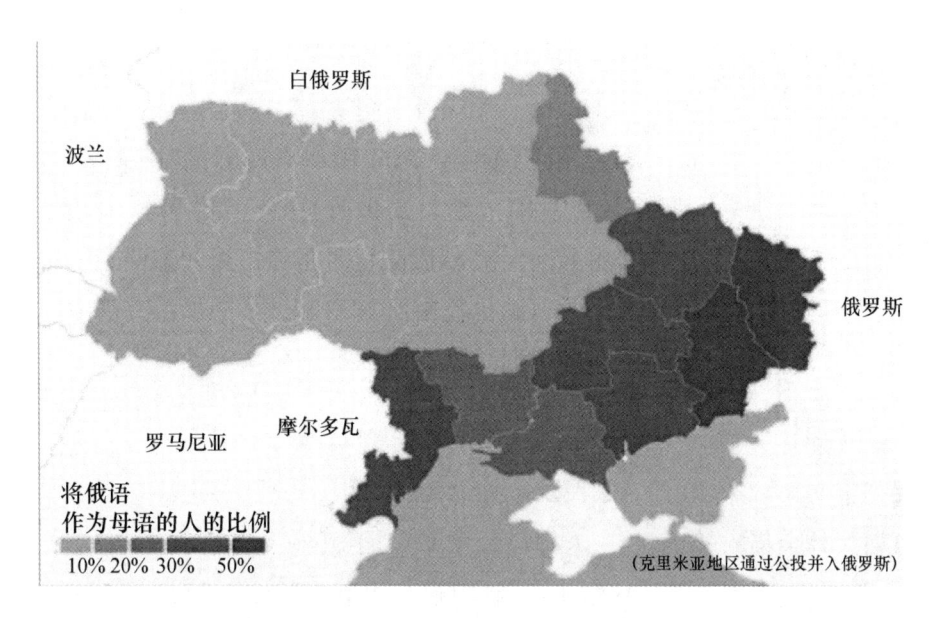

附图3—3　乌克兰各地区把俄语作为母语的比例

参考文献

一 中文文献

(一) 著作

《列宁文集》第20卷，人民出版社1985年版。

《斯大林全集》第11卷，人民出版社1955年版。

王远新：《中国民族语言学理论与实践》，民族出版社2002年版。

张惠民：《语言逻辑辞典》，世界图书出版公司1995年版。

赵云中：《乌克兰：沉重的历史脚步》，华东师范大学出版社2005年版。

[美] 塞缪尔·亨廷顿：《文明的冲突与世界秩序的重建》，周琪等译，新华出版社2010年版。

[美] 克罗伯、克拉克洪：《文化：概念和定义的批判性回顾》，沈之兴译，中山大学出版社1999年版。

[美] 保罗·库比塞克：《乌克兰史》，颜震译，中国大百科全书出版社2009年版。

[乌] 列昂尼德·库奇马，《乌克兰：政治、经济与外交》，路晓军、远方等译，东方出版社2001年版。

[以] 博纳德·斯波斯基：《语言政策——社会语言学中的重要论题》，张治国译，商务印书馆2011年版。

[英] 爱德华·泰勒：《原始文化》，连树声译，广西师范大学出版社2005年版。

（二）期刊、报纸

常士訚、郭小虎：《后发多民族国家建构如何避免国家失败：以乌克兰为例》，《理论探讨》2016年第3期。

戴曼纯：《乌克兰语言政治及语言生活现状》，《中国社会语言学》2013年第2期。

冯广艺：《论语言生态与语言国策》，《中南民族大学学报》（人文社会科学版）2013年第3期。

何俊芳：《乌克兰〈国家语言政策基本法〉及实施意义》，《民族论坛》2013年第3期。

侯昌丽：《试析乌克兰语言政策的去俄罗斯化》，《西伯利亚研究》2012年第6期。

黄知常、舒解生：《生态语言学：语言学研究的新视角》，《南华大学学报》（社会科学版）2004年第2期。

黄知常：《从言语奢化看语言环境公平问题》，《语言教学与研究》2002年第1期。

孔江平、王茂林、黄国文等：《语言生态研究的意义、现状及方法》，《暨南学报》（哲学社会科学版）2016年第6期。

李发元：《论乌克兰国家层面语言政策制定对国内民族团结和睦的影响》，《西南民族大学学报》2017年第9期。

刘显忠：《乌克兰危机的历史文化因素》，《当代世界社会主义问题》2015年第1期。

王希：《多元文化主义的起源、实践与局限性》，《美国研究》2000年第2期。

赵会荣：《当前乌克兰政治基本特征与影响因素》，《俄罗斯学刊》2016年第2期。

谢立忱：《乌克兰国家的民族构建问题：根源、成就与挑战》，《史学集刊》2010年第6期。

杨玲带：《乌克兰大选中的民族因素》，《俄罗斯研究》2005年第1期。

周庆生：《国外语言规划理论流派和思想》，《世界民族》2005年第

4期。

何卫：《乌克兰危机的历史因素》，《光明日报》2014年3月26日第4版。

宋晖：《乌克兰乱局突显的语言问题》，《中华读书报》2014年4月2日第17版。

[加拿大]彼·波提契尼：《乌克兰人口的民族组成》，赵云中译，《俄罗斯研究》1991年第3期。

[美]苏姗·斯图尔特：《乌克兰对待少数民族的政策》，郭思勉译，《民族译丛》1994年第1期。

[日]西村文夫：《苏联各民族人口动态和语言问题》，东园译，《国际政治》1982年第4期。

[英]萨科瓦：《乌克兰的未来》，刘畅译，《俄罗斯研究》2015年第1期。

（三）网络文献

《俄罗斯、乌克兰语言应用简况》，2012年11月6日（http://www.51edu.com/zige/pth/pthszjy/2911364.html）。

《乌克兰历史发展阶段简介》，2015年12月26日，历史之家（https://www.lszj.com/shijiefengyun/28530_2.html）。

《乌克兰内部冲突不断的几个主要根本原因》，2015年8月17日，铁血网（http://bbs.tiexue.net/post_9401295_1.html）。

傅正：《乌克兰问题的历史根源和"民主化"的罪与罚》，2014年3月5日，豆瓣网（https://www.douban.com/group/topic/49771924/）。

王中宇：《乌克兰大饥荒与乌克兰民族问题辨析》，2014年3月17日，新浪网（http://blog.sina.com.cn/februalhy）。

乌克兰国家统计委员会网站：http://2001.ukrcensus.gov.ua/rus/results/general/

杨雪冬：《民族国家与国家构建：一个理论综述》，2003年11月7日，（http://www.ccforum.org.cn/viewthread.php?tid=，9274）。

中国驻乌克兰经商参赞处网站：http://ua.mofcom.gov.cn/article/d/

200411/20041100304588. shtml。

二 外文文献

Beauvois D. Op. cit. Tab. 27，s. 376；tab. 30，s. 401，о приходских школах．1936.

Kohut Z. E. Russian Centralizm and Ukrainian Autonomy. Imperial Absorbtion of the Hetmanate. укр. перевод：Зенон Когут. Російський централзм українська автономя. Лквдаця Гетьманщини 1760 – 1830. Кив，1996.

Берегсасі Аніко，Черничко Степан. Українська мова у школа з угорського мовою навчания у соціолінгвістичному аспекті \\ Украінознавство. 2005（4）

Внукова Н.，Лентьева В. Реальное двуязычие в украинскрм вузе \\ Социол. Исслед. 1991（6）．

Г. Я. Сергіэнко，В. А. Смолій. Істория Украіны，Киів. 1993.

Галузева Т. Програма поліпшения вивчения Украісьоі мови у загальногоосвітніх начальних закладах з навчаниям мовами національних меншин на 2008 – 2001 роки. 2008（2）．

Городяенеко В. Г. Языковая ситуация на Украине. Социол. исслед. 1996. №3.

Дорошенко Д. Розвиток науки украінознавства у XIX-на початку XX ст. та ї ї досягнення // Українська культура. Київ，1993.

Думки населения Украіни шодо статусу російсой мови та мисця російської мови восвити. 2012. URL：http：www. kiis. com. ua/22. 07. 2013）

Живов В. М. О подобных процессах в русском обществе см.：Ук. соч. 1994.

Живов В. М. О роли украинской проповеди в эволюции языка русской духовной литературы см.：Язык и культура в России XVIIIв. М.，1996.

Залізняк Г. Мовна проблема в столиці за оціками експертів. 《Розбудова держави》，№1 \ 6.

Историко-статистическое описание приходов и церквей Брацлавского уезда Подольской епархии // Прибавление к Подольским епархиальным ведомостям. 1875, № 11.

Кабузан В. М. Народы России в первой половине XIX в. М. , 1992.

Константин Свиржецкий. Языки в Украине. Запорожье, Дикое Поле, 2008.

Кудрявцева Л. А. О языковой самоидентификации граждан Украины и государственной языковой политике. http: //www. ruvek. info/? action = view&id = 6962&module = articles.

Кудрявцева Л. А. О языковой самоидентификации граждан Украины и государственной языковой политике. http: // www. ruvek. info/? action = view&id = 6962&module = articlesОфициальные данные Всеукраинской переписи населения 2001г. （yttp: //www. ukrcensus. gov. ua）

Лисяк-Рудницький. Зауваги до проблеми сторичних несторичних націй Кив, 1994.

Очерки истории школы и педагогической мысли народов СССР. XVIII-первая половина XIX в. . М. , 1973.

Павловский Ал. . Грамматика малороссийского наречия. СПб. , 1818.

Полонська-Василенко Н. Історія України. Т. 2. Від середини XVII століття до 1923 року. Київ, 1992.

Работяжев Н. Парламентские выборы на Украине: поворот на запад // Россия и новые государства Евразии, 2015. № 2.

Розподід населеннуя укранської РСР за національністю і мовою \\ Політика і час. 1991 （5）.

Рудницька Т. М. Націоналньії мовні процеси в Україні \\Філософська і соцірлогічна думка. 1992 （5）.

Русановский В. М. Становление нового украинского литературного языка // Славянские литературные языки эпохи национального возрождения. Москва, 1998.

Русский язык в Украине （социология и статистика） Харьков, 2010.

Русский язык в Украине: анализ факторов, связанных с использованием русского языка и отношением к русскому языку двуязычного населения-страница . http：//zakon. znate. ru/docs/index－18876. html? page＝9.

Свербигуз В. Старосвітське панство. Варшава, 1999.

сторя укранського мовознавства. Кив, 1991.

Типові навчальні плани загальноосвітіїх начальних закладів, затверджені наказам МОН номер 66 в. 2011（5）.

Топографическое и камерное описание Балтского повета 1800 г. , см. его публикацию М. Карачківский. Північно-західна Балтщина （Історично-географічні матеріали на підставі подорожі влітку 1928 р. ）// Історично-географічний збірник. Київ, 1929. Т. 3. С. 198－202；см. також М. Карачківский. Опис Поділля з 1819 року В. Рудлицького: （До історії Поділля початку XIX в. ）// Студії з історії України науково-дослідчої кафедри історії України в Кие ві. Київ, 1929.

Турченко Ф. Мороко В. Історія Украйни. Кінець；XVIII- початок XX ст. к. , 2001.

Фонд Демократичні ініціативи, Грамадська думка населення Украины17－18 грудня 2008г. , репрезентативное взрослое население сраны 18 лет и старше, обьем выборки составил 2012 респондентов.

Фонд Демократичні ініціативи, Грамадська думка щодо статусу основних мов в украины（http：// dif. org. ua/ua/poll）. Опросы проводились 5－18 декабря 2007г. , репрезентативное взрослое население сраны 18 лет и старше, обьем выборки составил 1800 респондентов.

Фонд Общественноемнение, Мнения и взгляды населения Украины февралe 2009.

Францев В. Польское славяноведение конца XVIII- первой четверти XIX столетия. Прага, 1906.

Чижевский Д. м. Об Украине и украинской тематике в русской литературе того времени, а также о двуязычных украинских писателях, а также: С. Єфремов. Ук. соч. С. 317 – 322; Сиповський В. Україна в російському письменництві. К., 1928.

Чижевський Дм. Історія української літератури. Від початків до доби реалізму. Тернопіль, 1994 (передрук видання УВАН. Нью-Йорк, 1956).

后　　记

　　我对"乌克兰"这一名称的关注与兴趣，源于30多年前。当时我在读大学，老师在讲俄语前置词用法的时候，讲到"在一个国家"或"去一个国家"时，要用前置词"в"，如"в России"（在俄罗斯），"в Китае"（在中国），"в Казахстан"（去哈萨克斯坦）等，不能使用与"в"在意义上对立的前置词"на"，但唯独"在乌克兰"或"去乌克兰"，与其连用的前置词是"на"，即"на Украине"（在乌克兰），"на Украину"（去乌克兰），而不能用"в"。我当时非常好奇，但得到的答案是，这属于语言的"约定俗成"用法，可不予追究。这个问题也就不了了之了。但随着学习的深入、知识面的不断扩展，我终于弄明白了，原来这个问题绝非"约定俗成"就能说清楚的，它是有一定的历史渊源的。"乌克兰"这个称谓最早既不是民族的称谓，也不是国家的名号，它是古罗斯西南部的"边陲之地"。在古罗斯语中，乌克兰就是"濒临边界的地方""国家交界之处"之义。这个来自地理概念的名称有着多重的含义：一是民族的，它是个众多的斯拉夫民族与其他民族居住和杂处的地区；二是宗教信仰的，它是个各种宗教集结、具有影响并相互对抗的地区，其中尤以东正教和天主教的抗衡为最；三是国家的，它在东、西、南、北四个方向上都面对大国强权，都曾不得不在密室运筹、幕后纵横中求生存和发展。13世纪蒙古帝国拔都率西征军占领基辅，此后该地区大部分被蒙古鞑靼人占领，只有加利西亚和沃伦公国保持了独立，这两个公国位于古罗斯的西南部地区，故被称为"乌克兰"（意为"边界之地"），这是乌克兰民族和国家名称的起源。可见，以前的乌克兰具有"边界"之义，按照语法规则，与"边界"搭配的前置词是"на"，而不是"в"。这个一直萦绕在我脑海中的问题终于解决了，但我对乌克兰历史、文化的兴趣油然而生，这一兴趣一直激励我、鞭策我在研究乌克兰问题上坚持了数十年。

2009年，我有幸在中国驻乌克兰大使馆工作，有机会接触了许多乌克兰学界、政界人士。我与他们讨论了许多在我研究乌克兰过程中遇到的一些难点、重点问题，他们给我深入浅出的解答，同时为我提供了一些在国内难以找到的文献资料；这对我进一步深入认知乌克兰不无裨益。在中国驻乌克兰大使馆工作期间，我也有机会到乌克兰各地深入地了解不同地区的文化、语言、宗教及风土人情。发现，乌克兰东、西部人在文化、语言、宗教方面的差异之大，令人惊叹！

我在乌克兰工作期间，亲眼目睹了乌克兰各党派之间的斗争，但有一个总体的印象，就是无论是哪个党派、无论是因何引起的纷争、无论是哪个领域的矛盾，都离不开"语言"这一话题。这引起了我对乌克兰语言问题的更进一步的关注和兴趣。我一边查阅大量资料，一边与乌克兰各界人士讨论；这使我对乌克兰的语言问题以及为什么乌克兰各党派要把一个貌似简单的语言问题政治化有了更深入的认识。

众所周知，在人类历史上，由语言引发的民族矛盾并不鲜见，但像乌克兰这样，由于语言问题在国内引起这么大反响，矛盾如此之尖锐，且长期僵持不下，并给国家安全造成如此之大影响的却不多见。在乌克兰，语言问题似乎像一个十分敏感的政治神经，不能轻易触及，一旦触碰，就会引发不堪设想的矛盾和后果。

乌克兰之所以走到今天这个地步，学者普遍认为，是由国内和国外矛盾造成的，其实问题并非那么简单。乌克兰国内每一次爆发激烈的矛盾和政治冲突，每一次总统或议会选举，总会重提一个尖锐的问题，即语言问题。这个貌似并不复杂的问题，在乌克兰可不那么简单，它在一定程度上决定总统选举的成败，也会引发民族矛盾、地区冲突，进而爆发内战。我得出的结论是，乌克兰历史的特殊性、文化的复杂性，导致了今天乌克兰语言问题的敏感性，乌克兰独立后把打压俄语视为矫正历史上语言强权的主要工具，由此引发了乌克兰民族矛盾和国内危机。

另外，乌克兰独立后，民族矛盾不断激化，甚至导致激烈冲突、民族分裂、爆发国内战争。究其原因，偏激且不符合乌克兰实际的语言政策与社会政治纠葛在一起是造成乌克兰不稳定的重要诱因之一，它给民族团结、和谐，给国家统一带来危害。

2011年，时任国家语委副主任、教育部语言文字信息管理司司长李宇明教授访问乌克兰，他是我国研究语言问题和语言政策的著名专家。他希望我利用在乌克兰工作的机会，把乌克兰的语言问题和语言政策进行梳理，并有所研究。这坚定了我研究乌克兰语言政策和语言问题这一课题的决心和信心。

回国后，我一边整理收集到的材料，一边着手撰写研究心得。恰在这时，看到了国家语委征集"十三五"科研规划项目的选题。于是，我申报了"乌克兰语言政策与语言问题研究"项目，它作为当年重点项目立项并获得资助（项目编号：ZDI135-27）。我在本书的写作过程中得到了单位同事的鼓励，更得到我爱人盛丽的无私支持，不胜感激。

在作为项目成果出版之时，得到了中国社会科学出版社总编辑助理，重大项目出版中心、中国社会科学智库成果出版中心主任王茵博士的大力支持，马明编辑不厌其烦的修改使书稿增色不少，他那精益求精的工作精神、极端负责的工作态度深深感染了我，在此，真诚的向你们道一声：谢谢！

在本书即将出版之际，感慨良多，其中的挑灯夜战，其中的酸甜苦辣，只有我知。由于本人学识浅薄、对问题认知肤浅等原因，本书一定存在不少问题和缺憾，恳请学界前辈和同仁不吝赐教。

2019年6月7日于兰州大学寓所